暨南大学高水平大学建设经费资助丛书

暨南大学宁静致远工程跨越计划《〈事林广记〉与宋金元明社会》
（项目编号：15JNKY005）资助

暨南史学丛书

士人结社与古代文化论集

曾肖 著

中国社会科学出版社

图书在版编目(CIP)数据

士人结社与古代文化论集/曾肖著. —北京：中国社会科学出版社，2019.3
ISBN 978 - 7 - 5203 - 3954 - 4

Ⅰ.①士… Ⅱ.①曾… Ⅲ.①士—文化研究—中国—明清时期—文集 Ⅳ.①D691.2 - 53

中国版本图书馆 CIP 数据核字(2019)第 015992 号

出 版 人	赵剑英
责任编辑	刘　芳
责任校对	李　剑
责任印制	李寡寡

出　版	中国社会科学出版社
社　址	北京鼓楼西大街甲 158 号
邮　编	100720
网　址	http://www.csspw.cn
发 行 部	010 - 84083685
门 市 部	010 - 84029450
经　销	新华书店及其他书店
印　刷	北京明恒达印务有限公司
装　订	廊坊市广阳区广增装订厂
版　次	2019 年 3 月第 1 版
印　次	2019 年 3 月第 1 次印刷
开　本	710×1000　1/16
印　张	17
插　页	2
字　数	260 千字
定　价	75.00 元

凡购买中国社会科学出版社图书，如有质量问题请与本社营销中心联系调换
电话:010 - 84083683
版权所有　侵权必究

目　录

上编　士人结社与明末清初社会

复社兴起的社会文化背景 …………………………………………（3）
明末应社考论 ………………………………………………………（15）
复社的演变历程新论 ………………………………………………（24）
论复社的组织形态与性质特征 ……………………………………（44）
文章作法自不同　十年论争缘意气
　　——论艾南英与复社之关系 …………………………………（57）
以谭元春为首的竟陵派与复社诸子的交游 ………………………（73）
复社成员黎遂球的社盟交游活动考论 ……………………………（83）

下编　士人心态与古代思想文化

庾信入北仕周后的心态辨析
　　——兼谈其"乡关之思"的复杂性 …………………………（123）
王绩与道教 …………………………………………………………（133）
辽代文化与政治述论 ………………………………………………（144）
尊经重史　以资世用
　　——论明末复社的学术思想 …………………………………（152）
论张溥知人论世与以意逆志批评方法的运用
　　——以《汉魏六朝百三家集题辞》为例 ……………………（165）
论竟陵派儒道结合的批评方法 ……………………………………（177）
竟陵派以庄禅说诗的理论述评 ……………………………………（190）

《南越笔记》与李调元的民间情怀 …………………………（208）
气韵范畴的演变与转型 ……………………………………（217）
疏野：一个被忽视的中国古典美学范畴 …………………（249）

后记 …………………………………………………………（266）

上　编
士人结社与明末清初社会

复社兴起的社会文化背景

复社成立于崇祯二年（1629）己巳的尹山大会，至崇祯六年癸酉举行虎丘大会，省内外来赴会者多达几千人，当时各地名气较大的文社皆统合于复社的旗帜下。复社能够在短短的时间内迅猛发展，成为中国历史上人数最多、规模最大的士人团体，并非出于偶然。晚明特有的社会文化土壤培育了复社这一特别的历史文化产物。

复社兴起的因素相当复杂，关系到方方面面。张鉴在《书复社姓氏录后二》中曰："考明季社事始末，虽盛合于'娄东二张'，要其萌蘖，实在明之中祀，殆其后风气所趋，至二张有不得不合之势，则明之国脉使然，虽人事，亦天意。"[①] 张鉴指出复社兴起不仅是人的作用，还因为"天意"使然。所谓"天意"，原有冥冥中的外力操纵命运之意。在这里，张鉴用来强调明朝国运对明末社事的深刻影响，势必关注到晚明政治、经济、世风、文化等方面的态势，来理解和评价复社产生的意义，实为有识之见。复社的成立与发展，与当时的社会文化背景密切相关。

一　启祯政治与士人心态

明王朝在启、祯之际已处处显露出它无法遮掩的疲态。政治的日益腐败，阶级矛盾异常尖锐，加上内忧外患、天灾人祸，这个政体已是千疮百孔，面临崩溃了。天启末年，以魏忠贤为核心人物的宦官集

---

① 张鉴：《冬青馆甲集》卷六，《续修四库全书》集部第1492册，上海古籍出版社2002年版。

团只手遮天，排除异己，首当其冲的就是东林党人，尤其是三吴人士。张溥追忆："时大珰执衡逆逞，欲锄尽海内正人，钩党之祸，吴楚尤毒。"①而趋炎附势之辈蜂起，助纣为虐，先后刊刻《三朝要典》及《东林党人榜》《东林点将录》等，企图一网打尽正直人士。"大珰之变，成于仓卒，而一时和之者，遂因其势以摇四海，聚正人而被以部党之名，加之燔灼。"②阉党捏造事实，诬陷一些较为正直的大臣结党营私，矫旨逮系，滥施刑罚，杨涟、左光斗、周顺昌、魏大中等人先后在狱中毙命。面对这种残酷局面，心系科名的士子们不再埋头书堆苦读，而是痛心国事，满腹悲愤。江南地区的士子们首先做出了反应，有的忍无可忍，带头反击魏珰，如杨廷枢、徐汧等人带领苏州人民阻止缇骑逮捕周顺昌；有的伺机待发，私下泄愤，如陈子龙回忆："逆阉矫旨逮治周忠介公，吴民愤奋击缇骑至死。时道路汹汹，以为四方响应，将有汉末讨卓之举。予亦阴结少年数辈，诇伺利便，久之寂然，叹恨而已。则缚刍为人，书阉名射之，诸长老罔不詈童騃取赤族，不以闻之先君也。"③

天启七年（1627，丁卯）八月，熹宗病死，思宗（即崇祯帝）即位；十一月，思宗发配魏忠贤前往安徽凤阳守墓，忠贤于半道自缢死，诏磔其尸。思宗为熹宗朝忠节死臣一一平反。死难者后人如黄宗羲、周延祚等得以一舒心中愤懑。思宗平定逆案的举措无疑给压抑已久的士人带来了新的兴奋与激励，天下士人喜形于色，皆谓"圣明之帝"，无形中助长了他们建功立业、为国为民的心志。国运多舛，政事杂乱，士人们参政、议政之心变得更加强烈。他们以自己手中的刀剑——笔，写下一篇篇为熹朝中殉节的忠臣烈士彰显精神的美文，而且热衷于讨论朋党、宦官、君子与小人等话题。如张溥有名的《五人墓碑记》，记述和颂扬了天启六年（1626）魏党在苏州逮捕周顺昌

---

① 张溥：《寿冏卿陆太和先生七秩序》，《七录斋诗文合集·近稿》卷一，《续修四库全书》集部第1387册，上海古籍出版社2002年版。

② 张溥：《钱昭自先生五十序》，《七录斋诗文合集·存稿》卷二，《续修四库全书》集部第1387册。

③ 陈子龙编，王澐续编，庄师洛等订：《陈忠裕公自著年谱》，《北京图书馆藏珍本年谱丛刊》第63册，北京图书馆出版社1999年版。

时，苏州市民颜佩韦等五人挺身而出、仗义抗暴、至死不屈的英勇行为与牺牲精神；再如《赠太仆寺卿周公来玉墓志铭》，张溥追述了周宗建短暂而辉煌的一生，尤其是任御史期间，激于忠义而屡次上疏魏党。天启三年，周宗建回家乡，惨遭附逆的无耻之徒诬陷，下狱致死。读此铭，周公勇于进言、敢于任事、虽死犹生的事迹堪称可歌可泣。谭元春的《吊忠录序》，追述杨涟遭阉党毒手杀害的惨事，为今日得到昭彰而欣慰："中丞杨公大洪以击魏珰二十四罪，逮系诏狱，榜笞刺剟，一身无余而死。当是时也，天下之人腹悲胆寒而不敢言。其后二年，今上深褒其忠，褫奸人以慰贞魂。郡伯胡公于毁巢卵翼之，又从而建祠之。海内知与不知，歌咏嘉乐，甚至稗官之家，编为小说、传奇之部，镌成图像，其于常山之血，侍中之发，若已成金铁星斗，不可朽坏。男子在世，此为大快，而国人哀之，犹为赋《黄鸟》。"① 东林党人不惜用血肉之躯与阉党做斗争，他们的忠义之心激励了千千万万个读书人。士人们纷纷拿起笔来，各抒己见，精辟地分析了朋党、君子与小人，譬如说李雯有《朋党论》三篇，精彩独到的见解随处可见，如"小人之党精于小人，精则纯，纯则胜；君子之党不精于君子，不精则离，离则败"，"汉唐以前朋党之名恒在小人，汉唐以后朋党之名恒在君子"；等等。② 复社诸子的文集当中，这一类的议论极多，如陈子龙、吴应箕有同名策论《别邪正》。

士人们不仅政治上承接了东林党人抨击时政、勇于斗争的精神，而且思想上深受东林学术的影响。万历中期以后，以顾宪成、高攀龙为首的东林学派继承与发展了程朱理学，抨击心学宣扬的"无善无恶"与"狂禅"之风，主张济世救民、务实致用。东林学派倡导的经世致用思想开始蔓延，成为与王学并行的社会风尚。随之，谈兵的风气也逐渐盛行。士人们从军的意识大大提高，越来越重视经济、战术、谋略等有用之学。他们好王言，说大计。在他们的文集当中，谈论边塞地势、将相人才、兵策谋略的文章不胜枚举。陈子龙等人编辑

---

① 谭元春著，陈杏珍标校：《谭元春集》卷二十二，上海古籍出版社1998年版，第607页。
② 李雯：《蓼斋集》卷四十五，《四库禁毁书丛刊》集部第111册，北京出版社2000年版。

的《明经世文编》中，收录了大量的策、对、议等实用性文章。赵园在《谈兵》一文中指出："由《明经世文编》、明人文集看，越近末世危局，士人谈兵越有精彩。"①复社诸子谈兵的文章中，有关于考察军事要塞，纵览山川形胜的，如张溥的《备边论》《山东论》《海防议》《江防议》等；有谈权谋、阴阳、形势、技巧，挑选军事人才标准的，如《兵论》《任边将论》《选择将帅之术议》等。随着明朝国运的岌岌可危，谈兵成为文人社事的主要内容。陈子龙、李雯的《陈李唱和集》作于崇祯六年癸酉，周立勋序曰："故能奋举藻思，博综渺义，每谈天下事，则壮往健决，莫不符会。"夏允彝序曰："然二子者，皆慨然以天下为务，好言王伯大略；曲儒陋士，聚而非之，顾盼豁如也。"②可知陈、李二人在切磋诗艺、酬唱应和中常常谈论天下事，研究治兵谋略。

这股经世致用的思潮显示：明末，有相当一部分士人已经摆脱王学左派的影响，正面现实及外部世界，关心国家与民生，萌发了挽狂澜于将倒的宏大志向。这是明末文人以天下为己任的自觉精神的反映。风气所至，议政、谈兵成为士人们相互交流的中心之一，有助于他们之间的了解与沟通。而共同的心理背景也促使他们相互吸引，相互靠拢，结成一个拥有共同思想和奋斗目标的社会团体。

二 日渐卑下的世风与士风

明中叶以后，太湖周边地区的经济迅速发展，资本主义开始萌芽。这一带包括苏州、松江、常州、镇江、嘉兴、杭州、湖州等地，人口密集，市镇众多，水路交通方便，各地商人云集，贸易兴盛。至明末，这里已经成为集农业、手工业、商业于一体的全国经济中心。随着经济的发展，奢侈之风渐渐盛行。加上王阳明心学对士人思想的渗透，尤其是李贽刮起的一股"狂禅"之风，影响极其

---

① 陈平原、王德威、商伟编：《晚明与晚清：历史传承与文化创新》，湖北教育出版社2002年版，第8页。
② 陈子龙著，施蛰存、马祖熙标校：《陈子龙诗集》附录三，上海古籍出版社1983年版，第759页。

广泛。士大夫逐渐怀疑传统的道德价值体系，而注意个性与自我，把眼光投向现世的快乐与享受，生活日趋浮靡。天启年间，魏忠贤手握大权，排斥异己，许多士大夫官僚为了功名利禄，卑躬屈膝，媚事阉党，以称功颂德为能事。朝野上下，士气越发卑微，世风日益趋下。官宦贪污受贿，弄权擅事；一般士人攀附权贵，追求名利；民间风俗软靡。

趋利便易的风气影响了士人的价值取向与精神面貌，他们的思想发生急剧改变，由传统的儒家思想"达则兼济天下，穷则独善其身"趋向于放浪不羁，注重自我感官享受；由秉持忠义节操转向趋名逐利，甚至寡廉鲜耻。当时，社会上出现了一类四处游历以交结权贵，专事经营以博功名的士人，同时招摇撞骗，混吃混喝，影响极坏。张采的《游客说》就描述了这一类人物：

> 游客，不审所由称，前此绝不闻。
>
> 余临上归，稍见告。然亦孝廉上公车。及罢，道经故人部，问候倌。故人则寻交际。既名下士，辄担簦，远走干有司。既不必名下士，板镌诗若文一二册，即负名下持要人牍，远走干有司。有司冀游闲声，且惧腾谤，事惟谨。或先通大府，挟大府临守令，事益谨。间遭夷鄙，优者谩骂，蕙者强颜受，必厌所欲去。吴故孔道，缙绅，及废吏，下至方技，络绎即次。则居间讼狱，若有司承奉，判牒送某，呼持牒史，语富人，具若干金，否则不牢狴。夫千金之家，岂有千金？不过田庐器物，俄责若干金，必黜田拆庐、变易器物应，急不得三之一，将立破。
>
> 噫！士农工商，先王别为四民。故士循礼义，安乡里，守己谨分。农修树艺，笃稼穑，先时备潦燠。百工竭智力，日夜务所务。商则调泄贵贱，衡量子母，历寒暑，逐道路。各有恒业，统曰恒产，斯有恒心，而天下治。今既儒衣冠，与有司廷让，则士矣，乃袭商术；且商筐高赍，大者千万，次不下什佰，彼儒衣冠者皮面尔？然不闻贾劫民财，旅夺官政，则拟商当不受。
>
> 虽然，于客乎何尤？实维主者。主者任天子郡邑，寄子惠下民，所御惟法。故法一则民安。苟无犯而加赎刑，则是以法敛

上编 士人结社与明末清初社会

财；苟丽辟而幸免，则是以生死权利。以法敛财，则富者莫保；以生死权利，则贫者莫服，而富者有恃以逞。若是，则天下恶得不乱？炭乎其乱，犹客是徇。徇客，则境内有力者，皆得持其上。于是廷如市，有司如侩，客及境内有力如贩。问所鬻，则惟下民；问所高下，则惟天子法。一日寇至，令曰执干戈以卫，得乎？

有人曰："是杨朱行，将蒇而恩，离而情，奈何？"曰："余求友声，切胞与，讵不通往来。但惠必归德，如郭元震遇书生，范纯仁遇石曼卿，倾橐捐麦舟。则振乏，仁也；通财，义也。仁与义，宁靳诸？倘取官中物，即不度，况鬻下民，高下天子法，以充报赠。此无他，廉耻不明，故士行不立；士行不立，故客轻去其乡，而主者轻用其法。使廉耻明，则人不倍本行，不求外势，不昧公道以结私惠。则四民有常，即盗贼何自起？斯治乱攸系，可无辨。"

或谓游客者，文之尔。通称为秋风，言所至凋落；或为抽丰，言分乃羡溢也。吴旧守陈公默庵，有谢客榜。辞云："我丰，任尔抽。今丰安在？毋落客事。"一时播笑，回车去。是知源清流清，源浊流浊，大致弗爽。然则学士大夫，禁足一室，音问不越郊圻，绝物奈何？曰："孔子亦云朋自远来，即文章推史迁，未尝不历九州，阅险易，第义利断断，则不家食吉矣。"①

在这篇长文中，张采首先描绘了士人与有司交际的各种丑恶现象，影响了社会的各个阶层。进而明确指出：士农工商应该各安其分。而一些士人披着儒衣冠，袭商术，劫民财，夺官政，使地方政治日益败坏。这类士人即为游客，四处打秋风。要杜绝这种打抽丰的士人，必须使地方长官立身谨慎，执法严明，行仁义，明廉耻，则士行立，民安定，天下大治。张采在《题钱侯誓辞后》与《钱侯荣升序》

---

① 张采：《知畏堂文存》卷十一，《四库禁毁书丛刊》集部第81册，北京出版社2000年版。

两文中，就盛赞了太仓知州钱肃乐拒谢游客的高风亮节。至弘光朝，张采的《在礼言礼疏》再次指出士人"廉耻道丧，嚚薄日滋"，以至于"北边贼至，皆生员先率趋迎。及先帝既崩，臣乡处处鼎沸，皆生员先率唱乱"，而败坏士习的主要有两类人：一是"窃附高流者，专经未通，辄板行所肆课，号曰名士"；二是"平日挟持长吏，横议是恣，复干要人牍，往来他郡邑，号曰游客"①。可见，生员士子们不安本分一心读书，而以游客为业，已成为明末社会的痼疾，以至于明亡之际，首降者即腰膝疲软的生员士子们。直到晚清，这类打秋风的士习仍然盛行于世。晚清四大谴责小说都描绘了此类人物与现象，除《老残游记》中的"游客"老残为人正直高洁以外，其他出现在《二十年目睹之怪现状》《官场现形记》《儒林外史》中的游客皆为张采所指的一类人，四处请媚，打秋风。

面对软靡的世风与士风，某些清醒的士人决心振衰俗，返淳古，彰举忠孝节义，扶正人心。张溥在《正风俗议》一文首先指出当今士人缺乏节操，"风俗之不古也，士子为甚。逆珰之乱，献谄造祠者倡于松江；奴酋之横，开城乞降者见于永平。于是天下争言士子之变，沦胥已极，几甚于尧时之洪水、周初之猛兽"，然后指出现存种种不良的风俗，如衣着穿戴僭越礼规，贫富差距越来越大，贫者衣食无着而富者奢侈浪费。但令人忧的并非这些风俗，而是"人心"，"今日之人心，莫患乎讳道学之名而指六经为迂阔，不乐闻封疆之急而幸目前为苟安"，世人学无根柢，心无忠义，必须"示以风厉之权而明其赏罚之道"②，从而使他们明了自己有责任于国家的兴亡，奋勇杀敌，收复失地。

软靡的士风伴随着学风的鄙陋。当时的士人乐于便易，游谈无根，或剽窃前人，或取径低下，学风空疏颓弊，文风鄙俚浅俗。张溥在《答周勒卣书》中指出："当今经业堙颓，士鲜实学。世所号为魁然者，咸取径时体，掇其不伦之辞，自名诡特。"③ 有识之士倡导经

---

① 张采：《知畏堂文存》卷一，《四库禁毁书丛刊》集部第81册。
② 张溥：《七录斋诗文合集·论略》卷一，《续修四库全书》集部第1387册。
③ 张溥：《七录斋集》卷五，《四库禁毁书丛刊》集部第182册，北京出版社2000年版。

史之学来振兴古学，提出文章应以六经为根本。据《复社纪事》载："（崇祯元年）先生（指张溥）以贡入京师，纵观郊庙辟雍之盛，喟然叹息曰：'我国家以经义取天下士垂三百载，学者宜思有以表章微言，润色鸿业。今公卿不通六艺，后进小生，瞂耳佣目，倖弋获于有司。无怪乎椓人持柄，而折枝舐痔，半出于诵法孔子之徒。无他，诗书之道亏，而廉耻之途塞也。新天子即位，临雍讲学，丕变斯民，生当其时者，图仰赞万一，庶几尊遗经，砭俗学，俾盛明著作，比隆三代，其在吾党乎！'乃与燕、赵、鲁、卫之贤者，为文言志，申要约而后去。"① 价值观相近的士人们纷纷靠拢，结社会文，试图以文章为工具，挽回世道人心。如以吴应箕、徐鸣时为首的匡社，合七郡十三子之文行于世，社名"匡"，即有"匡正时俗"之意；后来周钟主盟的应社，即取"同声相应"之意；张溥为首的复社，取"兴复古学，务为有用"之意；而陈子龙等人的几社，取"绝学有再兴之几而得知几其神之义也"②。由此可见，明末纷纷涌现的各种文社，它们的成立有着共同的目的，就是对当时的世俗、士习、学风和文风有所匡扶。而相同的目标与相似的主张，使他们能够走到一起，相互砥砺，携手共进。

三 文人结社与八股取士

复社的兴起与明人结社风气的浓厚密切相关。杜登春在《社事始末》一书中分析了文人结社的来龙去脉。他首先考察了社的来历，最早与祭祀、礼法有关，大夫以下满百家就可以成社；后来在普通百姓的日常生产与生活当中也出现社，如民间团体弓箭社、锄社等，它们的成立是出于通力合作，相互协助。而上流社会人士出于共同的志趣或信仰，也纷纷结社，如栾公社、白社、香山社、白莲社、耆英社等，杜登春指出这类社事"大抵合气类之相同，资众力之协助，主于

---

① 吴伟业著，李学颖集评标校：《吴梅村全集》卷二十四《文集二》，上海古籍出版社1990年版，第600页。
② 杜登春：《社事始末》，《丛书集成初编》第764册《东林始末（及其他两种）》，中华书局1991年版。

成群聚会而为名者也",进而指出"明季诸公,本是名以立文章之帜,建声教之坛,其亦取诸治田者之能力合作、守望相助已尔,取诸香山耆英之不论贵贱、不拘等夷、同事于笔墨讨论之间已尔"①。他认为明末文人立坛结社,是希望能够相互协作、平等交流、相互切磋。

明代社事最为繁兴。文人结社的形式多种多样,有成员、地点、社约相对固定的,如武林读书社、中州雪园六子社等。试看侯方域的《雪园六子社序》:"吾向者雪园之君子,有若吴子伯裔、伯胤、徐子作霖、刘子伯愚,尝与吾二三子为之;其从而为之羽翼者,莫不以文采自著,而以躬行相砥,甚盛事也。"②结社目的鲜明,人员基本确定,活动多是在同一个地方定期举行,内容也有所规定。有时间短暂、成员不定、组织较为松散的,这一类的社往往是士子们在金陵、京师两地应试时所结,如崇祯元年,艾南英在金陵与刘斯陛、甘元鼎、王徽、沈寿民、沈士柱、周铨等人所结的偶社,"皆邂逅倾盖,定交杵臼之间"③。再如艾南英在《国门广因社序》中记述:"戊辰春,会稽徐介眉、蕲州顾重光、宜兴吴圣邻纠合四方之士聚辇下者订定因社,是年社中得曹允大为礼部第一人。庚午、辛未之试,旧社皆集,乃复寻盟而增之为广因社,于是中礼部试者复六人。而予罢归,过济上,则圣邻行馆寓焉。"④

社之得名,或取诸社之宗旨,如应社;或因之所在地,如万时华在《沈昆铜瑞芝亭近艺序》写沈士柱、舒宏绪与自己三个人在瑞芝亭读书,取是亭以名其社;⑤或缘于形式,如随社,艾南英的《随社序》:"麻城王屺生自黄州入南昌,上广信至临川,梓其征途所录名曰《随社》。"⑥王屺生将沿途所得文章结集名为随社,应该包括了自

---

① 杜登春:《社事始末》,《丛书集成初编》第764册《东林始末(及其他两种)》。
② 侯方域著,王树林校笺:《侯方域全集校笺》卷十一,人民文学出版社2013年版,第577、578页。
③ 艾南英:《偶社序》,《天佣子集》卷三,清光绪己卯年梯云书屋刊本。
④ 艾南英:《天佣子集》卷三,清光绪己卯年梯云书屋刊本。
⑤ 万时华:《溉园初集》卷一,《四库禁毁书丛刊》集部第144册,北京出版社2000年版。
⑥ 艾南英:《天佣子集》卷二,清光绪己卯年梯云书屋刊本。

上编 士人结社与明末清初社会

己与别人的文章,作者相距数千里之遥,形式自由随意。

明人结社不仅为了诗酒唱和、消遣娱乐,而且有着匡扶世风的现实目的,如侯峒曾《持声社序》中认为社"盖将以企望德义,奖化风俗,非为艺文设也"①。但最主要的目的是以文会友,在谈艺论道中提高文章的创作技巧,如贺贻孙在《藜社制艺序》中描述了文人创作时的状态及与友人切磋的情景:"夫文亦有砥砺焉,当其收视反听,专志凝神,经营惨淡,四顾踌躇,恍然跃然,深自许也。业自许矣,忽跂而望,曰:'吾友其许我乎?业许我矣。能无今是而古非,共是而独非乎?业无之而不许我矣,则是我友果不我欺也。'我果无负于我友也,犹且展转低徊,或歌或笑,或嘿或语,或千里而命驾,或睹面而犯颜,或送一难而终日动色,或争一鲜而终身衡决。谓夫琴瑟之专一不若丝竹之殊调也,有心者之同不如无心者之不同也。其不同者乃所以为同也,岂区区呼号侪类以为同也欤哉?"②从中我们可以想象朋友之间相互砥砺文章的乐趣。

自明太祖朱元璋规定以制义取士后,科举制度日益完善,士人间的接触、交往越发频繁,谈论八股技艺渐渐成为士人社事的中心话题。据《复社纪略》记载:"令甲以科目取人,而制义始重,士既重于其事,咸思厚自濯磨,以求副功令。因共尊师取友,互相砥砺,多者数十人,少者数人,谓之文社。即此以文会友,以友辅仁之遗则也。"③由此可见,八股文社的出现源于科举制度的刺激与影响。万历末年以后,各地以揣摩经义、应付科考为目的的文社如雨后春笋般涌现,如罗万藻在《鉴湖社序》说:"国朝以经义取士二百余年,太平之治,皆由此出。而士以草莽之器,一旦谟议庙廊、垂勋竹帛者,当其俯首制艺时,才猷德器所磨炼,以入用之途,惟此为最细。故八股之制代相崇重,而海内名社,各从其方以起,二十年间,亦文字号

---

① 侯峒曾:《侯忠节公全集》卷十二,1933 年铅印本。
② 贺贻孙:《水田居文集》卷三,《四库全书存目丛书》集部第 208 册,齐鲁书社 1997 年版。
③ 陆世仪:《复社纪略》卷一,《续修四库全书》史部第 438 册,上海古籍出版社 2002 年版。

称极盛之日矣。"① 甚至将主要精力放在经世之学与诗文创作的几社诸子，也不得不为了科考开展课艺活动，《社事始末》载：杜麟征对夏允彝说："我两人老困公车，不得一二时髦新采共为熏陶，恐举业无动人处。"遂敦请文会。

八股取士的科考制度对文社的发展影响极大。有关八股技法的讨论成为文社的中心话题，社员平时的读书、练习也多数为了科考而准备。文社定期或不定期地将成员的社艺结集成册，刊刻于世，这些社稿的流传，有助于扩大文社的名气与影响，张大声气，吸引更多有才学的士人加入。《复社纪略》卷一载：以吴应箕、徐鸣时为首的匡社文章行世已久，"至是共推金沙（指周钟）主盟，介生乃益扩而广之：上江之徽、宁、池、太及淮阳、庐、凤与越之宁、绍、金、衢诸名士，咸以文邮致焉。因名其社为应社，与莱阳宋氏、侯城方氏、楚黄梅氏遥相应和。于是应社之名，闻于天下"。一方面，有名的选家挑选某场某房士子的应试文字刊刻成集，这些房稿的发行对于提高个人声誉及文社的名声极有用处；另一方面，选家本人或其弟子、同社社员等在科考中胜出，也有助于其制义文字及选本的流传。《复社纪事》载："四年辛未，伟业举礼部第一，先生（指张溥）选庶吉士，天下争传其文。"② 庚午、辛未，张溥、吴伟业师徒连举成进士，还有多个复社人士中榜，复社声气更广，人人争入社，而张溥所选的《表经》脍炙人口，盛传天下。文社领袖对于弟子或社员的极力推荐，使他们的名声扩大、文章流传，有利于应试时引起考官注意，中试机会更大。《复社纪略》卷二中记载了张溥奖掖后进不遗余力，每岁、科两试，均通过各种方式推荐社中士子中试，使复社成员队伍更加壮大，遍布大江南北的浙、苏、皖、豫、闽、鄂、陕、鲁、黔、晋、粤等十余个省份。

影响事物形成与发展的因素总是多方面的。复社的兴起与当时政治的局面、吴中人士与中央政治的关系、当地抗倭的风俗及群众运动

---

① 罗万藻：《此观堂集》卷二，《四库全书存目丛书》集部第192册，齐鲁书社1997年版。

② 吴伟业著，李学颖集评标校：《吴梅村全集》卷二十四《文集二》，第601页。

上编 士人结社与明末清初社会

的勃兴、经济的发展与市镇的繁荣、书坊书肆的发达、书院讲会的影响、学术文化的普及、吴中独特的文化、明代的复古思潮等都有着密切关系,当然,还离不开人的因素,具有各种才干的士人的共同努力。中国历史上规模最大、最具影响力的文人社团组织得以形成与迅速发展,其中起主要作用的是上述三方面的原因。

(原载《社会科学家》2009年第1期)

明末应社考论

天启四年（1624，甲子）冬，应社首倡于常熟，据《静志居诗话》卷二十一"杨彝"条［附录］载张采之语："甲子冬，与天如同过唐市，问子常庐，麟士馆焉。遂定'应社'约。叙年子常居长。"① 张采在《杨子常四书稿序》中详细记载此事："迨癸亥，始通姓氏。甲子冬，始与张子天如同过唐市，问子常庐。请见。唐市者，虞山北野镇，去娄可七十里，子常所居地也。子常方与麟士同业，宾主叙述如平生，因遂定应社约，约之词曰：'毋或不孝悌，犯乃黜；穷且守，守道古处；在官有名节；毋或坠，坠共谏，不听乃黜；洁清以将，日慎一日。'叙年，子常长，登坛申约。诸兄弟曰诺。时子常儿静仅四岁，嬉嬉几席间。余有初生女，诸兄弟遂赞成婚姻。"据此序，可知张采、张溥从娄东专门到虞山唐市拜访杨彝、顾麟士，定下应社社约，采与彝二人还结成儿女亲家。② 杨彝因年居长，登坛申约；杨顾二人对应社之立甚为有功。计东在《上太仓吴祭酒书一》中亦云："若子常、麟士两公经营社事最深。"又云："又应社之本于拂水山房，浙中读书社之本于小筑，各二十余年矣。"对于计东这一说法，朱俊推测杨、顾二人同居常熟唐市，

---

① 朱彝尊：《静志居诗话》，人民文学出版社1990年版，第652页。
② 张涛据杨彝的《谷园集》所载文，认为应社的成立以天启五年在杨彝的凤基台举行第一次社集活动为标志（张涛：《社群联盟格局：晚明文坛的主流文学样态——以应社与复社关系为重点论述复社联盟进程》，《苏州大学学报》2016年第2期）。

盖亦曾入拂水文社；① 何宗美认为计说是针对应社亦起于常熟而言，成员之间并无联系。② 笔者披捡相关资料，认为计东所指当为钱谦益、瞿式耜读书拂水山房一事，杨顾二人在常熟与钱瞿二人过从甚密，亦曾参与过钱瞿二人在拂水山房的读书会文活动。

　　万历三十三年（1605，乙巳），钱谦益二十四岁，与弟子瞿式耜一起读书拂水山庄，此时二人尚未获功名，日常活动以时文课艺为主。"瞿式耜从先生（指钱谦益）读书拂水山庄。"③ 钱、瞿二人虽无结社之名，却有结社之实。钱、瞿二人读书之事，源于瞿纯仁、瞿汝说等人所结的拂水山房社。钱谦益《瞿元初墓志铭》："虞山之西麓，有精舍数楹，直拂水岩之下，予友瞿元初君之别墅也。君讳纯仁，字曰元初。祖曰南庄翁，布衣节侠，奇君之才，以为能大其门，买田筑室，庀薪水膏火，以资士之与君游处者。君所居北山，面湖有竹树水石之胜。而其所取友曰瞿汝说星卿、邵濂茂齐、顾云鸿朗仲，皆一时能士秀民，相与摆落俗虑，读书咏歌其中。晴烟晦雨，春映夏阴，互见于研席之上，悉收览之，以放于文辞。故拂水之文社，遂秀出于吴下。……唐以诗取士，如干者（指方干）虽不第，其诗已盛传于后世。而君等之擅场者，独以时文耳。"④ 再看瞿式耜为其父瞿汝说所作行状云："当是时（指万历十二年，甲申，1584），吴下相沿为沓拖腐烂之文。府君与执友邵君濂、顾君云鸿、瞿君纯仁结社拂水，创

---

　　① 朱倓考证出拂水山房社有前后之分，前为瞿纯仁、瞿汝说（瞿式耜父亲）等人于万历十二年所结，后为范文若等五人所结，计东所指的拂水山房是指范文若等人所结社（朱倓：《明季南应社考》，《国立北京大学国学季刊》1930年第3期）。郭绍虞认为瞿汝说等人所组织之社重在时文，而范氏所组织之社或兼重诗（郭绍虞：《明代的文人集团》，《照隅室古典文学论集》上编，上海古籍出版社1983年版）。笔者认为，钱谦益、瞿式耜读书拂水山庄与范文若等人所结拂水山房社的时间大致相同，计东所指的是钱、瞿二人虽无结社之名，却有结社之实，他们两人在拂水山庄读书、相酬唱，相当于承接了父执辈的前拂水山房社。

　　② 何宗美：《明末清初文人结社研究》第三章"复社及其思想、学术与文学（上）"，南开大学出版社2003年版，第170页。

　　③ 金鹤冲：《钱牧斋先生年谱》，钱谦益著，钱曾笺注，钱仲联标校《钱牧斋全集》之《牧斋杂著》附录，上海古籍出版社2003年版，第932页。

　　④ 钱谦益著，钱曾笺注，钱仲联标校：《钱牧斋全集》之《牧斋初学集中》卷五十五，第1373、1374页。

为一家言，以清言名理相矜尚。"① 按二人所述，瞿纯仁、瞿汝说等人所结的拂水山房社以创作时文为主，自成风格，与吴下糜烂之八股文风不同；社中人超脱俗世，以善清言、谈名理为乐，有魏晋名士之风。钱谦益弱冠时，即与瞿纯仁、邵濂等人相游处，有闻于拂水山房社的社事，《瞿元初墓志铭》《邵茂斋墓志铭》中都有记载。

万历三十四年（1606，丙午），钱谦益二十五岁，举于乡。此后近二十年，钱谦益在仕途上时起时伏，避居拂水山庄读书的时间较多，常与程嘉燧、瞿式耜等人相唱和。拂水山庄即拂水山房，常熟县志云："拂水山庄在拂水岩下，初瞿纯仁筑以为读书会文之所。后钱氏（谦益）得之，建耦耕堂。既而斥山麓为墓，改建明发堂，有朝阳榭、秋水阁、花信楼、留仙馆、玉蕊轩。今其地称花园浜，犹存石桥废址。"② 钱谦益《初学集》卷四十五有《耦耕堂记》《朝阳榭记》《秋水阁记》《明发堂记》《花信楼记》《留仙馆记》《玉蕊轩记》等文记载修建经过。作于崇祯三年的《耦耕堂记》记录了耦耕堂命名及修建的缘由，记曰：

> 予之得交于孟阳也，实以长蘅。长蘅与予偕上公车，尝叹息谓予："吾两人才力识趣不同，其好友朋与嗜读书则一也。他日世事粗了，筑室山中，衣食并给，文史互贮，招延通人高士，如孟阳辈流，仿佛渊明《南村》之诗，相与咏歌《皇虞》，读书终老，是不可以乐而忘死乎？"予曰："善哉！信若子之言，予愿为都养，给扫除之役，请以斯言为息壤矣。"荏苒二十余年，长安邸舍酒阑灯炧之语，犹历历在耳，而长蘅已不可作矣。人生岁月，真不可把玩。山林朋友之乐，造物不轻予人，殆有甚于荣名利禄也。予之得从孟阳于此堂也，可不谓厚幸哉！

文中，钱谦益追忆二十年前与李流芳同试举人、酒后灯下谈心之

---

① 瞿式耜：《瞿忠宣公集》卷十，《续修四库全书》集部第1375册，上海古籍出版社2002年版。
② 高士𩾃、杨振藻修，钱陆灿等纂：《康熙常熟县志》，清康熙二十六年（1687）刻本，《中国地方志集成·江苏府县志辑》第21册，江苏古籍出版社1991年版。

语,交代了耦耕堂之来由;记述程嘉燧游于钱氏拂水山庄的经过:万历丁巳之夏,游旬月而去,程嘉燧与钱谦益相互讲论诗法;天启中,钱氏南还,程嘉燧移家相就,长居此地,两人日夕酬唱,相互影响,共同推举宋诗。

杨彝、顾梦麟二人同在常熟,与钱多有往来。张溥曾聆听钱谦益说诗,他在《皇明诗经文征序》中记曰:"海虞学士家世传诗,海内以诗显者皆不免诋诃,独于杨、顾则心安之,谓其无弊。余时左右窃听,间有发明。"① 指出钱谦益论诗推服杨彝、顾梦麟二人,钱氏所论对张溥影响较多。钱谦益在《顾麟士诗集序》中盛赞顾梦麟之诗为"儒者之诗","麟士于有宋诸儒之学,沉研钻极,已深知六经之指归,而毛、郑之诗,专门名家,故其所得者为尤粹。其为诗搜罗杼轴,耽思旁讯,选义考辞,各有来自。虽其托寄多端,激昂俯仰,而被服雍雅,终不诡于经术。目之曰儒者之诗,殆无愧焉"②。由此可见,杨、顾二人与钱谦益的诗学主张较为接近,都对宋儒之学浸淫极深,互相往来更为频密。

杨、顾二人在应社与广应社中专门负责《诗经》的注解与选文,张溥的《诗经应社序》曰:"若此诗义之行,则子常、麟士为之端也。"肯定了杨、顾主《诗》的发起之功。又曰:"余虽旷于《诗》,窃闻子常、麟士与大士、大力之言矣。……是故诵《诗》之流,盈于邦国,非四子则无所宗据。而豫章与虞山,遂有兄弟之称、一家之谊。追澄岚以齐鲁之古学,共立纲纪。而应社之诗,作者益备,书人书地,观风俗而知得失,盖于诸家为独全矣。然则有志于考正者,夫亦明立社之始终,以求读经之大要。"张溥主张兼容并包,将杨彝、顾梦麟、陈际泰、章世纯这四子以及宋澄岚的诗学主张统合于应社中。在《诗经应社再序》中,张溥再次指出杨、顾二人襄成应社的开创之功。由此可知,应社《诗经》学的重要来源之一是虞山杨子常与娄东顾麟士,二人的诗学思想与钱谦益有密切联系。因此,计东

---

① 张溥:《七录斋诗文合集·近稿》卷三,《续修四库全书》集部第1387册。
② 钱谦益著,钱曾笺注,钱仲联标校:《钱牧斋全集》之《牧斋有学集·中》卷十九,上海古籍出版社2003年版,第823页。

探讨应社的源头时，一直追溯到钱、瞿读书于拂水山房的事实。

应社的文事活动以尊经复古为宗旨，主要由杨彝、顾梦麟、杨廷枢、吴昌时、钱枬、周钟、周铨、张采、王启荣、张溥、朱隗十一人负责五经文字之选，试图扭转当时时文写作中浮薄无据的陋习。张溥的《五经征文序》载："应社之始立也，所以志于尊经复古者，盖其志也。是以五经之选，义各有托。子常、麟士主《诗》，维斗、来之、彦林主《书》，简臣、介生主《春秋》，受先、惠常主《礼》，溥与云子则主《易》，振振然白其意于天下，夫天下亦已知之矣。"① 后来应社声誉日隆，吴昌时、钱枬谋推大之，讫于四海，在原来应社的基础上，合并了南社、匡社的部分成员，遂有广应社。"大江以南主应社者，张受先、西铭、介生、维斗；大江以北主应社者，万道吉、刘伯宗、沈眉生。"②

朱倓根据朱彝尊《静志居诗话》、陆世仪《复社纪略》和计东《上太仓吴祭酒书》来综合考证，得出广应社成员中有姓名者二十八人，包括下江地区的十七人，为张溥、张采、顾梦麟、夏允彝、陈子龙、杨廷枢、王启荣、徐鸣时、朱隗、徐汧、杨彝、吴有涯、吴昌时、周铨、周钟、周镳、荆艮；上江地区的五人，为吴应箕、刘城、万应隆、沈寿民、沈士柱；他省的六人，钱枬、孙淳、罗万藻、黎元宽、蒋德璟、陈元纶；其他无姓名者十九人，总共四十七人。③ 笔者根据张溥的《诗经应社序》《江北应社序》《应社十三子序》等文，除朱倓所举二十八个有姓名的应社成员之外，江以南尚有章世纯、陈际泰、杨廷麟三人；江以北尚有宋澄岚、刘伯愚、吴伯裔、吴伯胤、徐作霖五人。另有仲木、燕胤二人。以仲木为字的复社成员，有北直隶顺天府梁以枬、长洲县李楷、登州府莱阳县姜埰，入广应社的当是李楷；以燕胤为字的，据吴铭道的《复社姓氏补录》为长洲县顾启宗，顾另有一字为公远。

关于应社的领袖，操文衡者为周钟，负责社局与社事者则为张溥

---

① 张溥：《七录斋诗文合集·存稿》卷三，《续修四库全书》集部第1387册。
② 计东：《上太仓吴祭酒书一》，《改亭文集》卷十，《续修四库全书》集部第1408册，上海古籍出版社2002年版。
③ 朱倓：《明季南应社考》，《国立北京大学国学季刊》1930年第3期。

与张采。二张与杨、顾共定社约,张溥又为周钟定应社社目凡例,孙淳则专为应社五经征文之人,专门奔走于各社间。据《明史·卷七十·选举志》云:"科目者,沿唐、宋之旧,而稍变其试士之法,专取四子书及《易》《书》《诗》《春秋》《礼记》五经命题试士。盖太祖与刘基所定。其文略仿宋经义,然代古人语气为之,体用排偶,谓之八股,通谓之制义。"自朱元璋时确立下来的科考制度,影响了整个明代的学风与士风。明中叶以后,出现了专门为科考服务的文社,而不同的文社标举的八股文风各异。黄宗羲的《顾麟士先生墓志铭》一文列举了数百年以来的《诗经》著述,除《诗经大全》《四书大全》以外,有"蔡虚斋之《蒙引》,陈紫峰之《浅说》,林次崖之《存疑》"几种书,而顾梦麟的《说约》"融会诸书,削其繁芜,抉其隐伏";"当是时,海内有文名之士,皆思立功于时艺。张天如以《注疏》,杨维斗以王、唐,艾千子以欧、曾,仅风尚一时,惟先生之传,久而不衰"①。黄宗羲指出明末数家有影响的八股学说,特别推崇顾梦麟根柢经史的学说与雅驯的文风。

应社的成立集合了当时大部分选文名家,达成共识:为学与选文以经史为根柢,尊经复古,崇尚大雅。张溥在《五经征文序》中叙述了应社向四方征文的经过:

> 于是孟朴慨然兴曰:"文教之不通,则朋友之疏,为之累也。"今欲聚诸国之远,开文谕志,正其法式,讫于成事,"伐木""酾酒",不敢忘也。然而犹有虑焉。《征文》之言,其及贵广,而经义常不能应,则为之者少也。一经之文,有所偏请而不获,协之五经,效益阔如,则致之者无其道也。夫亦度道理,勤介绍,明其所望之有加,而示以竟业之不远,庶乎有遂也。是故四海之内,凡为文字之国者,斯人之迹,皆可得而至焉。况乎邦之哲人,列版可数者乎?五经之书,其流万家。有志者以己意衡

---

① 黄宗羲著,吴光执行主编,平慧善校点:《黄宗羲全集》第10册《南雷诗文集上·碑志类》,浙江古籍出版社2005年版,第429页。

之，别其长短，科其烦汇，则众儒之称，并于一业。①

孙淳四处奔走，联络各方，负责征文之事，杨彝、顾梦麟、杨廷枢、周钟、张溥等选家则负责选文，使应社的文选得以顺利进行，刊布天下。应社的学风、文风、组织与运作，日后都被复社一一承袭。陈际泰在《复社叙》中指出："复社者云何？就举向之应社而复之也。应社极一时之选，取同声相应之义。"②

应社的成立有两大目的：一方面，通过选文来显其志；另一方面，成员之间通过相互砥砺以明其道。应社重人伦，举孝道，振臣纲，号召"为子者必孝，为臣者必忠"③。这种主张在当时世风颓弊、士气软靡的明季，有振聋发聩之功。应社诸子试图以正统的儒家伦理观念来纠正人心、挽救国运，毋论效果如何，这种做法是值得肯定的。面对清人入侵，绝大多数的应社成员能够不畏死亡，奋起抗争，直至肝脑涂地。④ 可见，应社诸子当初提出的忠孝思想是成熟的、理性的，支配着他们的价值取向与人生定位。这一主张后来成为复社的核心思想。

应社作为一个社会团体，最初维系成员之间的关系纽带主要是血缘与师门。张溥的《应社十三子序》中指出："十三子之中，有一家之兄弟焉，有世兄弟焉，此以亲相先者也；有同一师者焉，有师弟子同为友者焉，此以义相先者也。以亲则情不可以概，以义则合不可以苟。此十三子之所繇名也。虽然论亲与义，而人与文或未至焉，其交犹可议也。论亲与义，而人文之道皆具乎中，则诸子之为友也。"⑤应社诸子的交游或因为血缘关系，或因为同出师门，生活背景接近，

---

① 张溥撰，曾肖点校：《七录斋合集》卷六，齐鲁书社2015年版，第130页。
② 陈际泰：《太乙山房文集》卷四，明崇祯六年刻本。
③ 张溥：《应社十三子序》，《七录斋诗文合集·存稿》卷一，《续修四库全书》集部第1387册。
④ 朱倓：《明季南应社考》："应社之人，多明夷夏之大防。"指出夏允彝、陈子龙、杨廷枢等九人"其死难虽不同，要其不臣异族，其死皆可与日月争光焉"；杨彝、朱隗、沈寿民等八人"虽未尝殉国，然义不臣虏，其志节亦有足多者。其他或前死，或隐没无闻，要之前列二十八人，殆无一人降虏者，此则可为应社生色者也"。
⑤ 张溥：《七录斋诗文合集·存稿》卷一，《续修四库全书》集部第1387册。

志趣思想一致，而自觉地形成一个群体。①

由应社发展为广应社，逐渐打破了血缘、地域、身份的纽带，以志同道合的友道来团结一起，社员朋友之间如同兄弟宗亲般友爱。对于五伦之中的友道，应社诸子十分重视，他们将朋友之谊与兄弟之情相提并论，如张溥在《广应社再序》中曰：

> 夫朋友之义与宗族之情，其本粲殊，比而同说，则安称焉。然而有其一者，所谓亲亲之道，彼此之通也。且以十五国之人，各方峻阻，一旦而道姓氏，称兄弟，虽人事之应求，原其声气，不可谓非天也。天之所与，德者，上也；才者，次也；再况其下，则无之矣。是以社名之立，义本周官。而今之文士，取以为号。择而后交，在久不渝，四海之大，有同井之风焉。斯又王道之所存也。夫观其縣来，朋友之戚，系于人伦，而士与士言士，归之本业。出入进退不能离，穷愁祸患不能舍。若是而比于宗族，非过也。一不之慎而先摇其本，如明允先生所云斯人者出于其间，其为朋友之戾，不已重哉！是故介生发扬其大，而予复兢兢焉。盖即来之、彦林推广之意而加详之，所以明有亲也。②

应社诸子相交以心，情同兄弟，所以，对各人的父母、兄弟、子女、朋友，也真心相待。如张溥的《刘伯宗稿序》曰："夫伯宗于予为兄，伯宗之子于予为兄之子。应社之兄弟无取乎誉之，于其兄弟之子尤无取乎有所为而誉之，而终不能以默而已。盖抑其所乐而使之不言，犹之强其所不乐而使之言，所谓系乎性情者然也。"③再如《徐伯母六十序》中，张溥代表应社诸子为徐鸣时母亲祝寿，云："故应社之立也，兄弟之情，父母之戚，求所谓彼与此者无之，所尊者事焉。尊者有善则闻焉。子不敢过誉其亲，以蹈于非诚。为友者不敢匿于其素，因所誉而誉之，以献其亲，而多其谄言，则夸文不设，而叙

---

① 可参看王恩俊的《复社与明末清初政治学术流变》第三章"复社成员及社内关系"对复社成员地域、家世、内部关系的论述（辽宁人民出版社2013年版）。
② 张溥撰，曾肖点校：《七录斋合集》卷六，齐鲁书社2015年版，第129页。
③ 张溥：《七录斋集》卷一，《四库禁毁书丛刊》集部第182册。

德惟本。凡应社之事父母而善兄弟者，其义如是也。"① 应社重友道的传统也为复社所承接。应社、复社成员的文集中出现大量的寿序、稿序，多是出于交谊之厚，友情之深，并非敷衍无情之文。

应社的核心人物后来成为复社的领袖与骨干，而应社的思想、主张、组织、运作等一一被复社承继下来，应社自然而然地成为复社的主干部分。

（原载《古典文献研究》第八辑，凤凰出版社 2006 年版）

---

① 张溥：《七录斋诗文合集·存稿》卷二，《续修四库全书》集部第 1387 册。

复社的演变历程新论

崇祯二年（1629）的尹山大会，张溥合诸社为一，标志着全国性的复社成立，一直到弘光元年（1645），南都破，国门广业社散，约17年时间里，复社经历了兴衰的演变历程。根据复社内部自身的变化与崇祯朝政治的紧密联系，可分为以下三个时期：第一时期，由崇祯二年的尹山大会，至崇祯六年（1633，癸酉）的虎丘大会，为复社的兴盛期；第二时期，由崇祯六年至崇祯十四年（1641，辛巳）张溥去世，为复社的分化期；第三时期，崇祯十四年至弘光元年，南明政权瓦解，为复社的衰亡期。① 这种分法有利于描述复社内部的变化，把握复社人士的心态及其演变经过；而且，有利于分析社局与政局的关系，体现"社局与朝局相为表里"②。

一　兴盛期

这一阶段，复社处于蒸蒸日上的兴盛时期，共举行了三次全国性的社集。

第一次，崇祯二年，尹山大会。吴江知县熊开元延请张溥来馆邑讲学，各地文士共有七百多人慕名而来，张溥将众多文社统合于复社，裒十五国之文而诠次之，命名为《国表》，社集与社艺的规模堪称空前。张溥的《国表序》，就描述了尹山大会的盛况：

---

① 关于复社的分期，有两期说，以明亡分为前后两个时期；有四期说，如何宗美的《明末清初文人结社研究》第三章，分为上升、受挫、转机、衰亡四个时期。
② 杜登春：《社事始末》，《丛书集成初编》第764册《东林始末（及其他两种）》，中华书局1991年版。

别天如数月矣，近得书言复社之事，孟朴为之，大约本于应社，称之四方，远迩齐辙，尤劳可书。又云是社已二举矣。春秋之集，衣冠盈路，视昔人饮禊采兰之游，殆有甚焉。复社既兴，鱼山先生宾主斯文之选，酌之群言，弘奖气类，余又以庆同盟之有归也。及家人有从吴门来者，予再询之，乃云社集之日，胥间之间，维舟六七里，平广可渡，一城出观，无不知有复社者。诸所称引，又有过于天如之书，余益以信先生一倡之力，孟朴诸子助勷之劳，不可诬也。①

这篇文章是张溥代张采所作，以张采的口吻来叙述复社的兴起。张溥肯定了孙淳对复社成立的功劳以及应社的影响作用。社集当日，人来人往，热闹非凡，远远超过往昔人们社日结伴出游的规模。当时，各地赶来赴会的士子乘坐的船只连成一片，长达六七里路，全城的人们都好奇地观看，堪称万人空巷。从行文及措辞来看，张溥对于社集的盛大、热闹颇为自得。后来，张溥在《国表四选序》中自豪地提到"国表之初，英文骈聚，声光外流"，追忆《国表》初刻所收文章充满活力，流光溢彩。

尹山大会的成功召开，一方面是因为张溥具有强大的号召力，得到众多士人的钦慕与敬重，加上组织者的大力支持。启、祯间，张溥声名鹊起。张溥率领士人与阉党顾秉谦的交锋，出众的文才与学识，再加上他编选的时艺选本畅销、与艾南英论学等因素，张溥成为广大士人拥戴的人物，具有强大的凝聚力。另一方面与当时的政局有关。思宗即位后实施的新政，像一针强心剂，给士子们带来了蓬勃生机。而复社的倡举恰恰适逢其时，迎合了士人企求功名、渴望为国为民分忧的强烈心愿。可以推想，在尹山大会上，包括张溥、熊开元等复社的倡导者在内，每一位士人的心里都充满了喜悦、兴奋与向往。

第二次，崇祯三年（1630），金陵大会。本年乡试，"解元为杨廷枢，而张溥、吴伟业皆魁选，陈子龙、吴昌时俱入彀，其他省社中

---

① 张溥：《七录斋集》卷三，《四库禁毁书丛刊》集部第182册。

列荐者复数十余人"①。科考上大获成功，使复社成员喜形于色，兴奋不已，张溥顺势举社集，召集复社同人三十余人在秦淮河上聚会。万寿祺有诗《秣陵舟宴》四首，描述了此次大会的盛况，描绘复社诸子在秦淮岸边的酒楼上饮宴，河上泛舟，笙箫齐奏，歌酒醉人，谈艺作乐的欢乐情景。参加金陵大会的复社成员大部分是本年乡试的中举者，这些刚刚在科考上脱颖而出的士子们，把考试时的辛劳与等待结果的担忧抛诸脑后，轻轻松松地与友人畅怀共饮。万诗中众人悠哉游哉的表现，"今夕谁先醉，潮声过一湾"，"月城双桨去，半夜望河明"②，透露出他们心中的得意与兴奋，复社成员这次能够大获胜利，确为一件可喜可贺之事。

与会人员中，中举的有来自吴门的杨廷枢，娄东的张溥、吴伟业、吴继善、吴克孝，松江的陈子龙，镇江的王重，长洲的钱位坤、许元溥，苏州的郑敷教、陆坦，贵池的李常、吴应箕，浙江嘉兴的吴昌时，来自江西临江府的杨廷麟，九江府的文德翼，南昌府新建县的丁此昌等。下第者有宣城沈寿民、沈寿国、余姚黄宗羲三人与会，其他参加庚午之役的还有周立勋、徐孚远、彭宾、吴应箕等人，未详是否与会。上述人物来自江苏、浙江、安徽、江西等地，他们多是各地分社的魁首，一同到金陵参加南闱。金陵作为明代的南都，是南方的政治、文化中心，各地士人时常在这里会面、游学、交友、玩乐，文人社群活动异常活跃。金陵大会显示出复社人才繁盛，在科考中拥有强大的竞争力。大会之后，各地的复社士人分散回乡，将喜讯传播四方，大大提高了复社的影响力。"据杜九高《社事本末》言：娄东声气至辛未益广，则是年（庚午）白下（指金陵）之会启之也。……然则是科得人之盛，而复社之名亦以之大著。"③ 随着声名日著，复社逐渐引起朝廷高官的注意，"迨庚午金陵大会，复社之名遂闻于朝

---

① 陆世仪：《复社纪略》卷二，《续修四库全书》史部第438册，上海古籍出版社2002年版。
② 万寿祺：《隰西草堂集》卷六，1933年北京刻本。
③ 夏燮：《忠节吴次尾先生年谱》，《北京图书馆藏珍本年谱丛刊》第61册，北京图书馆出版社1999年版。

野间，乌程（指温体仁）构衅实始于此"①。金陵大会在当时被视为庆功会，这难免会引人注目。复社的兴盛及其在仕途上崭露头角，使它无法避免与政治挂钩，由这次大会开始，社事与政局从此结缘。

值得注意的是金陵大会之后，有一批复社人士在南京另举国门广业社。据吴应箕《国门广业社序》记述："南京，故都会也。每年秋试，则十四郡科举士及诸藩省隶国学者咸在焉。衣冠阗骈，震耀衢术，豪举者挟资来，举酒呼徒，征歌选伎，岁有之矣。而号为有气志、能文章者耻之，键户若无闻，遇则逡巡从道旁避去。数十年来，求胜游之可传，高会之足纪者，盖渺耳。自崇祯庚午秋，吾党士始合十百人为雅集。其集也，自其素所期向者遴之，称名考实，相聚以类，亦自然之理也。"②吴应箕批评了金陵乡试之时，一些豪侈奢华的士人集会，歌妓佐欢，饮酒作乐，不是"有气志、能文章"之士所向往的集会；直到庚午秋，一些复社人士招集志同道合、意气相投的同人聚会，以砥砺气节、谈文论道为主，举国门广业社，号称雅集，才是值得士人称道的盛会。此次雅集由刘城（伯宗）、沈昆铜（士柱）、许元恺（德先）三人主持，合百十人集会，并约定以后每三年举行一次。与金陵大会不同，参加国门广业社的复社人士多为庚午乡试的下第者，他们重在论文考艺，交流切磋；而他们的心态也与金陵大会的参与者迥异，他们多了一分失意，少了一分骄气，多了一分冷静，少了一分浮躁。

第三次，崇祯六年（1633），虎丘大会。虎丘大会是复社规模最大的一次社集，"至日，山左、江右、晋、楚、闽、浙以舟至者数千余人"，明开国三百年来，从未有此盛况。虎丘大会召开的基础是崇祯四年（1631）会试复社士子再次在科考中取得辉煌的成绩，"（吴）伟业中会元，（张）溥与夏曰瑚又联第，江西杨以任，武进马世奇、盛德，长洲管正传，闽中周之夔，粤东刘士斗并中式"，"及殿试，伟业所得榜眼。馆选，天如得庶吉士"③。复社的成功，在全国范围

---

① 夏燮：《忠节吴次尾先生年谱》，《北京图书馆藏珍本年谱丛刊》第61册。
② 吴应箕：《楼山堂集》卷十七，《续修四库全书》集部第1388册，上海古籍出版社2002年版。
③ 陆世仪：《复社纪略》卷二，《续修四库全书》史部第438册。

内造成极大的轰动效应，各地士人掀起一股拜师入社的狂潮，"远近谓士子出天如门者必速售，大江南北争以为然。以溥尚在京师，不及亲炙，相率过娄，造庭陈币，南面设位，四叩，定师弟礼，谓之遥拜，浼掌籍者登名社录而去。比溥告假归，途中鹚首所至，挟策者无虚日；及抵里，四远学徒群集"①，可见张溥个人威望之高。张溥还乡之后，门下弟子与从游学者剧增，复社成员队伍迅速壮大，有必要举行一次社集，对各个分社的成员重新登籍，刊刻社稿。因此，张溥在孙淳、各分社社长的协助下，分发传单到各地，约于癸酉春召开虎丘大会。虎丘大会标志着复社的发展到了最鼎盛的时期。

虎丘大会前后，社事与政局的关系变得微妙，而复社成员的心态也变得复杂：其一，会试中式的复社人士积极参政，企求建立功名，如《复社纪略》卷二载张溥缉温体仁通内结党、援引同乡诸事缮成疏稿，授吴伟业参之的故事。复社在科考上的再次获捷，与朝廷高层有意拉拢有关。崇祯初年会推，周延儒、温体仁合作，成功排挤了钱谦益，后来，周、温二人先后入阁。辛未会试，主裁应属次辅温体仁，首辅周延儒欲收罗人心，越例担任主试官，取吴伟业为会元，张溥等众多复社成员中式。张溥、吴伟业、吴昌时等复社成员与周延儒成为门生与座主的关系，从此陷入温、周相轧的漩涡中。

其二，会试下第者继续以结盟集会、谈文论艺为主要事业。吴应箕、方以智、杨文骢、冒襄等人在南京再举国门广业社。而几社诸子则将兴趣转向古文辞的创作，张溥的《云间几社诗文选序》记曰："辛未，彝仲、燕又、卧子罢春官归，谓予曰：'今年不成数卷书，不复与子闻。'今其言皆验。""辛未之秋，联事乡党治古文辞者九人，壬申冬，成二十卷。"② 叙述了几社诸子辛未会试之后归家治文艺的缘由及实践。据陈子龙回忆，辛未会试期间，复社诸子在京师的活动：

> 辛未之春，余与彝仲、让木、燕又，俱游长安。日与偕者，

---

① 陆世仪：《复社纪略》卷二，《续修四库全书》史部第438册。
② 张溥：《七录斋诗文合集·近稿》卷一，《续修四库全书》集部第1387册。

江右杨伯祥，彭城万年少，吴中杨维斗、徐九一，娄江张天如、吴骏公，同郡杜仁趾，拟立燕台之社，以继七子之迹。后以升落零散，遂倡和乡里，不及远方。故勒卣诗曰："明时凤侣多相得，下泽鸥群且自盟。"子龙亦尝有作，曰："金台宾客非无侣，莲社神仙亦我徒。"虽感慨系之，亦见不朽盛事，非关名位矣。①

陈子龙、夏允彝、宋存楠、彭宾等几社诸子与杨廷麟、万寿祺、杨廷枢、徐汧、张溥、吴伟业、杜麟征等人同游京师，欲结燕台社，继承七子派复古的主张；后来因为众人科考命运不同，有的留在京师任官，有的到地方上任，有的返回家乡，各自飘散。而上述四位几社成员在会试失利之后，回乡结伴读书。他们将社事的重心放在文艺上，认定读书著述同样可以成就一番事业。

其三，复社在科考上的成功极大地刺激了士人们追求科名之心。明代社会崇尚科举，进士一科，卿相皆由此出，尤其被世人看重。明人认为考中进士才算完成一件至为重要的人生大事。崇祯五年（1632，壬申），张溥给假归家葬父，堪称功成名就，衣锦还乡，受到众多士人的拥戴与追逐。当时人人争入复社，其中有"才隽有文、倜傥非常之士"，出于对张溥、复社的仰慕，也不乏"嗜名躁进、逐臭慕膻之徒"，以此作为获取声名的捷径。复社内部弥漫着一股浮躁之气，不少成员暗起竞逐功名之心；而社会上的人也借复社之名招摇，"士大夫家备舲艎，悬灯皆颜复社，一人用之，戚里交相借托，几遍郡邑。久之，泖河群盗多窃效，官司多捕获，当事颇以为诟。天如病之，力禁而不能止，而谤讟兴矣"②。此后，复社屡遭谤议与疏讦，虎丘大会成为复社由极盛到逐渐走下坡路的分水岭。

处于兴盛期的复社显示出它的蓬勃生机与活力，表现为队伍的壮大，科考的成功，社稿的畅销，社集的繁盛与声名的广大。这时候，它的社事重心放在科考上博取功名，文艺上兴复古学，尚未真正介入

---

① 陈子龙：《〈壬申文选〉凡例》，陈子龙著，王英志辑校《陈子龙全集·陈忠裕公全集》卷三十，人民文学出版社2011年版，第909—910页。
② 陆世仪：《复社纪略》卷二，《续修四库全书》史部第438册。

政治斗争。庚午乡试、辛未会试的成功，揭开了社事与政局相关联的帷幕，从此，复社踏上了仕途与政途，注定与政治结下不解之缘。

二 分化期

这一时期，复社进入了艰难的发展阶段，受到外界的干预，主要是与各种政治势力做斗争，社事活动只是小型、团体、局部的社集。而复社内部也随之出现变化，由于政见分歧，逐渐形成几股力量。根据斗争对象的不同，可以分为前后两期。

前期，从崇祯六年（1633，癸酉）六月，温体仁为首辅，至崇祯十年（1637，丁丑）秋，温体仁罢相。辛未会试之后，复社就身不由己地陷入温体仁与周延儒的权力斗争，据《复社纪略》卷二所载故事：先是薛国观使计，谋去吴伟业会元资格；再有张溥授意，吴伟业参疏蔡弈琛；又有温体仁等人侧目、督过，张溥不安，遂给假归。到了崇祯六年六月，周延儒罢相，温体仁为首辅，复社此后屡遭攻讦，共有三次大的攻讦事件：一是崇祯六年，温体仁之弟温育仁著《绿牡丹传奇》讥诮复社；二是崇祯六年开始，周之夔反戈一击，借《军储说》倾二张，①先后于崇祯八年（1635）、崇祯十年屡次上疏攻讦复社；三是崇祯九年（1636），陆文声疏论复社。②

第一次，《绿牡丹传奇》事件。发生在崇祯六年，温体仁为首辅之后，体仁之弟育仁讥诮复社子弟"趾高气扬，目无前达"③，"而语语讥切社长，极嬉笑怒骂之致"④，"诸门生深以为耻，飞书两张先

---

① 关于《军储说》，张采文后有按语，交代了作《军储说》的来由，以及因此而惹祸的始末经过（张采：《知畏堂文存》卷十一，《四库禁毁书丛刊》集部第81册，北京出版社2000年版）。

② 关于陆文声讦奏复社的时间，何宗美系于崇祯十年五月（何宗美：《明末清初文人结社研究》，南开大学出版社2003年版，第182页）。本文据蒋逸雪的说法，系于崇祯九年（蒋逸雪：《张溥年谱》，齐鲁书社1982年版，第34页）。

③ 同上。

④ 张鉴：《书绿牡丹传奇后》，《冬青馆甲集》卷六，《续修四库全书》集部第1492册，上海古籍出版社2002年版。

生，求为洗刷"①，张溥、张采亲莅浙江，浙江学臣黎元宽采取了一系列的行动来禁演此剧。从复社对此事的处理方式来看，这时的复社处于兴盛期，尚未遭遇重大打击，复社人士的心态颇有些自得、自傲，也敢于抗争，"当是时，粤中皈命社局者，争诵两张夫子不畏强御"②。

　　第二次，周之夔疏讦事件。周之夔，字章甫，福建省福州府人，官吴郡司理。他与张溥为同年进士，有诗《都门别张天如归娄江》，张溥有赠诗《送周章甫公祖司李姑苏》；与张采也是朋友，有诗《杉阳题松石图寄临川令张受先》，赞扬张采有"经济才"③。但反戈一击的周之夔先后在崇祯八年作《复社或问》、崇祯十年具《复社首恶紊乱漕规逐官杀弁朋党蔑旨疏》，在朝野上下极力攻击复社。周之夔疏讦复社的始末经过，详见《复社纪略》卷二。周之夔对二张心生龃龉的原因：一说"徒以《国表》二集选之夔文仅一首，而又评无褒称，遂奋身作难"④；一说刘士斗"失意于郡，推官周之夔讦之，罢官"，二张指责周，遂反目。⑤ 今存周之夔的《弃草二集》二卷，中有多封书信，百般辩解，痛骂二张。如《上文湛持太史论漕储书》申述改漕粮为军储有三难，分辩刘士斗降职是因为与泗州卫官张景文争辽粮脚价激变，与己无关，指责二张妄"杀人"⑥。崇祯十年，周之夔与复社的矛盾进一步激化。他在《答张受先书（丙子腊月）》中讥讽二张"旗鼓自雄，称神称圣""学足以杀

---

① 陆世仪：《复社纪略》卷二，《续修四库全书》史部第438册。
② 同上。
③ 周之夔：《弃草诗集》卷三，《四库禁毁书丛刊》集部第112册，北京出版社2000年版。
④ 蒋逸雪：《张溥年谱》，齐鲁书社1982年版，第31页。
⑤ 关于刘士斗与周之夔之间的矛盾，今天难辨谁是谁非。而周之夔在《上文湛持太史论漕储书》中极力辩驳刘士斗降职并非自己所害，讽刺文湛持听信刘为好官。据王家桢的《研堂见闻杂录》记载刘士斗离职当日，"千万人至，以石塞门，攀号不得出……复还娄，千万人自玉峰迎之，皆执香前导，蚁簇欢呼，如赤子之望见慈母"，可见刘士斗确得民心。王家桢赞曰："（刘）任吾娄二年，廉明仁恕，为立州以来第一人。"可证刘确为好官［王家桢《研堂见闻杂录》，上海商务印书馆，清宣统三年（1911）铅印本］。
⑥ 周之夔：《弃草二集》卷一，《四库禁毁书丛刊》集部第113册，北京出版社2000年版。

人，术足以误国"①。周之夔四处写信，诋骂二张，如《上许石门老师书》骂"二张欺世盗名"②，《答南吏部徐虞求书》说"二张罗织故智，杀人滑手"③，《上林让庵吏部书》中连带把黄道周也痛骂一番。④

在周之夔与复社的矛盾冲突中，最为有趣的是钱谦益、瞿式耜师徒二人的立场。周之夔《弃草二集序》中言：

> 惟虞山钱牧斋、瞿稼轩二先生最知我，许为之序。方属笔，而为奸人张汉儒所螫，逮入京矣丁丑夏，阙于长安中，见奸疏内一款，以夔去位诬为钱先生所驱逐。夔恚曰："此娄东甚奸人卸祸移狱，以害先生也。"

从这篇序言来看，张汉儒疏讦钱谦益的罪状，其中一条是驱逐周之夔去位；而周认为自己被罢官乃二张所害，是二张嫁祸于钱以解复社之狱。这篇文章作于崇祯十一年（1638，戊寅）重九日，本年五月，钱谦益、瞿式耜放归出狱。而周之夔很快就向钱、瞿二人进言，诬衅二张。关于钱、瞿被讦入狱之事，吴伟业的《复社纪事》指出乃温体仁授意陈履谦、张汉儒所为，不久之后，复社之狱并起。周之夔、吴伟业各执一词。而从周之夔的举动来看，当时的社会流言四起，告讦成风。钱、瞿尚在狱中的时候，周之夔就写信给二人，为自己辩解，指责复社。在《答钱牧斋先生书》中，周之夔称钱为"宇内知音"⑤；在《答瞿稼轩先生书》中，周之夔回忆往事，"今何为复社猖披乃尔乎？忆老先生东皋促膝语曰：'是儿口尚乳臭，闻者代为汗下，不识夜郎自大何也？'东皋胜概，心目宛然，累欲矢音，为苦块塞迟，尚图洗心，同钱牧翁奚川画卷，作长

---

① 周之夔：《弃草二集》卷一，《四库禁毁书丛刊》集部第113册。
② 同上。
③ 同上。
④ 同上。
⑤ 同上。

歌以献，兹先以扇头拙绘，小言忏罪耳"。① 钱、瞿二人对复社的招摇颇有微词，加上受周之夔的谗言迷惑，因而给周之夔的《弃草二集》作序。从中可以窥见钱、瞿二人在丙子、子丑年间对复社的态度冷淡。

第三次，崇祯九年（1636，丙子）五月，陆文声疏论复社，② 越发使复社雪上加霜，屡受重创。张溥、张采二人日惴惴不安，畏惧祸从天降。王志庆《祭张天如文》曰："丙子、丁丑之间，鬼蜮鸥张，蜚语螫天如与受先，惴惴几蹈不测。"张采《祭天如文》亦回忆："方子丑间两人如几上肉，弋人耽视，外传缇骑且至，一日数惊。繇今言，使两人三木北寺狱，如饴矣。六七年来，弟病不及城市，兄性微少精详，左右害我戆，兄命驾南郭，则百方沮，一月不过一二至，至则谈平生，考古今，亦何减七录斋时？"③ 经过一番折腾，复社人士逐渐失去往日的斗志。张溥、张采二人对世事不再多问。张采避居乡间，张溥时相过从，谈学论道，仿佛年少一起读书七录斋的时候。张溥的《国表四选序》记曰：

  国表之初，英文骈聚，声光外流，继尚老成，一归简朴。或者疑功名盛衰之会，兆见于斯，不知物无常贵，时无常美。当事方萌芽，诋呵众多，道不因诎，及物望既盛，随声称妍，四海顺流，势不加长。是故或因排抑而益高，或繇赞助而见短，毁誉变化，皆非本情。我所可信者，读书行道，不为升降而已。

---

① 周之夔：《弃草二集》卷一，《四库禁毁书丛刊》集部第113册。
② 关于陆文声的讦奏，起因有二说：一是《明史·张溥传》言陆文声求入复社不得，因诣阙密奏；二是蒋逸雪根据文秉的《烈皇小识》的记述，认为陆文声原有憾于张采，温体仁授意，并弹治张溥。蒋的说法还可以从吴伟业的《复社纪事》中得到印证，"州人陆文声者，驵侩无行，尝招摇取略，受先执而抶之，知当国方仇复社，逸入都，就张汉儒同邸舍，贪缘得谒见国观，捃撦两公事十余条，踵汉儒上章诬奏"（吴伟业：《复社纪事》，吴伟业著，李学颖集评标校《吴梅村全集》卷二十四《文集二》，上海古籍出版社1990年版，第603页）。
③ 张采：《知畏堂文存》卷九，《四库禁毁书丛刊》集部第81册。

序中提到周钟为师表十余年,而张溥、张采金沙访周的时间是天启三年(1623,癸亥),据此推测此文大约作于崇祯十年。从行文语气来看,张溥心中有着难以言说的感伤与忧愁,字里行间流露出对昔日的缅怀,对外界毁誉的忧心,以及对于信念的执着与坚守。再如张溥有诗《和人比黄花瘦》二首:

> 横吹零折不禁霜,木性兰心总是伤。强起支持秋渐薄,芰荷非复旧宫妆。
>
> 拟将颜色付兰笺,不耐山高寒一边。今夜梅花名姓改,香炉虽暖怯人怜。①

从诗歌内容来看,张溥感叹外界风霜无情的摧残对芰荷、梅花造成的极大的伤害。严冷的天气,使芰荷失去往日颜色,梅花不复过去模样,由此映照出张溥心境的疲累、悲凉与浓重的感伤。这两首诗当为崇祯十年前后的作品。

后期,从崇祯十年温体仁罢相,到崇祯十四年张溥去世。继温体仁之后,其党薛国观当政,延续体仁的为政之道,复社依然受到压制。这一时期主要是复社与阮大铖的交锋。阮大铖,字圆海,安徽怀宁人,有才,其生平事迹详见钱澄之的《皖髯事实》。②阮大铖与东林、复社的关系错综复杂。一开始,阮大铖以清流自命。天启四年察典,阮走捷径,叛东林,附逆党。"是年之春,吏科都给事中缺,阮大铖次当迁。高邑谓其轻躁不可任,谋于应山梁溪,卒转魏大中。大铖愤甚,乃附忠贤,与奄党为死友。值忠贤进香涿州,遂有叩马献策之事。东林诸君子之绝大铖自此始。"③

从崇祯六年开始,复社长期受到温体仁一党的钳制,张溥等人屡遭攻讦。崇祯十年,周之夔伏阙上疏,直接威胁到复社的存亡。面对

---

① 张溥:《七录斋诗文合集·诗稿》卷二,《续修四库全书》集部第1387册。
② 钱澄之:《藏山阁集·文存》卷六,《续修四库全书》集部第1400册,上海古籍出版社2002年版。
③ 夏燮:《忠节吴次尾先生年谱》,《北京图书馆藏珍本年谱丛刊》第61册。

外界的高压，复社内部分裂出几股力量，所持政见不一；同时，复社与阮大铖之间的关系也变得复杂。试看黄宗羲在《陈定生先生墓志铭》中的陈述：

> 当是时，乌程执政八年，以禁锢东林为事，淄川、韩城承其衣钵。东林虽时出弹射，有胜有不胜，而终不能覆妖鸟之巢，以得志于时。漳海在狱，利害尤急。三吴君子间出奇计，谓不如援彼党一人以为两家骑邮，庶放东林出一头地。佥谐故相，而故相所最昵者为阮大铖。大铖亦从吴中呫嗫耳语曰："苟使大铖得改事诸君，所谓生死而肉骨也。"溺灰阳焰，置酒高会，南中之士入其牢笼者强半。吴中诸公恐仲驭未之许也，邀之半道，会于虎丘，天如、来之以谋告，仲驭持论不下。（此仲驭亲为余言，今人恐无知者。）会眉生保举入京，劾杨武陵，并及大铖妄画条陈，鼓煽丰芑，大铖始沮丧。先生与次尾因草《留都防乱揭》，顾子方曰："大铖者，吾祖之罪人也，吾当为揭首。"其次则天启忠臣之家，故余与左、魏继之，一时胜流咸列其姓名。大铖杜门咋舌欲死。故相出山，大铖犹不忘援手。故相曰："南中议论与吴中驳异，未便可动。"大铖曰："废籍马士英，某之化身也，其可乎？"故相诺之而去。
>
> 崇祯己卯，金陵解试，先生、次尾举国门广业之社，大略揭中人也。芑山张尔公、归德侯朝宗、宛上梅朗三、芜湖沈昆铜、如皋冒辟疆及余数人，无日不连舆接席，酒酣耳热，多咀嚼大铖以为笑乐。①

由黄宗羲的叙述可知，东林、复社久受温体仁、薛国观等乌程一党的禁锢，而深受张溥、陈子龙等人敬重的黄道周于崇祯十三年（1640）被逮于狱，性命系于一线。为解复社之困境与道周之难，张

---

① 黄宗羲著，吴光执行主编，平惠善校点：《黄宗羲全集》第10册《南雷诗文集上·碑志类》，浙江古籍出版社2005年版，第396页。

溥、吴昌时等人谋划周延儒复相。① 而阮大铖也想乘机取悦君子，以为进身之阶。他通过侯峒曾与二张沟通，"府君（侯峒曾）心知其不可，然以为彼有说而来为吾友纾难，虽勿拒可也。……大铖既通于娄东，府君与叔父书曰：'古人反经行权，使贪使诈，容或有之，但愿诸君子毋认贼作子可也。'"② 张溥、吴昌时等人欲借周延儒之力来解复社困境，同时并不拒绝阮大铖的示好。但张溥等人对阮大铖还是有所保留的，如钱澄之《皖髯事实》中记载周延儒复相之后，大铖遣使往候，延儒语使曰："饮此，如与尔主（指大铖）面谈矣。旧约不忘，但今兹之出，实由东林，先与我约法三章，第一义即尔主也。归语尔主，倘意中有所为一个交者，当用为督抚，俟其以边才转荐，我相机图之，必有以报耳。"这是以张溥为首的一派，相机行事，试图通过周延儒易换前辙、重得贤声来挽回东林、复社失势的局面，解除日益急迫的外忧内患。

而以周镳为首的另一派，对张溥、吴昌时等人的提议持反对意见，而且，对阮大铖的态度是坚拒不纳，并给予大力排击。"会流寇逼皖，大铖避居白门，既素好延揽，见四方多事，益谈兵招纳游侠，希以边才起用。"③ "怀宁（阮大铖）方以新声高会招集名流，如南雷（黄宗羲）所云'南中之士入其牢笼'，谢山（全祖望）所云'东林诸人思相附和'，皆指周宜兴（周延儒）、钱常熟（钱谦益）一辈人物也。"④ 阮大铖的高调行为引起以周镳、吴应箕、陈贞慧、顾杲、沈寿民等复社人士的反感，崇祯十一年（1638，戊寅）八月，《留都

---

① 张溥、吴昌时此举最为人诟病，如清高宗在《评鉴阐要》卷十二中称此举为"痴人说梦"，讽刺他们是"所谓清流"（刘统勋辑：《评鉴阐要》，《文津阁四库全书》史部第230册，商务印书馆2005年版）。亦有持不同意见者，如近人朱倓为张溥辩护，"假使天假以年，以溥之才力经济，而辅之以东林之正人君子，复社之英俊少年，则或可以使周延儒、吴昌时辈，不得不出乎正道，所谓'蓬生麻中，不扶自直'，朝政整乎内，兵政肃乎外，则或可以苟延明祚，未必遽至于亡；惜乎溥中道殂陨，昌时小人，冒进当道，苟私其身，不恤其国，身败名裂，卒为社诟病，而亡国之祸，不得不分其谤焉"（朱倓：《明季南应社考》，《国立北京大学国学季刊》1930年第3期）。

② 侯玄汸：《侯忠节公年谱》，《北京图书馆藏珍本年谱丛刊》第60册，北京图书馆出版社1999年版。

③ 钱澄之：《皖髯事实》，《藏山阁集·文存》卷六，《续修四库全书》集部第1400册。

④ 夏燮：《忠节吴次尾先生年谱》，《北京图书馆藏珍本年谱丛刊》第61册。

防乱公揭》出,共一百四十人署名,大力排击阮大铖。陈贞慧的《书事七则》之一《防乱公揭本末》详细记载了公揭问世的始末。①陈贞慧通过亲身的回忆,叙述了《留都防乱公揭》问世,② 首先是吴应箕气愤阮大铖的所作所为,因与顾杲、陈贞慧商量,揭发阮大铖名在逆党的劣迹,阻遏其气焰。《留都防乱公揭》由吴应箕执笔,顾杲首列第一,送往各地的复社魁首。围绕着《留都防乱公揭》的面世,复社内部出现分歧。周镳、陈子龙都极为赞赏,而杨廷枢提出不同意见,与顾杲反复辩论。今天,杨、顾二人的书信俱不存,惟吴应箕的《与友人论留都防乱公揭书》《复顾子方书》,可窥当日的论争。试看《与友人论留都防乱公揭书》:

> 当刻揭时,即有难之者二:谓揭行则祸至。此无识之言,不足辨矣。又谓如彼者何足揭,而我辈小题大做。此似乎有见,而

---

① 关于《留都防乱公揭》,后人议论纷纷。有认为此举失当者,如朱倓:"上江之应社,有吴应箕之《留都防乱公揭》,酿成南明剧烈之党争,同社之英杰,几尽遭清流之祸。"(朱倓:《明季南应社考》)有激赏者,如谢国桢:"复社名士,驱逐阮大铖这件事,无论他们办得是否太过,但他们不顾利害,不恋小惠,这样纯洁无伪的举动,是值得佩服的。"(谢国桢:《明清之际党社运动考》之八"复社始末下",中华书局1982年版,第150页)有持论矛盾者,如薛寀、陈贞慧的《防乱公揭本末》一文后,有衲米(原名薛寀)的按语,一方面赞同吴应箕、陈贞慧等人的先见,认为自己与杨廷枢对阮大铖的态度过于宽厚;另一方面又觉得凡事没有定数,如果处理得当,未必会酿成党祸(陈贞慧:《书事七则》,光绪乙未武进盛氏思惠斋刊本)。张鉴在《书复社姓氏录后二》一文中指出:南都立国之后,阮大铖之流大兴党狱,"此非社中之人能使之如是,实欲害复社者之巧于附会使然。读者不察,翻以为诸儒气焰太盛,未免痴人前难以说梦矣"。为复社人士奋勇之举作辩护,指出小人得志后实施报复出于天性,与君子的排击无必然联系。今天看来,不管《公揭》对当时政局造成的影响如何,都应当对复社人士勇于斗争的精神给予肯定(张鉴:《冬青馆甲集》卷六,《续修四库全书》集部第1492册)。

② 关于《留都防乱公揭》的面世,陈贞慧言其与周镳无关。温睿临的《南疆逸史》认为周镳主之,曰:"礼部主事周镳,方家居读书茅山,闻而恶之,合复社诸名士移檄逐之,曰:'此乱萌也。留都重地,岂可使奸徒煽惑!'大铖惧,乃闭门谢客,独与马士英深相结,往来甚密。"(温睿临:《南疆逸史·列传第五十二·奸佞·阮大铖》,中华书局1959年版,第446页)而黄宗羲《征君沈耕岩先生墓志铭》中曰:"阮大铖之在留都也,以新声高会,招来天下之士,利天下有事,行其捭阖。耕岩(沈寿民)劾杨(嗣昌)疏,尾有大铖妄画条陈,鼓煽丰芑。于是顾杲、吴应箕推耕岩之意,出《留都防乱揭》,合天下名士以攻之。"(黄宗羲著,吴光执行主编,平惠善校点:《黄宗羲全集》第10册《南雷诗文集上·碑志类》,浙江古籍出版社2005年版,第382—383页)

亦非也。乃来教数端，识深而见大，然犹未离乎向二者之意。故不得不略陈其说。夫我辈非欲自附于正人也，邪正之辩，自根人天性学问，岂待附乎？夫子曰："弑父与君，亦不从也。"此而可假，是与于从逆者矣。若谓逆案已定，何待再辨。夫我正为既定而不得不辩，何也？今士大夫，曾有谓此逆人也而绝之者乎？缙绅不与交欢，交欢而不为之驱使者，谁也？士子不从之游，从之游而不互相赞诵，多为招引者，谁也？夫法加于人，有时而尽，邪根中于人心，逆气流为风俗，天下之患，可胜道哉？使我辈不言，则将来变为从逆，世界必有以钦定为非，而恨魏忠贤之不复出也。①

在这封书信中，吴应箕提到反对《公揭》面世有两种意见：一是惧祸；二是认为无此必要。对于前一种，吴应箕认为不足辩驳；对于后一种，即杨廷枢所持观点，吴应箕对此进行了论辩。他强调正邪不两立，认为必须采取行动来遏制逆案之人的气焰，否则，长此以往，会使天下人混淆是非黑白，祸患无穷。对于《公揭》的面世，复社的重要成员纷纷发表个人见解，持反对意见者多为吴地成员。吴应箕在《复顾子方书》中提道："乃同人矛盾，多在吴会。"② 除杨廷枢外，二张对此举的态度如何，现无材料可证。陈贞慧在《防乱公揭本末》一文中亦没有提到张溥的意见如何，而蒋逸雪在《张溥年谱》中提出："百四十二人中并无溥名，然溥必预闻其事。徒以金壬犹诬讦谋乱，不得不暂示缄默耳。"③ 当时，张溥再次受到周之夔的攻讦，日处危疑震惊中，而阮大铖又示好于己，据此可以大胆推测，张溥对《公揭》持保守态度。尽管复社内部对《公揭》的面世有不同的意见，但无论是畏祸者、认为不必者或极力主张者，他们都有着共同的原则：不能重新起用阮大铖。从上述张溥与周延儒约法三章亦可见一斑。《乾隆吴县志》卷五十六《人

---

① 吴应箕：《楼山堂集》卷十五，《续修四库全书》集部第1388册。
② 同上。
③ 蒋逸雪：《张溥年谱》，齐鲁书社1982年版，第41页。

物·忠节·杨廷枢传》载：阮大铖以为杨廷枢庇己，遣使持重币来谢，廷枢拒不纳曰："我非庇大铖，但谓于国体未协。大铖欲以利啖吾，吾头可断，利不可饵也。"①可知复社人士坚决不与阮大铖合作的态度。

在分化期这个阶段，复社的魁首们不同程度地卷入各种政治斗争中，面对外部的干预与压制，他们的反应各有不同，分化出几股政见各异的力量。而社事活动也出现了新的特点：一是没有举行全国性的社集，只召开一些局部性社集；二是以张溥为首的社集趋于式微，而以排击阮大铖为主的社集日益活跃。这一时期，张溥屡遭攻讦，而他的心理也起了极大的变化，由最初处理《绿牡丹传奇》事件的不畏强权转变为畏祸，寄情于读书著述。杜登春《社事始末》曰："是时乌程去位，杨、薛相继秉国钧，窥见主上崇儒扶正，深眷娄东，无吹求西铭之意。门下或有私附杨、薛以图显荣者，以故西铭得以逍遥林下，批读经史为千秋事业，而中夜不安，唯恐朝端尚以党魁目之也。"温体仁罢相之后，张溥还像惊弓之鸟般犹疑不定，可见温体仁的政治高压给他造成的心理阴影。从崇祯六年虎丘大会之后，张溥没有再召集社集。直到崇祯十年，温体仁罢相，各地的复社魁首们纷至沓来，相聚于虎丘，"乌程以病免，复社之狱始稍稍解。一时社中诸君子朋簪毕集，杨维斗本吴中人，自天如至自娄东外，若周仲驭自金沙来，沈眉生自宣州来，方密之自龙眠来，陈百史自濒阳来，陈卧子自云间来，沈昆铜自于湖来，而陈定生、顾子方闻先生（指吴应箕）至，亦自阳羡、梁溪来，于是复社之会，交游文物，照耀江左"②。崇祯十二年（1639，己卯），张溥嫡母潘孺人亡，"会吊者不下万人"③，也算是这一时期复社的大型社集。

局部性的社集主要有在金陵举行的国门广业社与桃叶渡大会。国门广业社首倡于崇祯三年，由刘城、沈昆铜、许元恺主之；第二次是

---

① 姜顺蛟修，施谦纂：《乾隆吴县志》，清乾隆十年刻本。
② 夏燮：《忠节吴次尾先生年谱》，《北京图书馆藏珍本年谱丛刊》第61册。
③ 张鉴：《书复社姓氏录后二》，《冬青馆甲集》卷六，《续修四库全书》集部第1492册。

崇祯六年，由杨龙友、方以智主之。这两次社集均是在复社的兴盛期间举行，活动以砥砺气节、谈艺论道为主。崇祯八年秋，从各地赶来参加次年会试的复社成员们聚于桃叶渡，其中，绝大部分天启被难诸公的子孙到场。当是时，阮大铖招侠纳客，气焰复炽，引起众多复社子弟的注意。魏大中之子魏学濂刺血书《孝经》，与同难兄弟展观，共骂阮大铖为快。桃叶渡大会揭开了复社子弟排击阮大铖的幕布。崇祯九年，复社子弟三举国门广业社，这次大会由姚瀚主盟。① 当其时，天下讳谈社事，而姚瀚大张旗鼓，有激励人心的用意。吴应箕的《国门广业社序》中盛称这次集会，"姚子独于忧疑满腹、谗口方张之日，大聚吾徒而盟之曰：'吾党所先者，道也；所急者，谊也；所讲求者，异日之风烈事功；所借以通气类者，此文艺；而假以宣彼我之怀者，此觞聚也。今天子圣明，深以儒效不彰，疑科举士为无用。吾党思所以仰副当宁之意，以闲执谗慝之口者，则举视此聚耳。何畏哉！'"显示出复社人士不畏艰难、毅然前行的精神。崇祯十一年，《留都防乱公揭》出。崇祯十二年，四举国门广业社，陈贞慧、吴应箕、张自烈主盟，"凡揭中之一百四十余人，大半入会中，周仲驭亦至焉"②。这次大会主要是排击阮大铖，黄宗羲《陈定生先生墓志铭》记曰："崇祯己卯，金陵解试，先生、次尾举国门广业之社，大略揭中人也。岂山张尔公、归德侯朝宗、宛上梅朗三、芜湖沈昆铜、如皋冒辟疆及余数人，无日不连舆接席，酒酣耳热，多咀嚼大铖以为笑乐。"

  分化期，复社没有举行全国性的大型集会。由部分复社人士倡举的国门广业社，每三年定期召开一次大会，参加者是来南都应乡试的江苏、浙江、安徽等隶属南直隶的诸生，其中相当部分为东林子弟，属于特定群体、规模较小的局部性的社集，这些社集以攻阮为宗旨，有别于复社兴盛期的三次大会。谢国桢提出："张溥等在尹山、虎丘三次的大会，是复社的本根，侯方域、吴应箕在金陵的草《防乱公

---

① 姚瀚，字公滁，号北若，嘉兴府嘉兴县人，传见吴山嘉《复社姓氏传略》卷五，中国书店1990年版。
② 夏燮：《忠节吴次尾先生年谱》，《北京图书馆藏珍本年谱丛刊》第61册。

揭》是复社的分局。"①

三 衰亡期

衰亡期，从崇祯十四年五月，张溥病卒，到南明政权瓦解，复社名存实亡。这一时期，明王朝走向衰亡，复社亦走向衰亡。国事日艰，内忧外患，内有李自成、张献忠率领的农民起义军连破庐州、襄阳、承德等地，外有清兵大举入塞，破蓟州，入山东，明朝的统治岌岌可危。

张溥殁后，复社仍然遭受希官求名者的不断攻讦。崇祯十四年十一月，张采上《具陈复社始末疏》为剖白，事始渐解。②但是，张溥之死使复社群龙无首，复社的社局日渐衰微。复社的社集主要有两次：一是张溥会葬，万人赴吊，"至西铭之变，海内会葬者万人"；二是崇祯十五年春的虎丘大会，"壬午之春，又大集于虎阜，维扬郑超宗先生元勋、吾松李舒章先生雯为之主盟……暨前所称诸先生之子弟、云间之后起皆与焉。其他各省名流，余不能悉，得之长兄端成及外父无近公所传，稍稍忆及，录之。嗣后，复社之大会无复再举矣。复社之大局虽少衰，而吾松几社之文则日以振"，这次大会参加者有方以智、方其义、龚鼎孳、陈名夏、宋之绳、严灏、严津、严沆、陆圻、查继佐、彭孙贻、杜濬等人。③召开大会的背景是张采具疏剖白，在周延儒的斡旋下，崇祯帝下旨不再追究，复社人士颇感振奋。但这次大会犹如昙花一现，从此，复社的社事沉寂下来，没有再举行大型社集。

复社与阮大铖之间的矛盾更加激化。崇祯十五年，国门广业社没

---

① 谢国桢：《明清之际党社运动考》之八"复社始末下"，中华书局1982年版，第152页。
② 张采：《庶常天如张公行状》，《知畏堂文存》卷八，《四库禁毁书丛刊》集部第81册。
③ 杜登春：《社事始末》，《丛书集成初编》第764册《东林始末（及其他两种）》，中华书局1991年版。

有如期举行大型社集,只有小型聚会。① 在这些私人聚会中,复社人士仍然没有忘记排击阮大铖,如《忠节吴次尾先生年谱》记载:"崇祯十五年壬午,先生四十九岁。秋七月,社中诸君子同集于刘鱼仲履丁河房看怀宁《燕子笺》传奇。剧毕,先生大骂怀宁竟夜,有从旁而侧目者,先生则或奋袖激昂,或戟髯大噱,旁若无人。"

崇祯十七年三月,北京破,崇祯帝朱由检自缢于煤山;五月,福王朱由崧在南京称帝,马士英以定策功入阁;九月,起用阮大铖,大兴党狱,给复社带来了覆顶之灾。"大铖追憾揭事之役,遂按揭中姓名造《蝗蝻录》,谋尽杀复社中人。时周钟已丽逆案,亦社中人也。于是大铖遂借此为一网之计。"② 陈贞慧入狱,钱秉镫、沈寿民、沈士柱、吴应箕、侯方域、黄宗羲、方以智等人逃亡。阮大铖立顺案,借此杀周镳、周钟兄弟;又起用周之夔巡按苏松,欲对复社门人子弟大加排抑。弘光元年五月,南都破,大狱始解。

清兵大举南下,复社人士或奋勇抗敌,或四处流亡,从此,复社退出了历史舞台,剩下的是各地的分社或各种遗民团体,如松江几社逐渐分裂为景风社、求社、西南得朋会、昭能社等,吴中主要有慎交、同声两社。顺治九年,清廷颁布禁止生员立盟结社的条约。有清一代,文人不再公开结社,但私人结社依然兴盛,尤其是以明遗民为

---

① 关于国门广业社,吴应箕的《国门广业社序》仅叙至丙子(崇祯九年)姚瀚主盟而止;黄宗羲《陈定生先生墓志铭》记载己卯(崇祯十二年)四举国门广业社,云:"崇祯己卯,金陵解试,先生、次尾举国门广业之社。"有关己卯以后的国门广业社,据《忠节吴次尾先生年谱》记载:崇祯十五年夏,"金陵解试之期将及,社中人先后并集。时漳浦黄忠烈公谪戍过金陵,通谒牍者后先相望,先生谒漳浦于石城桥,凡过从半月……八月,九应南都试,榜揭,真副车,同时膺是选者多知名士",如侯岐曾、李雯、宋征舆等。年谱中,此年仅有小型私人聚会的记载,没有大型社集活动。可知崇祯十五年,国门广业社已趋衰微。崇祯十七年,北都破,五月南都立,马士英入阁,复起阮大铖,党祸复炽。弘光元年,连起大悲和尚、伪太子之狱,五月,南都即破,复社人士或逃或亡,国门广业社散。由此可知,崇祯十二年之后,国门广业社未再举大型社集。谢国桢《明清之际党社运动考》、郭绍虞《明代文人结社年表》,皆据吴翌凤《镫窗丛录》、朱彝尊《静志居诗话》卷二十一"姚瀚条",将姚瀚主盟的大会系于福王弘光元年;何宗美《明末清初文人结社研究》提出姚瀚主盟的有两次,分别为丙子年及南都新立时。笔者翻查复社人士的年谱及文集,均未见有弘光年间举国门广业社的记载。可知弘光元年一说误实。姚瀚主盟的国门广业社大会仅一次,当于崇祯九年丙子。

② 夏燮:《忠节吴次尾先生年谱》,《北京图书馆藏珍本年谱丛刊》第61册。

主的各种社团，如顾炎武参加的惊隐诗社、陆圻等人的登楼社，他们心怀故国，不忘前朝。在一些遗民身上，可以找到某些印迹，显示出他们加入复社的人生经历所留下的影响，如钻研经史之学，主张经世实学等。

（原载《天府新论》2007年第5期）

论复社的组织形态与性质特征

明末，文人结社的风气十分浓厚，出现了大规模的集会活动，而且社团组织逐渐严密，有较强的功利目的和政治倾向。复社就是其中的典型。复社将众多文社统统归于它的旗帜之下，形成一个空前庞大的社团，拥有数千成员，遍布中国的大部分地区。它是通过何种运作方式来召集各地社员参加集会的呢？关于复社的组织形态、运行机制及性质特征，是一个值得考察的问题，有助于后人了解文人活动的发展与变迁。

一　网络式的结构

关于复社的组织形态与运行机制，谢国桢认为复社的组织"大概，是在一个大社之内，有许多小组织，对外是用复社的名义，对内是各不相谋的。那种拉拢各社，会集成复社的功夫，孙淳、吴翱之力为多"①，复社的组织方法是"天如又把这几个社以区域的分类，来征各处的文章，以通各处的声气"②。陈宝良提出复社是一种社盟联合体。③ 在复社中，除了张溥全盘负责复社的具体事宜之外，保留原来社盟的相对独立性，每邑以一二人主其事。笔者认为，复社的组织形态是以应社为核心，向四周辐射，各地的文社作为辅翼，相互交叉，形成一个以应社为中心的网络式的结构。各地文社统合于复社，

---

① 谢国桢：《明清之际党社运动考》之七"复社始末上"，中华书局1982年版，第132页。
② 同上书，第133页。
③ 陈宝良：《中国的社与会》，浙江人民出版社1996年版，第286页。

对外皆称复社。对内,一方面仍然保留本身的独立性;另一方面与其他文社相互往来,互通声气。

复社初创时,组织与运行机制尚未建立起来,全社大会的召开有时出于机缘,而文章的收集也是较为随意的。试看《复社纪略》卷一的记载:

> 吴江令楚人熊鱼山开元,以文章经术为治,知人下士,慕天如名,迎至邑馆,巨室吴氏沈氏诸弟子俱从之游学。于是为尹山大会,苕霅之间,名彦毕至。未几,臭味翕集,远自楚之蕲黄,豫之梁宋,上江之宣城、宁国,浙东之山阴、四明,轮蹄日至。比年而后,秦晋闽广多有以文邮致者。

尹山大会的召开,是由于熊鱼山延请张溥为邑馆讲学,弟子日众,名声日响,影响日大。己巳岁(崇祯二年),各地文士慕名结伴而来,一邀十,十呼百,竟至数百人齐至,遂有尹山大会。由此可见张溥的文名之高,号召力之大。尹山大会的召开并非有组织、有准备,而带有一定的随机性与偶然性,因此,杜登春的《社事始末》提到尹山大会,遂有此言:"余以是年(己巳)生,生之时作汤饼,两郡毕贺,社事之有大会,自贺余生始也。"

而《国表》初刻中所收录的文章是由各地文士自愿将己文送达吴江熊开元与张溥处,并非有目的有组织的征文。试看张溥的《国表序》:

> 鱼山先生以政事之暇,加意今文,所谓应制之途,同人之义,出其中矣。于是孟朴、扶九、圣符因以广寄乐善,聚四方之业,捆而归于先生,取予之间,断断如也。而予与介生、勒卣、彦林、云子、维斗、彝仲、来之,亦于诸子左右其政。大约观地之远近,别其文流,积数常多,而取指贵少,此国表所繇刻也。①

---

① 张溥:《七录斋诗文合集·存稿》卷一,《续修四库全书》集部第1387册。

由序文可知，《国表》初刻中的文章主要由孙淳、吴翿和沈应瑞三人负责收集，然后交给熊开元，由他来决断，张溥、周钟、周立勋、钱栴、朱隗、杨廷枢、夏允彝、吴昌时等人辅佐，帮助编选。所选文章要符合圣贤之道，起教化之功。孙淳在应社中就乐于做奔走、联络的事务，而吴翿、沈应瑞即游学于张溥门下的巨室弟子，三人出力出资，四处搜罗制义文字。这时候，复社的组织尚处于松散状态，尹山大会之前的复社只是地方性的复社。尹山大会之时，张溥立规条、定课程、申盟词，"又于各郡邑中推择一人为长，司纠弹要约，往来处置"①。尹山大会标志着全国性的复社正式成立，复社的组织也由松散变得严密。

复社以张溥为盟主，选政主要归于张溥、周钟两人，各地分社的社长则负责分社事务，包括大小集会、收集文章等工作。应社是复社的核心与主干，各地分社的主要负责人往往也是应社的魁目，他们与张溥接触频繁，联系紧密，如羽朋社社长杨廷枢，匡社盟主周钟，几社魁首陈子龙，南社魁首万应隆、吴应箕、沈寿民、沈士柱，山左大社宋继澄等。而孙淳专门负责联络，奔走于张溥、应社与各地分社中间，传递信息，使各分社保持步调一致。这样的组织结构既保证分社活动的独立开展，也易于组织全社的大型活动。如举行全社大会，《复社纪略》卷二载："癸酉春，溥约社长为虎丘大会，先期传单四出。至日，山左江右晋楚闽浙以舟车至者数千余人。"再如选辑复社的社艺《国表》，先由社长收集各分社的文章，再由张溥、周钟等人诠次、编定，然后刊行于世。

《国表》经历了几次选刻，却无一流传于今天。仅存张溥的序文，使后人略知当日的选文情况，了解复社征文、选文、刊刻的运行机制。试看张溥的《国表四选序》的描述：

> 《国表》之文，凡更四选，其名不易，虽从天下之观，亦以志旧日，示不忘也。逞者始事之秋，予与介生约四方之文，各本

---

① 陆世仪：《复社纪略》卷一，《续修四库全书》史部第438册，上海古籍出版社2002年版。

其师，因其处。于是介生、维斗、子常、麟士、勒卣主吴，彦林、来之主越，眉生、昆铜、伯宗、次尾、道吉主江以上，大士、文止、士业、大力主豫章，曦侯主楚，昌基、道掌、仲谋主闽，澄岚主齐鲁之间。……孟朴与扶九、圣符经营社事，积久不衰，同人诸篇归其家者，岁可十万。孟朴孜孜扬扢，一字不遗，其意谓："言者心声，文乃道器，议论可以不彰，人文不可以不录。"又不好独任，公之二三兄弟，以左右其成。①

读这篇序言，可知《国表》四刻的成书经过。首先由张溥、周钟两人发起，各地负责人收集所属分社的社艺，吴地由周钟、杨廷枢、杨彝、顾梦麟、周立勋负责，浙江由钱栴、吴昌时负责，安徽等地由沈寿民、沈士柱、刘城、吴应箕、万应隆负责，江西由陈际泰、罗万藻、陈宏绪、章世纯负责，楚地由易道暹负责，福建由陈元纶、陈燕翼负责，②齐鲁之地由宋继澄负责。各地收集来的文章皆聚于孙淳处，由孙淳保管，张溥、周钟二人选编成集。

二 运行与集会

复社作为一个大型社团，有关集会、社艺等活动的开展具有一定的组织性，往往由上往下、由中心向四周、由应社向各地分社传递信息，然后各地分社响应号召，做出相应的信息反馈与行动。《复社纪略》卷二记载：有好事者给某些重要成员各种名号，如社长赵自新等四人为"四配"，张溥门人吕云孚、周肇、吴伟业等十人为"十哲"，张溥昆弟张溶、张源、张王治等十人为"十常侍"，而依托门下效奔走、展财币者共有五人，被戏称为"五狗"。托名徐怀丹者所制的《复社十大罪檄》将孙淳称作"神行太保"③。对于复社成员来说，捏造这些称呼与名号并非出于善意；但是，换一个角度思考，可以得知

---

① 张溥：《七录斋诗文合集·近稿》卷四，《续修四库全书》集部第1387册。
② 昌基，疑为陈肇曾，字昌箕，长乐县人，传见吴山嘉《复社姓氏传略》卷七。
③ 蒋逸雪：《张溥年谱》，齐鲁书社1982年版，第45页。

复社内部有专门的分工,尤其是与张溥关系最为密切、接触最多的成员,有负责出谋划策的,有负责迎送接待的,有负责信息传递的,有负责筹集资金的。可见,复社的组织形态堪称严密。

各地分社的关系并非如谢国桢所言"各不相谋",成员之间常有往来,或出访,或游玩,或谈学,或应试,唱酬应和,互通声气。以武林读书社为例。在世人眼中,读书社成员以读书著述为主,不与世事。其实不然,他们内心里同样有着对时事的满腔忧虑与愤慨,如闻启祥。试看刘同升为闻启祥《自娱斋集》所作的序言:

> 甲戌九日,余过湖上,子将谢客不梳头,余亦托病坐湖楼。子将数相过,促膝谈心,相视而笑,实未尝病也。间乘小舠至老龙泓,清谿黄叶,绝非世情,食余五簋,共话竟日。初谓子将得处世三昧,与物亡撄,及此倾筐倒庋,子将之感慨牢骚更过于人。人无知子将者,特为余一披豁而已。子将为人藏锋锷,早与名场,非其好也。不可一世之意,独余与伯玉能知其深。若乃灵心慧解,迥绝古今。余与子将谈,凡五阅月,不说第二层话;与他人语,能无河汉乎哉?余每思西泠梅下、孤山月上,子将挥尘尾,伯玉笔授,余亦无膏肓之疾,雅欲忘言,岂非世间至乐?至乐之事也。嗟乎!子将已矣!余与伯玉宜为子将思所以传者,其诗其文具在,子将盖得文之洁,后世亦可仿佛知其为人。嗟乎!夫人性情所至,其不可传者终不可得而传也,其所传者语言文字之间而已矣。乌足以尽子将也哉?余所以序子将集,而为之伤心涕零也。①

刘同升,字晋卿,一字孝则,江西吉安府吉水县人,传见《复社姓氏传略》卷六。伯玉,疑为陈祖绶,常州府武进县人,或为周金,镇江府金坛县人。从此序可知,刘同升与闻启祥私交甚笃,相互理解,相互信任。闻启祥表面上超脱世俗,其实"感慨牢骚更过于人"。三人各处一方,却关系密切,时常结伴读书,谈心取乐。

---

① 闻启祥:《自娱斋集·序》,陈允衡《爱琴馆诗慰》,1940年毗陵董氏刻本。

闻启祥与应社、几社的魁首亦常有酬答，有诗《孟夏三月三日，同马巽甫及刘念先、张天如、韩芹城、张群玉、周彝仲诸公集老龙井山居次韵书事》：

> 迩缘侍疾惯居城，此日山行藉友声。意气欲生贪见虎，啸歌方恰懒闻莺。分题阄韵却忘馁，戴笠穿云不待晴。俨若昔贤修禊会，肯令千古独成名。①

诗歌记述了闻启祥与马元调、张溥、周仲琏等人游玩一事。马元调、周仲琏皆为几社的重要成员。刘念先，据《婺源县志》"名宦传"："刘潜，字起伯，四川富顺人，崇祯辛未进士。方正刚毅，不畏强御，兴利除害，不遗余力。"可知刘念先与张溥为同年进士，与复社成员交往甚密，吴应箕《楼山堂集》有《与刘念先赞画书》一文。韩芹城即韩四维，顺天昌平州籍，河南嵩县人，崇祯辛未进士，与张溥、刘潜皆为同年。张群玉不详。闻启祥此诗写自己久未出行，此番与友人同游上山，一路上意气风发，谈笑风生，或长啸，或吟唱。在畅抒怀抱当中，诗人想起往古，感觉此次游玩俨然当年王羲之等人的兰亭之会，风流美名，流传千古。闻启祥与陈子龙亦多酬唱，有诗《陈卧子先自云间寄余诗兼示予著作今来湖上口占二章答之》。由此看来，闻启祥与应社、几社成员的交往非同一般，同游乐，共进退。

读书社的其余成员也与其他分社的成员多有往来，如黄宗羲的《张仁庵先生墓志铭》一文，指出张岐然先与读书社诸子相游处，其后交道益广，与浙东的陆符、万泰，嘉兴的薄子珏、魏学濂，江上的沈寿民、沈士柱、梅朗中、赵初浣、吴应箕，江右的舒仲绪、刘同升、蜀中的刘芳，以及黄宗羲、黄宗会兄弟交游，这当中有南社成员，有浙东的复社成员，还有来自江西的复社成员。②

---

① 闻启祥：《自娱斋集》，陈允衡《爱琴馆诗慰》，1940年毗陵董氏刻本。
② 黄宗羲著，吴光执行主编，平慧善校点：《黄宗羲全集》第10册《南雷诗文集上·碑志类》，浙江古籍出版社2005年版，第455页。

再以黄宗羲为例。明亡以后，黄宗羲于丙戌（1646，顺治三年，隆武二年）至辛卯（1651，顺治八年，永历五年）写下了一系列的《感旧》诗，他回忆众友人，国破家亡人去的感慨涌上心头，为之伤感不已，如："抄书结社自刘城，余与金闾许孟宏。好事于今仍旧否，烟云过眼亦伤情。"①想起与刘城、许元溥的交往。刘城，字伯宗，池州县人，广应社成员，传见《复社姓氏传略》卷四，与吴应箕合称"贵池二妙"；许元溥，字孟宏，长洲县人，广应社成员，传见《复社姓氏传略》卷二，二人皆为复社的重要成员，也是分社的魁首，黄宗羲与二人抄书结社，相与游乐。丁亥五月，杨廷枢不屈被杀，陈子龙沉水自尽，黄宗羲感慨之余亦得意于友人的忠烈之举，豪气顿生，写诗："维斗危身自丙寅，人中此日效灵均。于今名士皆生色，此是吾侪复社人。"②追忆杨廷枢昔日带头痛击逮捕周顺昌的缇骑的义举，赞颂陈子龙今日堪比屈原的自沉壮举及杨的壮烈牺牲，黄宗羲在诗中自然流露了作为复社成员的骄傲。

黄宗羲时常回忆与友人一起读书谈艺、议论时事的轶事与趣事。如他在《思旧录·张溥》中记载："甲戌（1634，崇祯七年），余与冯研祥同至太仓，值端午，天如宴于舟中，以观竞渡，远方来执贽者纷然。天如好读书，天姿明敏。闻某家有藏书，夜与余提灯而往观之。"③可知黄宗羲与张溥皆为好读书的性情中人，兴之所至，两人不顾夜深，兴冲冲地前去寻书。《八哀诗》之《陈晋州士业》，黄宗羲同样写到他与陈宏绪寻书找书一事，"南都昔是论文地，携手同寻未见书"④。在《郑玄子先生述》中，黄宗羲记叙了癸酉年秋冬，复社诸子在杭州西湖共游之事，其中叙述了沈士柱与刘同升谈及时事至于动手一事，"一日，昆铜（沈士柱）诋分宜（疑指严嵩）于座，进卿（刘同升，字晋卿，又字孝则）争之，至于揎拳恶口，余与君

---

① 黄宗羲著，吴光执行主编，平惠善校点：《黄宗羲全集》第11册《南雷诗历》卷一，第223页。
② 同上书，第224页。
③ 黄宗羲著，吴光执行主编，平惠善校点：《黄宗羲全集》第1册，第364页。
④ 黄宗羲著，吴光执行主编，平惠善校点：《黄宗羲全集》第11册《南雷诗历》卷二，第255页。

（即郑铉）解去"①。黄宗羲在《哭沈昆铜》诗中亦回忆了此事，"君才自是如江海，上下吾曾与议论。红叶湖头流画舫，春风白下叩名园。荆溪莫掩残杯口，司马难销亡国魂。（昆铜有遥祭阮大铖文）此后是非谁管得，街谈巷说任掀翻"。诗末自注："昆铜与刘孝则（刘同升）论周荆溪（周延儒），至于攘臂。余解之方已。"② 沈士柱与刘同升两人为论学而争得不可开交，以至于揎拳，真使人忍俊不禁。从中可见复社诸子性格率真，有魏晋人的任诞之风。总的说来，黄宗羲的交游广阔，与浙东、浙西、江苏、安徽等地的复社人士都常有往来。

三　鲜明的政治性

关于复社的性质特征，学术界有多种说法：一是政治集团。陈寅恪《柳如是别传》中提出几社为"政治小集团"，他说："几社诸名流之宴集于南园，其所为所言，关涉制科业者，实居最少部分。其大部分则为饮酒赋诗，放诞不羁之行动。当时党社名士颇自比于东汉甘陵南北部诸贤。其所谈论研讨者，亦不止于纸上之空文，必更涉及当时政治实际之问题。故几社之组织，自可视为政治小集团。南园之宴集，复是时事之坐谈会也。"③ 如此说来，复社也可视为政治集团。二是文人社团的联合体。樊树志的《晚明史》提出："成立于崇祯二年的复社，是一个文人社团的联合体，基本成员是生员阶层，其精力的相当大部分消耗在八股文当中，也就是说，它的成员大多数是为了应试的'制艺'，亦即为了科举考试合格才来入社的。其创始人'娄东二张'——张溥与张采标榜'兴复古学，务为有用'，主张经世致用的新学——'救时之用'的'经世之术'，追慕东林的余绪，以学

---

① 黄宗羲著，吴光执行主编，平惠善校点：《黄宗羲全集》第10册《南雷诗文集上·传状类》，第582页。
② 黄宗羲著，吴光执行主编，平惠善校点：《黄宗羲全集》第11册《南雷诗历》卷一，第236页。
③ 陈寅恪：《柳如是别传》上，生活·读书·新知三联书店2001年版，第287页。

问触及时事,卷入政争之中,被人们称为'小东林'。"① 三是身兼科举会社、政治宗派与文学集团三种性质。廖可斌的《明代文学复古运动研究》指出:"复社虽以东林党的继承者出现,其性质与东林党又有一定差异。这表现在:它首先是一个科举会社;其次是一个政治宗派;再次是一个文学集团,而基本上不构成一个理学宗派。"② 四是具有鲜明的政治性质的文人团体。何宗美的《明末清初文人结社研究》提出:"复社是具有鲜明的政治性质的文人团体。"③ 五是与政治关系密切的文社。陈宝良在《中国的社与会》亦指出:"复社本为一个文社,它的出现不过是士子揣摩八股风气,为科举仕进作准备。究其实质,却与明季政坛的关系非同一般。"④

综合上述几种说法,陈寅恪过多地强调了文社与政治的关系,有失偏颇;其他四种说法大同小异,均关注到复社的产生首先是作为一个文社存在,后来卷入政治斗争中,具有鲜明的政治倾向。因此,笔者认为,复社是一个具有鲜明政治倾向的文社。这一提法与何宗美的观点相似,而不同之处在于:笔者强调复社作为文社的性质,复社只有一个性质,就是文社,但复社在参与社会活动中表现出它的政治立场、政治倾向;何先生的观点则指出复社的本质特征是文社,又具有政治性质,着眼于复社性质的两重性。

复社初创时,即订立了一定的社规会约。尹山大会,张溥立规条,定课程,指出面对"人材日下,吏治日偷"的社会局面,"期与四方多士共兴复古学,将使异日者务为有用,因名曰复社";又申盟词曰:"毋从匪彝,毋读非圣书,毋违老成人,毋矜己长,毋形彼短,毋巧言乱政,毋干进辱身。嗣今以往,犯者小用谏,大则摈。既布天下,皆遵而守之。"⑤ 复社的社规会约具有以下特点:第一,提出了共同的目的与实现的途径,即"兴复古学,务为有用";第二,有一定的制约性,从修身做人各方面提出七项条件,规范士人的操守与行

---

① 樊树志:《晚明史》,复旦大学出版社2003年版,第1051页。
② 廖可斌:《明代文学复古运动研究》,上海古籍出版社1994年版,第353页。
③ 何宗美:《明末清初文人结社研究》,南开大学出版社2003年版,第95页。
④ 陈宝良:《中国的社与会》,浙江人民出版社1996年版,第43页。
⑤ 陆世仪:《复社纪略》卷一,《续修四库全书》史部第438册。

为，并且指明对违反者的惩罚；第三，显示出鲜明的现实意义，针对士子的为人、读书、处事等现实行为做规定。

其他文社的社约又是如何一种情况呢？试看丁孟嘉的《读书社约》：

> 吾党二三士既有社以示众矣，苟美赋不兴，将于吾党问焉，其何辞之有？董子读书不窥园，幼安读书席著膝处穿，二子者，一为两汉之精兵，一为俭岁之嘉谷，愿吾党效之有以应世也，故特结为读书之社。今当申约，二三士其明听焉。
>
> 约曰：一定读书之志。《记》曰："宵、雅、肄三官，其始也。"古人之志，明在事君，但徒怀贪慕，非为有志。今须如求饔飧，毋或暂忘；如守菑畬，毋为虚望。厢月筑声，溪璜自出，中有潜通之者，吾党勖之。二严读书之功。《记》曰："入学鼓箧，孙其业也。"每日晨兴，当念此语，宛如乐正授数，司成待说。凡进一篇，须义、事、辞三者应口在心，方可释手，不得托言大意，徒存恍惚；日须有计，月须有要，可听稽查，不得随意逍遥，散乱无帙。三征读书之言。有实者必有文。若笔枯心涩，漫言长卿制作；语艰意僻，自待桓谭赏鉴。二者不独违时，于己何当？即不必七步倚马，要使风檐闲适；即不必谐声俳偶，要与人意相通。今有刻烛之罚，载简之笔，当共策成。四治读书之心。治业不治心，譬彼莠田，嘉苗难立，世路维莠，夺我书苗。绝世之根，在节与澹。节高神表，古人来仪；欲澹意明，心珠自现。此群书之府、文采之源也。故愿吾党为人，不可一步踏入世中，亦不可令世□一点漏入身中。要其大端，曰养节气，审心地。凡在社中，互相攻治。二三士其既听矣，乃更申曰："自盟之后，守此四章。群居索处，毋异其心。始于今日，终于终身。"①

---

① 丁孟嘉：《读书社约》，《丛书集成续编》第62册，台湾新文丰出版公司1988年版。

武林读书社的社约共有四点：申明读书的目的，规定如何读书，交流创作文章，讲究风节、追求澹明。读书社结社的宗旨明确，希望通过读书来"养节气，审心地"，为人做到不落俗套，不为尘世的功名利禄所沾染。最后，丁孟嘉还申明盟词：自今以往，无论何时何地，都必须遵守社约，不得违背。与复社社约相比较，两者相同之处在于：目的都落在修身做人方面；强调必须遵守社约。而不同之处在于：一是复社的社约围绕如何修身做人，提出了各种带有强制性的条件，有一定的现实针对性；读书社的社约围绕读书、谈艺作出规定。二是复社重在现实功用，读古书，修古学，是为了有用于当世；读书社重在超脱尘世，读书，论文，目的在于养气，养心。三是对于违约者，复社提出了较为严厉的处罚方式；读书社仅提出共同遵守的希望，没有作具体规定。

一般文社的社约多偏重在读书论文方面，如西湖八社社约，再如陆世仪《水村读书社约序》中提道："又与同志数人相约为讲学之会，一意读书。自丁丑迄今，盖七八年于兹矣……石隐曰：'讲学之实可以避世，讲学之名不可以避世。请易之读书可乎？'予曰唯唯。石隐乃退而为条约，俾同志者实从事焉。"[①] 有别于一般文社，复社的成立更关注现实及对现实的功用，读书只是作为其实现理想的途径与手段。复社试图通过尊经复古，达到经世的目的，对当时的世俗、士习、学风和文风有所匡扶。追求实用的目的，使它无法避免与政治发生密切的联系。

复社从成立伊始，就显示出鲜明的政治倾向。从燕台十子社、应社到几社，都表现出反对阉党、同情东林的倾向，有的应社成员还直接参与了与阉党的斗争。而且，为数众多的东林子弟加入了复社，[②] 更加显示出复社与东林不可分割的关系。复社被称为"小东林"，但

---

① 陆世仪：《桴亭先生文集》卷三，《续修四库全书》集部第1398册，上海古籍出版社2002年版。
② 参见何宗美《明末清初文人结社研究》的统计与列表，第165页。

不同于东林。① 复社成员主要是以读书为业的诸生，东林人士皆是在宦或在野的士大夫；复社是有着共同志趣的士人社团，东林则是有着共同学术追求的讲学团体。

复社亦有别于中国古代的党。朋党是由政见相近的官僚士大夫组成，他们对朝廷的政策提出自己的见解，是具有政治性质的集团。而复社的组成人员大多数只是一群"读书好秀才"②，"社事之兴不过诸生文字之会"③，但复社成员踏入仕途之后积极参与政治活动，社的性质逐渐起了变化，政治性加强，从某种程度上体现出党社一体化的特点。

复社也不同于今天的政党。复社有一定的社规会约、组织形态和活动方式，有领袖、盟主及专门负责某项活动的人士，社集活动的时间、场所、内容及经费来源基本确定。但是，构成复社的成员大多为以读书为主、志趣相投的士人，他们之间主要依靠血缘、师门、地域、友道、宗法等纽带来维系，所追求的并非直接的政治目的。而政党不同，"政党是一部分有组织的公民成立的政治单位，根据其选举权的使用，去参加政治，监督政府，以实现其主张"（季特尔语）。④政党是政治单位，有着明确的政治目的与斗争手段，其组织形态与活动方式非常严密，组成政党的人员必须经过严格的考核，他们拥有坚定的政治信念与共同的政治理想。复社与政党有某些相似之处，但不能混为一谈，谢国桢指出："是否可以说是像资本主义社会的政党，我们不能这样的来谈。但是明末的结社有它的组织，有它的目标和企图，这是可以断言的。"⑤

总的说来，随着复社的发展与壮大，复社成员相继踏进仕途，复社的文学性减弱，政治性强化，但它成立的目的终归是科举考试，尊

---

① 东林究竟是一个学派？朋党？还是一场运动？近年来，讨论东林党的文章甚多，可参看夏维中的《关于东林党的几点思考》，刊于《南京大学学报》1997年第2期；樊树志的《东林非党论》一文辨析"东林党"的非党派性质，刊于《复旦学报》2001年第1期。

② 张廷玉等撰：《明史》卷二百八十八《列传第一百七十六·文苑四》，中华书局1974年版，第7405页。

③ 计东：《上太仓吴祭酒书一》，《改亭文集》卷十，《续修四库全书》集部第1408册。

④ 杨公达：《政党概论》，神州国光社1933年版，第4页。

⑤ 谢国桢：《明末清初的学风》，上海书店出版社2004年版，第9页。

经复古，匡正时俗。到了后期，复社卷入各种政治斗争中，其主要成员亦进行了一些干涉政治的事情，但它的本质依然是一个文社。即便后期带有明显政治色彩的国门广业社，其召开仍然是由参加科举考试的复社成员召开，每隔三年相聚金陵举办一次。因此，复社是一个具有鲜明政治倾向的文人社团，是一个主要由应试举子组成的、从事于社艺与文学写作、出版的文学社团。

（原载《青海社会科学》2008年第1期）

文章作法自不同　十年论争缘意气
——论艾南英与复社之关系

艾南英，字千子，江西东乡人，有文才，善选文，与同郡章世纯、罗万藻、陈际泰并称。艾为人负气凌物，人多惮其口，"南英操选政三十余年，不媚权贵，不附交游，一切语言与程朱左者，排诋不遗余力，天下翕然宗之"①，有《天佣子集》，入《明史·文苑传》。艾南英与复社长达十多年的论争，是明末文学史上一件令人瞩目的公案。关于这个有名的公案，《复社纪略》《复社纪事》《社事始末》等文献皆有记载，但都是以局外人的身份来复述事件的经过。卷入论争的当事人，仅艾南英的《天佣子集》保存了与众人论辩的书信；复社的人物中，周钟文集现已不存，张溥、陈子龙、夏允彝等人的集子很少提到此事，张自烈、吴应箕的集子还保留了一些，为后人推测这场论争的全过程提供了第一手资料。

今人分析双方论争的缘由，一方面是文章观念的不同；另一方面是因为应社、复社的八股选本抢占了艾的部分市场。②艾南英的政治主张与张溥等人相一致，文学主张却有着很大的分歧。他极力排诋前后七子，反对模仿秦汉文，主张取径唐宋，"论文崇遵欧曾，以为适史汉者必由是而取径焉"③。《天佣子集》中攻击王世贞、李攀龙的话语甚多，如《重刻罗文肃公集序》："太仓、历下两生持北地之说而

---

① 许应鑅、朱澄澜修，谢煌等纂：光绪《抚州府志》卷五十六，清光绪二年（1876）刻本，《中国地方志集成·江西府县志辑》第45册，江苏古籍出版社1996年版。
② 可参考孙立《明末清初诗论研究》第二章"晚明社事与文社诸子的兴复古学"，广东高等教育出版社1999年版，第102页。
③ 高晫：《天佣子集序》，艾南英《天佣子集》卷首，清光绪己卯年梯云书屋刊本。

又过之,持之愈坚,流弊愈广,后生相习为腐剿,至于今而未已。"①艾南英坚持己说,通过会谈、书信、选评时文等多种形式,与声势日益壮大的复社展开数次论争。目前学术界多关注艾南英与陈子龙的论争,而对他与其他复社成员的论争缺少研究。本文通过各种材料,试图还原这场论争的本末经过。

一 艾周之争

第一场,艾周之争。限于书信往来,是艾南英与应社的初次交锋,文学观念的碰撞。天启六年(1626,丙寅),艾南英与周钟互通书信,讨论文章作法。艾南英尖锐地批评当时的复古风尚:"为辞章者,不知古文为何物,而猎弇州、于鳞之古以为足,不知此非古也,六朝之浮艳而割裂补缀,饰以史汉之皮毛者也;为制艺者,不知古文为何物,而袭大士、大力轻俊诡异之语以为足,不知此非古也,晋魏之幽渺纤巧,当世以为清谭为元慧者也;最陋则造为一种似子非子,似晋魏非晋魏,凿空杜撰之言,沾沾然以为真大士、大力矣。"②讥讽张溥等人尊奉七子,学习汉魏六朝文学。同时,他把文风卑俗的责任归罪于应社诸子,"使人冤大士、大力为晋魏抄手,犹可言也。使人置六经秦汉不道,而降而六朝之卑弱纤俊软靡巧俪之文,向时韩欧大家所掷弃不屑而力排之者,今反奉为蓍龟,又见之制举业,则文气之卑乃自吾辈始之,兄以为此罪将安归乎?"③周钟的回信今已不存。据艾信的内容来分析,两人的态度较为客气,相互推举。艾南英对张溥等人高举汉魏六朝文学颇有微词,但对周钟的制义与选政地位尚予以承认,他建议周钟"精核而严汰"④;从艾南英"两捧瑶函,喜极而舞"及获寄沈飞仲书来看⑤,周钟对艾南英的态度还是十分友好的。

---

① 艾南英:《天佣子集》卷四,清光绪己卯年梯云书屋刊本。
② 艾南英:《与周介生论文书》,《天佣子集》卷五,清光绪己卯年梯云书屋刊本。
③ 艾南英:《再与周介生论文书》,《天佣子集》卷五,清光绪己卯年梯云书屋刊本。
④ 艾南英:《三与周介生论文书》,《天佣子集》卷五,清光绪己卯年梯云书屋刊本。
⑤ 艾南英:《再与周介生论文书》,《天佣子集》卷五,清光绪己卯年梯云书屋刊本。

二 艾陈之争

第二场，艾陈之争。集中在崇祯元年（1628，戊辰）与崇祯二年（1629，己巳），艾南英与张溥、陈子龙、张采、夏允彝、周钟等应社魁首通过选本、会谈、书信等形式进行争辩，论争的焦点是如何复古：学习秦汉还是学习唐宋？这是两派学说的激烈交战。

岁戊辰，张溥所选《表经》脍炙人口，士子争相购买。艾南英在《房书删定序》中加以讥讽。秋天，艾南英由齐鲁来到太仓，与张溥、夏允彝、陈子龙、周钟等人论学。其中弇园会谈最为激烈，双方各执一说，唇枪舌剑，短兵相接。陈子龙回忆此事："秋，豫章孝廉艾千子有时名，甚矜诞，挟谖诈以恫喝时流，人多畏之。与予晤于娄江之弇园，妄谓秦汉文不足学，而曹刘李杜之诗皆无可取。其詈北地、济南诸公尤甚，众皆唯唯。予年少在末坐，摄衣与争，颇折其角。彝仲辈稍稍助之。艾子诎矣，然犹作书往返，辩难不休。"① 由陈子龙的自述来看，艾南英与应社诸子矛盾激化的主要原因在于艾南英过于傲慢与自负。这场论争开始是艾占上风，陈子龙年少气盛，不堪艾的矜诞，奋起争辩，至欲攘臂，艾嘿而逃去。两派学说都是针对明末卑俗的文风与学风而发，都主张复古，取径不同，旨趣各异，可谓各有千秋，难判高下，且两派学说渊源有自，"欧曾均籍豫章，艾适产其地；世贞则为张氏之乡先辈，因地域之不同，而文章遂异其趣，初不以此判优劣也。而千子独伸一己之说，其《房选删定序》尤极诋毁之能事，宜卧子不能平也"②。

关于这场争辩，世人议论纷纷，"时陈卧子才气锋锐，猝以手批千子颊，于是千子恨甚，诸人亦多有不直卧子者，而松江与江右两社散矣"③。有拥护艾而对陈下贬语的，如高旸《天佣子集序》曰："厥

---

① 陈子龙编，王澐续编，庄师洛等订：《陈忠裕公自著年谱》，《北京图书馆藏珍本年谱丛刊》第63册，北京图书馆出版社1999年版。
② 蒋逸雪：《张溥年谱》，齐鲁书社1982年版，第20页。
③ 张鉴：《书复社姓氏录后二》，《冬青馆甲集》卷六，《续修四库全书》集部第1492册，上海古籍出版社2002年版。

后云间有才士数辈,复吹王李之焰,斥荆川、震川为宋头巾之文。此其人聪明才智学力皆能过人,其语言又足以耸人之耳目,先生乃出而与之力争,不惜大声疾呼,为斯文下一砥柱。今集中与一时名人往复之札具在,后之学者苟欲知古文之正脉,读先生之文即知之矣,而何可听其湮没不传哉?"也有为陈辩护的,如闻启祥的《陈卧子先自云间寄余诗兼示予著作今来湖上口占二章答之》:

  陈子具正骨,文采复纷披。譬如华岳尊,烟云缭绕之。我但觉妩媚,世自惊嶔崎。鸠鹏不同量,咄哉复一嗤。

  文章非一途,胡独尊汉魏?为怜世趣卑,如毒中肠胃。所以洒濯之,醍醐只一味。读者鉴苦心,毋徒哗纸贵。①

其一盛赞陈子龙的诗文具正骨,有文采,仿佛华山、五岳,险奇之中见妩媚,非一般人可比;其二指出陈子龙尊汉魏的目的与功用,企图纠正世俗靡薄的文风,希望世人明白其良苦用心。由这两首诗来看,闻启祥对陈子龙的文学主张十分赞赏,这种赞赏建立在深刻的理解与认同基础上,因此,对于世人对陈子龙的攻击与起哄,闻启祥加以批驳、澄清。

艾南英为人憨直,过于执拗与率真,有时出语切直,使人难以忍受,如《初答临川张侯书》指出张采:"为乡绅则上侵太仓州尊之权。"②《再与临川张侯书》批评"今日文章之弊,弊在伪经术",直言读二张的房选,"惟有日恸哭而已"③。吴应箕评艾的书信曰:"千子与受先、介生、卧子诸人书,直以弹文作书札矣。言者好尽,而受者难堪也。"④ 对于艾南英的傲诞自负,应社众人持隐忍态度。张溥避开艾南英的锋芒,"笃志五经诸史,不复用制艺与千子争短长,独

---

① 闻启祥:《自娱斋集》,陈允衡《爱琴馆诗慰》,1940年毗陵董氏刻本。
② 艾南英:《天佣子集》卷五,清光绪己卯年梯云书屋刊本。
③ 同上。
④ 吴应箕:《与万茂先陈士业书》,《楼山堂集二·遗文》卷一,《续修四库全书》集部第1389册,上海古籍出版社2002年版。

取其事，折衷于介生"①，他在《房书艺志序》自道："予素不乐观时文，近益复畏之。间以文质难者，读未尽三四义，辄欠伸欲睡，是以年来房书社文之选，概屏不为，非独省事却怨，亦以便性所拙也。"②陈子龙弇园抡臂之后，对艾也是采取避而不答的方式，李延昰《南吴旧话录》记曰：

> 艾千子、陈大樽两人论文不合，艾作书与瑗公，极诋陈，语粗鄙，使人不堪。大樽更将驳之，瑗公阻之曰："无论。谢上蔡语：'了不可得。王蓝田面壁，岂遽为难事？'"大樽细阅《上蔡语录》，至"怀锢蔽自叹（应为欺）之心，长虚骄自大之气"。俯首曰："瑗公所以教吾矣。"遂立寝之。③

夏允彝借用王述"面壁"的故事来劝诫年轻气盛的陈子龙。《世说新语·忿狷》载王述以箸刺鸡子不得，掷地以屐齿蹍之亦不得，复于地取入口中咬破即吐的故事，突出其性急。但同篇亦载："谢无奕性粗强。以事不相得，自往数王蓝田，肆言极骂。王正色面壁不敢动，半日。谢去良久，转头问左右小吏曰：'去未？'答云：'已去。'然后复坐。时人叹其性急而能有所容。"④王述这个以性急著称的人却能容忍别人的肆意漫骂，宋代理学家谢良佐借此来谕示心性修养功夫。《上蔡语录》的原文是："怀蔽锢自欺之心，长虚骄自大之气，皆好名之故。"⑤告诫人应有容人之量，不要追逐虚名。在夏允彝的劝说下，陈子龙放弃了与艾南英的辩论。而艾南英则数次写信给张采、陈子龙、夏允彝等人，仍然不依不饶地申己说，诋他说，出语不逊，如讽刺陈子龙需多读十年书方可与其对话，认为陈子龙师法《文

---

① 吴伟业：《复社纪事》，吴伟业著，李学颖集评标校《吴梅村全集》卷二十四《文集二》，上海古籍出版社1990年版，第601页。
② 张溥：《七录斋诗文合集·近稿》卷一，《续修四库全书》集部第1387册。
③ 李延昰：《南吴旧话录》，上海古籍出版社1985年版，第196页。
④ 刘义庆著，刘孝标注，余嘉锡笺疏：《世说新语笺疏》下卷下《忿狷第三十一》，中华书局1983年版，第887、888页。
⑤ 谢良佐：《上蔡语录》卷三，《四库全书》，上海古籍出版社1987年版。

选》"犹蛆之含粪以为香美"①，而自信地写信给夏允彝说："虽间有异同，度其同者，圣人复起不我易也；度其异者，彝仲将来终与我同，目前所异，自彝仲之过，不患彝仲不我从也。"② 艾南英的固执与傲诞，是两者矛盾进一步激化难解的重要原因。

三　豫章之争

第三场，豫章之争。始于崇祯二年（1629，己巳），一直持续到崇祯五年（1632，壬申），围绕复社的制义选本，艾南英与张溥、周钟、张采、夏允彝等人展开讨论。张溥等人将豫章与莱阳等地并举，艾南英却一再强调豫章文章的独特性与地位的重要性，最后导致豫章四子的分化，艾南英被复社除名。

对复社诸子的回避，艾南英却步步进逼，如《再答夏彝仲论文书》讥笑夏允彝回护陈子龙，甚至开骂，"人中乃欲尊奉一部《昭明文选》，一部《凤洲》《沧溟集》，弟所视为臭腐不屑者，而持此与弟争短长，又欲尽抹宋人，即欧曾大家不能免，可谓病狂丧心矣。兄不督责之，而仅欲处弟处人中于两全之地，又矜负人中真若与弟对垒者，则兄之罪亦不薄矣"，而且，艾南英还痛贬周钟、张溥的制义选本，"弟十一月尽至杭，看房稿六七千首，日日欲恸哭。盖近日滥恶腐秽饾饤剿袭之文，皆依附豫章，豫章之可耻，何至如此？推其由来，周介生之罪过。不过弟言之介生、天如，必不受，且以同室操戈责弟。若兄言之二兄，必听信，幸一救正之。盖介生有功于莱阳，有罪于豫章。其有功于莱阳者，乃其有罪于豫章也"③。艾南英对周钟选本大加挞伐，责备其对莱阳与豫章的功罪，这一举动使双方开始了新一轮的争辩。

艾南英在《寄万茂先书》中再次讥讽"一辈少年无知者，尽取肥皮厚肉、剿袭饾饤以为豫章"，"同乡兄弟有闻之而喜者，有闻之

---

① 艾南英：《答陈人中论文书》，《天佣子集》卷五，清光绪己卯年梯云书屋刊本。
② 艾南英：《答夏彝仲论文书》，《天佣子集》卷五，清光绪己卯年梯云书屋刊本。
③ 艾南英：《天佣子集》卷五，清光绪己卯年梯云书屋刊本。

而忧者，有为介生护法而叛弟者，又有以张受先方令临川，骂弟以献谄取容，作为序文，称述介生，拥戴天如，拟圣拟经，欲杀弟以媚令长，求干谒，得少许蝇头微利，沾沾自喜，吓我以腐鼠者，弟皆任之以为飘风之过耳"①。对此，张溥做出辩解，其《三科文治序》曰：

    祝尊光兄弟，序次壬戌以来所谓房书文字之最者而行之。予读之而慨然曰："观乎斯际，介生之功大矣。"壬戌以前，天下不知有文字也；壬戌以后，言文字者无人而不能也。始选高明之论，继称圣人之说。房书既尽而社文踵兴，于是学者观所取予，以意度之，遂有豫章、昌阳之号。要之两家之名，人自为定，非介生所立也。当介生论著之日，执己之正以信天下之文，是圣者进焉；不合乎圣者退焉，未尝以豫章、昌阳之人而私之也。即豫章、昌阳之贤者，与江以南之贤者，有性情之得，亦相与以道而已，非有所私于江以南之予夺是非而意轻重也。②

指出豫章与昌阳两地并称是世人公认；周钟选文持公正之心，并非出于私心而偏向豫章或昌阳。张溥肯定了周钟对天下文教兴盛的功劳，指出豫章、莱阳与江南的文人相交以情，相合以道。

豫章四子陈际泰、章世纯、罗万藻、艾南英本为好友，但艾过于苛求，喜欢挑刺、臧否人物，对于好友尚不免讥讽嘲笑。崇祯三年（1630，庚午），艾南英评论豫章四子制义的《四家合作摘谬》刊行，"批抹豫章，即诋訾金沙吴下"③，不仅使四人之间的友谊出现裂痕，而且让其他三子进一步靠拢复社。写于崇祯四年（1631，辛未）的《寄闻子将书》，艾南英提道："一潘殿虎遍谒贵人，首以潘子一部为贽，即骂艾某以献媚，不问其人之与弟相涉不相涉也。此外，则朝夕来大士、大力寓中，搬构怂恿，欲借临川以攻临川，二端之外，更无

---

① 艾南英：《天佣子集》卷五，清光绪己卯年梯云书屋刊本。
② 张溥：《七录斋诗文合集·存稿》卷五，《续修四库全书》集部第1387册。
③ 陆世仪：《复社纪略》卷一，《续修四库全书》史部第438册，上海古籍出版社2002年版。

伎俩。"① 暗讽张溥、张采等人试图离间豫章四子之间的关系。其实，四子关系有隙，重要原因之一在于艾的过于较真与挑剔，对不同于自己的观点往往吹毛求疵。艾南英在《四家合作摘谬序》中暗讽其中有"乐其纤诡灵俊偶一为之者"②，批评章世纯；又在《与沈昆铜书》中明言章世纯为文有六朝骈俪陋习。后来，章世纯刻《髫年四艺》作为反击。艾南英在《寄陈大士书》中提到此事："《四家》一出，肠胃空疏，不识大议者，朝秦暮楚，彼此交构。弟谓吾辈肝肠意气，论交自论交，论文自论文。今大力刻《髫年四艺》，以弟为仇为险。若弟则清夜自思，上矢天日，但知大力之为兄为友，不自揣其仇险者何在也？即一二批驳，弟亦但知文章当为孔为孟为程朱耳，亦不知其为章大力之文也。向常恨大力不读书，兄颇不然弟言。今观此举，岂读书人所为耶？"③ 从书信中的快意之语，艾南英直肠子、意气用事的个性可见一斑。这种类型的人物热心肠，讲义气，为人处事的方式却有时令人不堪，做事情过于较真，容易导致朋友间的关系破裂。无论是艾与豫章三子，或是艾与复社，双方并没有深仇大恨，最后却难有转圜的余地，更多的责任应该归于艾南英的性格。

作为艾南英的拥护者，吕留良对艾、章反目一事评曰：

> 初东乡之与诸公为社友也，一时比之沛公之有三杰，盖鱼水之合也。自东乡与复社争辩选事，痛诋声气之文，其有力者欲杀之。东乡不得已，举己与同社之文，亦痛诋以示公，此《合作摘谬》之所繇作也。是书出，忌者喜得间矣。复社领袖请得令临川，名为慕四家，实欲倾东乡也。因联大士、大力入复社，深相款洽，旦夕讽刺，大力因有《髫年艺》之刻以叛东乡，而临川之社遂有隙。吾观东乡摘诸公之谬，于理本不为苛，而辞气太憨，且杂以虐谑。既有足以致迻者，东乡固以亲昵视三公，而不惠其已中敌人之间也。夫以大力之贤犹不免于投杼，用知尽言之难

---
① 艾南英：《天佣子集》卷五，清光绪己卯年梯云书屋刊本。
② 艾南英：《天佣子集》卷三，清光绪己卯年梯云书屋刊本。
③ 艾南英：《天佣子集》卷五，清光绪己卯年梯云书屋刊本。

受，非虚中好学者不能，其为友忠告而不出以善道，虽骨肉可成吴越，如此不可以不慎也！然倾崄反覆之徒，其心术亦大可畏哉！后之缔远交而弃故人，张己之翼而离人之友，社盟之祸，烈于人伦，皆繇此道也。《髫年艺》所行不远，今未之见，想当时江右多君子，必有沮毁之者云。①

虽然吕留良在文中多方维护艾南英，将豫章四子关系破裂的原因归于复社领袖的挑拨离间，但他也不得不承认，豫章四子有隙是由于《四家合作摘谬》一书的刊刻，艾南英的评论"辞气太戆，且杂以虐谑"，指出朋友相处之道应出于善。

与艾南英不同，张溥对于豫章三子爱护有加，他在《苍崖子序》中提道："予每见大力为文，不甚自爱重，文成散坠，无或存者，用深悼惜。"② 尤其是对陈际泰，张溥尤为赞许，他说："有明学《易》之儒，震川先生以后，惟一大士。"③ 复社人士珍爱陈际泰的文章，张溥在《陈大士易经会稿序》中，详细叙述张采、许元溥、孙淳、葛云芝等人遍访书林，多方搜集，将陈际泰所作易文刊刻成书的经过。吴伟业喜爱陈的文章，"比计偕挟之入北，与卧起食器俱，辄谓春风驴背，可无忘此书"④。陈际泰登第之后，张采选其文稿刊刻，张溥作《陈大士会稿序》："介生于丁卯之冬，选大士传稿诵读遍海。今受先复集其己未刻诸篇，名为会稿，与介生相表里。"⑤ 无论陈际泰穷与通，复社人士都大力揄扬。张溥在给杨彝的文稿作序时，也不忘将杨彝与陈际泰并举，《杨子常全稿序》曰："子常文积千百，比之大士，亦沛公汉中、项王彭城，各为雄盛。子常每称大士按题，细气微息，字不苟下；大士评子常文，又谓其清奥幽削，得秦汉之深。两人相视莫逆，其所赞论俱出世学意表，亦谢叠山小心放胆之喻，未

---

① 吕留良：《记章稿二则》，章世纯撰，吕留良辑评《章大力先生全稿》，《四库禁毁书丛刊》经部第7册，北京出版社2000年版。
② 张溥：《七录斋诗文合集·存稿》卷三，《续修四库全书》集部第1387册。
③ 张溥：《答陈大士书》，《七录斋集》卷五，《四库禁毁书丛刊》集部第182册。
④ 张溥：《陈大士易经会稿序》，《七录斋诗文合集·近稿》卷六，《续修四库全书》集部第1387册。
⑤ 张溥：《七录斋诗文合集·近稿》卷一，《续修四库全书》集部第1387册。

能人人持赠也。"① 张溥还时常称说与陈、罗、章的交谊，在《答罗文止书》中曰："近介生所称说道兄辈交谊，流连肺肝，弟与受先三四人，拟几几于此，然亦不可方矣！"② 相较之下，豫章三子向复社靠拢而疏远艾南英，与复社领袖、魁首们的重视与推举有关。

四　艾张之争

第四场，艾张之争。始于崇祯六年（1633，癸酉），至艾南英去世，主要是艾南英与复社成员张自烈之间的论争：以选本的形式相互指谬摘瑕，互通书信，讨论学术问题。吴应箕、陈宏绪、万时华等作为中间调解人。这场论争缘于艾南英攻击当时喜褒扬的选政风尚，刊刻《四家合作摘谬》，首开摘谬之风。他在《甲戌房选序下》中提出选手应多读书，对选文加以批评。这股摘谬风气愈刮愈盛，张溥感慨："年来选役，每见多变。往时，登选之文，大都褒叹。盖执选事者取舍之际，出于诚心，谓其文之不可废也。然后表而著之，其风一改，流为讥讪，蒙选之文，被弹弥酷。原其本意，欲新人耳目，便于通广。于是志之所喜，扬文增丽；情之所恶，屈辞加辱。观者不得其解，直以为然，或骤而相惊，乐观戏谑，弃文不御，讼言彼过。然则房书之选，乃人喜怒之一物，其无当于文，譬之瞽夫论星，或溢美为工，或专讥示直，不知命则一也。"③ 文中，张溥批评当时的制义选本风尚的改变，是由于人的私心，希望引起别人的兴趣，促进销量。这里有暗讽艾南英喜欢摘谬的做法。

卷入这场论争的复社成员主要是张自烈，《复社姓氏传略》卷六有传："张自烈，字尔公，号芑山，宜春人。博物洽闻，著有《四书大全辨》《诸家辨》《古今文辨》《正字通》十余种行世。累征不就，晚卜居庐山，年七十七卒。"张自烈现存诗文集。④ 其人博学多识，

---

① 张溥：《七录斋诗文合集·近稿》卷六，《续修四库全书》集部第1387册。
② 张溥：《七录斋集》卷五，《四库禁毁书丛刊》集部第182册。
③ 张溥：《刘伯宗房稿论文序》，《七录斋诗文合集·近稿》卷一，《续修四库全书》集部第1387册。
④ 张自烈：《芑山文集》，1915年南昌得庐刻豫章丛书本。

秉持正统的儒家学说，为人刚正不阿，谨守礼法。据黄宗羲回忆："朝宗侑酒，必以红裙，余谓尔公曰：'朝宗之大人方在狱，岂宜有此？'尔公曰：'朝宗素性不耐寂寞。'余曰：'夫人不耐寂寞，则亦何所不至，吾辈不言，终为损友。'尔公以为然。"① 由此可知张自烈之为人正派。张自烈针对艾南英文集及选本中的瑕疵，写了许多书信，指出其不合孔孟学说的地方，如《与艾千子论大士感应书》驳正艾南英在《天佣子集序》中"侈称大士三十二应遍诸国土，人无子，与人以子，与人以福德智慧之子"的说法，"驳正侮圣叛经之最害道者，使千子退自循省，知僧伽与圣人必不容牵合为一，又使天下后世读书穷理，反求躬行，不概为曲说所蔽"②。又如《与吴次尾论称敝书》指出艾南英与人书信中误用"敝"的地方，与流俗舛讹同病；同时，建议吴应箕删改自己文集中误用"敝"的书信。③ 张自烈认真严谨的治学态度，目的是裨益于风教。围绕艾南英的《今文定》《今文待》的两个选本，张自烈著《文辨》，对《定》《待》二书中艾南英的摘瑕进行二次摘瑕，对艾误下断语的地方一一辩驳。而艾南英认定张自烈此举出于张溥等人指使，又刊刻房选来攻击张自烈，双方展开激烈的论争，书信频频交通。试看张自烈写给陈宏绪的信，他对此事的描述，《与陈士业论艾选书》曰：

> 客冬归自白门，舟次南浦，亟造谒吾兄，兼晤茂先、左之。闻吾兄入山谢客，辄解缆去，徒增永叹。弟居金陵数年，背古守口之戒，横罹弩羽，此中曲直，次尾、伯宗二子知之。今二子皆有书达左右，弟不复为兄道也。独曩者《文辨》偶驳《定》《待》，是非并见，未尝力攻千子。千子《房选》出，则深文峭法以攻弟。闻吾兄过临汝，力为弟解纷，罗文止、吴仲升、汤季云诸人数规切千子，千子卒不寤，其不相忘者谓弟为中吴指使，以豫章攻豫章耳。

---

① 黄宗羲：《思旧录·张自烈》，黄宗羲著，吴光执行主编，平惠善校点《黄宗羲全集》第1册，浙江古籍出版社2005年版，第362页。
② 张自烈：《芑山文集》卷七，1915年南昌得庐刻豫章丛书本。
③ 张自烈：《芑山文集》卷八，1915年南昌得庐刻豫章丛书本。

嗟乎！弟何人，顾为中吴指使乎？中吴复何人，能指使弟乎？弟今日驳《定》《待》，谓之以豫章攻豫章，向千子摘大力、大士，不谓以临汝攻临汝乎？中吴如张受先、杨维斗、徐君和、钱吉士，非有畴昔之好，皆不介而孚，数年来，晤语者数人已耳。以弟奉教士业十余年，独不往见千子以中吴坛坫相望走十五国如骛，弟所晤论仅数人，则弟之硁硁何如也？弟生平不怨古人，不阿今人，而谓弟骤听指使以相攻，此情理所必无。姜燕及、蔡云怡二先生皆知弟亡他，皆谓千子不足较；千子必坚持是说，哓哓击金沙，击娄东，独以党同归狱于弟，其谁信之？

弟往岁见《四家摘谬》，曾致书吾兄，冀兄以忠告规千子，语颇深至。近观千子坚僻悍傲，视昔尤倍，不审千子果自谓合道乎？抑自知不合道，不能自悔过乎？令千子一旦见用，不自推抑，天下事非笔舌可争，卒致败坏，虽悔何及？据弟后先见闻，私所不满者，已详作一书寄东乡，使自善其后。今录呈台览，知千子自待待弟如此，论文不能无纰缪如此，益信弟《文辨》虽驳《定》《待》，妄附昔人因事缄讽之义，非与千子角议论胜负也。

罗文止见弟白门，言千子颇自悔，弟于千子既相忘无言。近复见千子移书池房，欲梓众选摘存，终不释然于受先、尔公，何闒陋至是？然此不足损弟，适千子自损耳。吾兄与闻否？弟少读《宋史》，至《洛蜀本末》，不禁流涕，私痛苏轼辈不学，远逊范祖禹，为流俗笑。今弟与千子皆不能无过。年来中外孔棘，空言无补，偕家仲季息影山南，所不敢负鞭策者，惟力行读书自砥砺而已。祈吾兄始终教之。徐虞求、方书田二先生相见，念士业不置，严子岸感急难高谊，屡属弟致谢，羽□惠教幸甚。①

张自烈辩解自己著《甲戌文辨》，并非出于别人的指使，而是出于治学严谨，精益求精。他非常痛心自己与艾南英之间的关系闹僵，相互贬损，给流俗留下笑柄。而艾南英怀疑张的所作所为出于私心，没有虚心接纳张的辩驳，而是采取行动，刊刻《十科房选》作为反

---

① 张自烈：《芑山文集》卷八，1915年南昌得庐刻豫章丛书本。

击,并且在凡例对张自烈加以严厉的责骂,致使两人矛盾加剧。

吴应箕分别致信艾、张二人,调解双方的矛盾。他在《与艾千子书》中,希望艾南英不要因为选文一事,"以过直伤厚,遂致朋友异同";指出艾南英不应该在《甲戌房选凡例》骂张自烈"丧尽良心",这一说法乃"气之过甚而言之太激";又以韩愈不数人之罪、欧阳修相辩不相骂为例,祈望艾南英为人处事应该深思熟虑,"毋以狂直见罪",不必又花精力为张采、周钟的选本摘瑕挑刺,再惹事端。① 在《与张尔公书》中,吴应箕首先赞扬张自烈《甲戌文辨》"评驳精严,一字不阿",对他的选评做出肯定,"今天下知选文之中尚有严核如尔公者,则我辈下笔评一文,便虑有如尔公者议其后,其裨益弟辈不浅。又使天下知兄向之文辨其不为千子一人而发明矣";同时,吴应箕举李梦阳、何景明两人相驳不相怨之事,希望张自烈能够"置而不较","毋失为厚",大力劝阻张自烈作辨艾之书。② 吴应箕还修书给万时华、陈宏绪二人,希望二人出来调解,劝说艾南英,试看其《与万茂先陈士业书》:

> 茂先、士业两兄足下,今年数与两兄往还书问,皆朋友气谊之事,心诚感切。但近见千子、尔公以选文相构,窃恐将来因两家门户文墨之场化为戈戟,天下亦自此多事矣。故欲以力诤之谊属之两兄,以千子非两兄不能使之降心相从,弟且以两家事分别言之,可乎?弟十年以前志意颇坚静,未尝自刻一艺,妄交一人。癸亥、甲子之间,见周介生名甚盛,而所选之文甚多,其推豫章者甚至,推千子则尤过情,弟谓此一时好奇之言,介生久当自悔。逆知天下有议其后者,而不谓即千子也。
>
> 阅千子戊巳以来之选,尊注明理,从先圣后学起见,功何可没?然读其书,自知其旨意所在,不必指名介生,又不必毒骂大力,是千子以矜气负直道,不自知其沦于薄也。及阅其《天傭子集》,中间有数篇文字直拟欧阳,此于古文似有源流者。然其与

---

① 吴应箕:《楼山堂集二·遗文》卷一,《续修四库全书》集部第1389册。
② 同上。

受先、介生、卧子诸人书,直以弹文作书札矣,所谓晓人当如是耶?言者好尽而受者难堪,此亦人情。弟历观古人辩驳之书,未有诋诃至是者,此千子之过也。至于王、李不读唐以后书,此自可笑,其文于经术原浅,又何怪千子之驳之乎?且往时排王、李者不遗余力,不自千子始也。但其论古文而以时文相比絜,有一则直指其名而罪之,一则曰某先生某先生,似觉失伦。且此数公犹当论其立朝本末,生平品行,徒于文字而上下其人,岂持论之公者?故弟往时欲正千子者皆此类,而若其评选,则明眼老手即偶有未当,不足深求也。

今尔公则专辨文矣。弟初未尝识尔公也,维斗移书极称之,而后从士业处定交,知其人外温内毅,所谓不浮沉于俗者也。昨岁至白下,闻尔公有《文辨》之选,弟叩其旨,尔公曰:"合众家之说而论定之耳。"若使只驳千子,弟已先止之,不待千子之见嘱也。比千子见谕,欲止其刻而其书已成,弟从吴门阅之,见其驳千子者虽严,其推尊千子者亦至,弟固意千子之不能忘言也,已从拙选中稍有解纷之语,冀两家见而释然,而不意千子之罪尔公遂至此极也。尔公苛举毛细诚有之,其宽严去取或有未当,固宜千子之反唇而用为罪端,但其罪尔公之言又甚于往者之书,尔公其何能堪?弟谓尔公此仍当悔其自致之也,辨艾一书似不必刻。若千子又有摘选之举,而以受先、介生、尔公为名,毋乃愈多事乎?

介生与千子相忘已久,受先贤者,诚不必选文,即选文,亦岂为千子而设,而千子之必欲更驳之乎?且千子虑是非不明,彼其言亦既晓然于天下矣,岂三子之书果杨墨异端而千子必以孟子自任耶?亦岂千子所谓韩欧者果在此八比中耶?又岂今之工于八比者果足以继朱程耶?天下不少读书明眼人,以评选之场为口舌之薮,适足令人窥其长短而已。冀两兄爱千子,并求千子自爱,痛言力止。仍移书尔公,俾各相忘,此真朋友责也。弟语出平心,以责望两兄之殷,不觉言之过冗,冀其无他幸甚。①

---

① 吴应箕:《楼山堂集二·遗文》卷一,《续修四库全书》集部第1389册。

读此信，可知艾南英与张自烈的矛盾加剧，主要原因也是由于艾过于虚矫自负，矜夸好骂。在这封信里，吴应箕表达了几层意思：第一，肯定了艾南英从戊午（万历四十六年）、己未（万历四十七年）以来的制义选本对文教的功劳，"尊注明理，从先圣后学起见，功何可没"；第二，责怪艾南英不应该在书中指名道姓来骂别人，写给别人的书信就像"弹文"一样不留情面，这是"以矜气负直道，不自知其沦于薄也"；第三，吴应箕重视人品与学问的统一，他指出艾南英褒贬人物丝毫不考虑他们的生平品行，而是仅仅从文字上来分析，得出的结论并不恰当公允；第四，特意说明张自烈所作《文辨》，并非只为了辩驳艾南英一人，他认为艾南英对于张的辩驳可以再辩解，但是没必要使用如此恶毒的词语来骂他；第五，告诫艾南英不应该再对张采、周钟的选本进行摘瑕。他认为艾千子过于坚持自己的文学主张，总是担心别人的选文会混淆"是非"。信写到最后，吴应箕不自觉地流露出对制义文章的轻视，质疑八股文与韩欧古文、八股写手与程朱的渊源关系，也就是对艾南英的文学思想主张持怀疑态度。

总的说来，复社诸子对艾南英的态度还是较为友好的。从复社的领袖、魁首到一般成员，从吴地、贵池到豫章，对艾南英的才气皆有誉词。周钟于天启三年、四年所编的制义选本，评语中"推豫章者甚至，推千子则尤过情"[①]；罗万藻肯定艾千子倡举文教的功劳，"予与千子志同方术，业举相类。自千子以先辈之制义倡天下，而后生不志之士从而为先辈者十之五"[②]。而对艾南英一再的摘瑕、诟骂，周钟、陈子龙、夏允彝、张溥、张采、张自烈等人皆无回骂之词，仅偶见辩解之语罢了。章世纯、张自烈的制义选本或有苛求之嫌，但仍然属于学术争鸣的范围内，并没有像艾一样涉及人身的攻击。吴应箕、陈士业、万时华等人更是为了双方的关系费尽心思地劝和、调解。而艾南英对张溥、周钟等复社核心人物的攻击，也只是在私人交游与文学选

---

① 吴应箕：《与万茂先陈士业书》，《楼山堂集二·遗文》卷一，《续修四库全书》集部第1389册。
② 罗万藻：《温伯芳制艺序》，《此观堂集》卷三，《四库全书存目丛书》集部第192册，齐鲁书社1997年版。

本中，并没有像周之夔、陆文声等小人一样借疏讦以求荣。与豫章三子的交情，艾南英自始至终也没有忘记，他在《吴逢因近艺序》中承认陈际泰的功劳，"向者吾乡一二同人以通经学古挽回斯道，而吾友大士为功之首。大士所谓天授，非人力也"①；《答吴青丘书》中提到"大力、文止，弟二十年交"②；《寄陈大士书》中为己辩白，"弟谓吾辈肝肠意气，论交自论交，论文自论文"。陈际泰卒后，艾南英为其作《征仕郎行人司行人陈公方城墓志铭》，高度评价了陈的为文为人。③ 此文苍凉沉郁，友生之谊，乡国之感，皆寓于字里行间，可见艾南英的真情流露，动人心神，催人泪下。在艾南英与张溥、周钟、陈子龙等人闹僵之后，陈士业、万时华、吴应箕等人依然与艾时有往来，交情尚好。可知艾南英与复社的关系并非完全对立，而是错综复杂，难分难解。艾南英与复社之争主要是意气之争，当中也包含了一定名利因素在内。

（原载《安徽大学学报》2011 年第 4 期）

---

① 艾南英：《天佣子集》卷三，清光绪己卯年梯云书屋刊本。
② 艾南英：《天佣子集》卷五，清光绪己卯年梯云书屋刊本。
③ 艾南英：《天佣子集》卷八，清光绪己卯年梯云书屋刊本。

以谭元春为首的竟陵派与复社诸子的交游

万历、天启年间,谭元春的同道多为亦师亦友的锺惺、林古度(字茂之)、商家梅(字孟和,传见《列朝诗集小传·丁集下》)、蔡复一(字敬夫)、朱之臣(字无易)等人;天启年间锺惺、蔡复一去世之后,除韩求仲、邹孟阳、李流芳、徐波等人以外,谭元春的交游大部分为复社中人。据统计,出现在谭元春诗文集中的复社人士(包括竟陵派成员在内)共有七十多人。① 谭元春与复社成员的交游活动,主要集中在湖广、江西、吴越与北京四个区域。还有一些零星的接触,或在游历途中,或是上京路上。下文以地区为序,逐一叙述。

一 湖广

谭元春与部分复社成员在湖广的交游活动值得最先考察。竟陵派与公安派关系密切,锺惺与袁中道相交,而谭元春与袁中道之子袁祈年、袁宏道之子袁述之交游频繁。袁祈年,字未央,更字田祖;袁述之,即袁彭年,又字介眉,号特丘,崇祯甲戌进士,传并见《复社姓氏传略》卷八。② 谭元春与袁氏兄弟相交甚早,曾到公安探访,作客袁祈年的竹谷,"暂借清和一日寒"(《过袁未央竹谷作》),有"久对君兄弟,自然尊酒晚"之叹(《竹谷中答袁未央》)。又到青莲庵访

---

① 陈广宏:"在他本人诗文集所提到的交游中,正式参加复社的就约有六十余人。"(《谭元春启祯间交游考述——兼论竟陵派发展后期影响的进一步拓展》,《南京师范大学文学院学报》2003 年第 1 期)

② 吴山嘉:《复社姓氏传略》,中国书店 1990 年版。

袁述之，两人见面不分你我，促膝谈心直至天明，并且写下诗歌《公安过袁述之青莲庵》记载此次欢聚。当谭元春至沙市时，袁祈年到访，两人相见，自然欣喜，谭子挥就五律《喜袁田祖就晤沙市》："驱车恐不及，风雨入交深。气已轻千里，秋常肃一阴。客灯添近事，朝报遂初心。欲与君言切，空江隔夜林。"欲见面时的心急，欲畅言时的遗憾，深秋异乡，好友相逢，其中的喜与乐均在诗中表露无遗。可见两人相交甚得。恰逢袁述之同在沙市，刚刚失去挚友锺惺的谭元春，心中略带忧伤，出访袁述之，有诗《沙市寻袁述之》。谭子在客中忆起去世的故友而伤怀莫名，幸而还有好友可以相互慰藉，宽解愁肠。在记载他们交往的诗歌当中，谭元春屡屡表现出对袁氏兄弟的喜爱之情，诗题中就常用"喜"字，如在《喜袁述之过园中》回忆二人的交谊如古人的淳朴真诚，"古交相访十年诚"；再如《喜得袁六述之书》诗中，谭元春称颂了袁家文采风流，希望能够筑为近邻。而袁述之对谭元春也十分推崇，称其为先子袁中郎之知己，特意请他为《袁中郎先生续集》作序。

谭元春与武昌孟登的交往最为频密。孟登，字诞先，传见《复社姓氏传略》卷八。孟登为人"朴雅有古人风"（《答潘昭度中丞书》），才格卓然，"吾党中凡相引以为重者，必曰'孟登，孟登'"（《孟诞先母六十文》）。两人的相交堪称一段佳话，缘于偶然，却一见如故。谭元春在《与孟诞先》的书信中回忆了两人初次见面时的情事，"兄与我采石残雪，隔船相问，跃入舟中，遂为石交"，赞扬其"平生肝胆尽在朋友，精神尽在文章"。在《寄孟诞先初度时在兰阳》中再次追忆十七年来的相交相识。两人时常同游同宿同读书，如《八月十五夜诞先招泛南湖》《孟诞先招游武昌》等诗。试看《九峰与诞先复寓乙卯读书处》："当时同学者，来此觅秋灯。书似前生事，房添后辈僧。旱余泉滞草，烟底塔穿藤。廿载吟声老，峰峰逗健登。"两人曾经一起同入九峰山读书，二十年后重游故地，仿似前世。可见二人交情长久深厚。当短暂分别时，书信不断，且梦中相会，"别后何曾别，非书即梦传"（《至孟诞先家》）；即将久别时，依依不舍，脱衣相赠，"老朋身上衣，脱与滇南着。好护深春寒，予心万里托"（《脱氅半背送诞先车中》）。两人志趣相投，自相师友，共同探讨诗文之道。谭元春在为孟登所写的《积烟楼近稿序》中盛赞孟文之厚、温、沉、阔，可补己文之病；而自己的诗文主张，孟登处处响应。两人相互切磋，相互影响。两人交好游处，堪比唐人元结与孟云卿。

同为竟陵派成员的周圣楷，字伯孔，与锺惺、谭元春交好，传见《复社姓氏传略》卷八。谭元春两度游湘、岳时，都是与伯孔一同游玩。谭子有《题周氏游宴诗后》记载其十四年后再游湘潭，登楼游宴，"清歌掠乎茗香，高烛照此吟讽"。两人诗学主张接近。谭元春的《高霞楼诗引》中讲述自己苦无知音论诗，幸有车孝则、周伯孔可以探究。

黄安耿汝志，字克励，名见《复社姓氏传略》卷八，年长谭元春九岁，两人曾于崇祯四年辛未、崇祯七年甲戌春试中同闱。耿汝志家世儒者，不图仙佛，以忠孝度世，甲戌岁从燕都还乡，仿昔贤老人会，邀谭元春与盟。谭元春内心敬重这位淡泊名利的朋友，曾称赞其"孝廉船里藏高士，兵燹丛中有瑞人"①，"我爱君心殊澹素，须知拔宅亦萧然"②。谭元春在《耿克励衰喜草序》中曰：获交耿氏，"殆交游中一大典刑焉"，指出耿氏的交游本末，"盖克励氏前则事焦弱侯，友董崇相、李端和诸先生，后复友唐宜之、马君常、周介生数君子"。使人注意的是，耿汝志与复社魁首马世奇、周钟等人有直接的交游。

谭元春的友人中，蕲水黄耳鼎、黄正色，麻城刘侗，黄冈龙塌、易道暹、程性学，江夏刘敷仁、胡自牧、陈沂等，皆为朴厚忠孝之人，均见于《复社姓氏传略》卷八。谭元春兄弟及众友人之间多有往来。黄耳鼎曾寓居谭家，如谭元春有诗《癸酉春夏间，又于朱花阁旁构一小堂，颜曰花时在家堂，同黄以实闲居，述赠以实》；黄正色曾与谭氏兄弟结伴读书，谭诗《忆今年夏黄美中与予兄弟读书河上，近闻其客浠川》；刘敷仁至竟陵，也曾与谭元声一起读书授徒，谭元春有诗《刘济甫自江夏至吾里读书授徒，与舍弟远韵师席相望，予身往送之，主人以二鹤见送，济甫有诗，予亦和歌》。福建上杭人詹弥

---

① 谭元春：《怀耿克励》其一，谭元春著，陈杏珍标校《谭元春集》卷十九，上海古籍出版社1998年版，第536页。
② 谭元春：《怀耿克励》其二，谭元春著，陈杏珍标校《谭元春集》卷十九，第536页。

高,字卓尔,名见于蒋逸雪的《复社姓氏考订》,① 前往蕲水,谭元春特意托其拜访黄正色,诗曰:"颇闻黄子住无邻,百亩围山泉绕身。藏汝冠裳应得见,相寻且说是渔人。"② 上述这些友人中,除黄正色与张采有唱酬,张采有诗《和黄美中赠韵》,其他人未发现与吴地复社领袖有直接往来。

二 江西

谭元春的交游活动中,最为人称道的一次胜游是崇祯五年(1632)壬申,他前往江西探访老师李明睿,李师尚滞扬州未回,得与江西复社人士万时华、陈宏绪、刘斯陛、陈大士、余正垣、徐世溥、邓履古、俞周、苏桓、王猷定、熊人霖、朱徽、朱健等人先后游处,谈艺论道,堪与金谷、兰亭盛会相媲美。另有几位同游友人,虽然未列名于《复社姓氏传略》,皆与复社诸子关系密切,万时升为万时华之弟,俞全褉为俞周之父,戴初士,名不详。

谭元春与复社诸子相游甚欢,有不少诗文是记载、回忆这次游玩的情况,如《刘士云园亭醉歌》《龙水寺同陈大士、万茂先、朱子强、刘士云、陈士业、万起先》《三洲蔬圃同陈大士、万茂先、起先、徐巨源集喻仲延、京孟父子斋中赋》等。《南昌文征》中收录了徐世溥的《三洲唱和序》,序云:

> 三洲乐贤聚也。谭子友夏来自景陵,溥归自南畿,仲延喻子闻而乐之,招我洲亭。嘉宾既集,旨酒斯柔,维时天气澄晏,景物清廓,水木霏温,鱼鸟闲止,主人温克,僮仆有序,于是杯酌始酣,歌咏斯作,及暮而退,洒然各有得也。昔邺城、金谷,特有汰容,而山阴、西园,未免止为高旷。斯集也,若喻氏父子、万氏兄弟与友夏、大士暨予之为友也,其亦庶乎可以风矣。因各

---

① 蒋逸雪:《张溥年谱》,齐鲁书社1982年版,第114页。
② 谭元春:《托卓尔访黄美中山居》,谭元春著,陈杏珍标校《谭元春集》卷十九,第526页。

疏姓名，赋诗如左。①

读此序，可以想象当时集会的欢乐与文采风流。这次聚会无邺下、金谷的奢侈，却有兰亭、西园的清雅，更令人艳羡不已。在长达两个月的时间里，谭元春与诸子日夕与欢。归家之后，谭元春时时回想在江西的胜游，连连报书与南昌友人。在他写给万时华、万时升兄弟的书信中，多次回忆江西共游的欢乐，追念相互的交谊，期待再次聚首。在《与万茂先》的信中，谭元春描述自己得知万时华举一男的喜讯，得意忘形，竟至堕入水中，兴奋劲儿两月未退。二人交情之厚可见一斑。

三　吴越

吴越亦是谭元春会友胜游之地。万历四十七年，谭元春随锺惺出游吴越，得交数友。在吴地，与俞廷谔、韩求仲、许令则、夏仪、马巽甫等人交游，如《自夹山漾泛至草荡漾》（同求仲、彦直、令则、延平诸子）。韩敬，字简与，一字求仲，号止修，浙江归安人。万历三十八年会试，汤宾尹越房搜卷，强录敬为第一，后被吴道南、孙居相等人弹劾。韩敬此后七年深陷科场案，虽为状元，却屡遭诟病，郁郁寡欢，与东林党人相对立。许经，字令则，华亭人，逸人，以陈继儒为师。延平（未详）。俞廷谔，字彦直，华亭人；马巽甫，即马元调，上海人，传并见《复社姓氏传略》卷三。谭元春有诗《赠马巽甫》，两人相见匆匆而情谊已深。随后，时有书信往来谈艺，谭元春复有诗《马巽甫书至以湖山草元白集见寄感而有怀》。

在杭州，主要与"三严"、邹孟阳、闻启祥、李流芳等人交游，并参与他们所立的月会，吟诗作对，如《入月会诗呈别李长蘅、王季和、严印持、陈亦因、邹孟阳、闻子将、严无敕诸兄弟兼怀严家忍公往余杭，吾家诸弟在寒河》。李流芳（字长蘅，传见《列朝诗集小

---

① 《南昌文征》卷八，江召棠修，魏元旷等纂《南昌县志》六十卷首一卷附《南昌文征 南昌诗征》，1961年江西省图书馆铅印本。

传·丁集下》);闻启祥,字子将;严调御,字印持,杭州人,传并见《复社姓氏传略》卷五。闻、严二人同结小筑社,天启末年,改为读书社,崇祯二年并入复社。严武顺,字忍公;严敕,字无敕,未见列名于复社,但亦为读书社成员,疑为复社中人。可见,谭元春在吴越等地所交朋友中,有相当一部分人后来加入了复社。谭元春此次出游吴越之后,直至天启四年甲子,才于燕京重晤俞廷谔;天启七年丁卯临场前,夏仪到访问候,谭有诗《丁卯秋场前一日看童子买草鞋,戏送夏长卿兼寄韩求仲太史》。夏仪,字长卿,南直广德州人,传见《复社姓氏传略》卷四。谭元春在《答韩求仲书》中说:除夏、俞二人之外,其他友人已经长达十年之久未曾晤面了。

崇祯六年至七年,即西江之游归后两年间,谭元春再度出游吴、越、邹、鲁、燕、赵等地。一别十五年,李长蘅已没,幸而还有子将、印持、孟阳、忍公、无敕诸友,谭元春心想这次重游故地尚有"孟阳舟我,僮我,寒燠我,诸兄弟酒我,吟我,啸我。廉将军上马矍铄,犹自壮也"。老年壮游,谭元春尚未出发,已有物是人非的苍凉之感,"生者鬓毛报霜,死者化为芝菌"(《寄湖上诸兄》)。翻检集中,记载这次游历的诗文甚少,当行程匆匆,数量不多,或已佚去,仅见《京口舟中寄弟服膺》:"求仲饮我半塘,舟中多十五年前旧识,才入席,而许令则自燕中数千里亦以是刻到,亦奇也。"

四 京师

京师之地是谭元春以诗文会友、拓开交游圈与提高名声的重镇。谭元春曾经四次上京。除第四次于崇祯十年丁丑卒于路上,未至京师,其余三次均至京。

第一次,天启四年甲子,谭元春以恩贡上京。时复社未立,谭元春与袁祈年、张尔葆、恽本初、马文治、钱麟翔、徐永周、李长科等人结长安古意社于城东。这八人当中,后来有谭、袁、恽三人加入复社。恽本初,字道生,号香山,常州武进人,传见《复社姓氏传略》卷三。后谭元春离燕时,有诗《留别马远之、钱仲远、恽道生、徐公穆》相赠。袁祈年为旧相识兼楚人,当他们在京城相逢,十分欣喜,同游同宿，共度数月，《同袁田祖客燕赠之以歌并怀令弟述之》即作于此时。诗曰："游燕常喜逢楚人，喧寂多与君相亲。西山数日城数月，领尽烟岚与埃尘。烟岚素有山灵旧，埃尘甘为君父受。以实酬名忌不生，因文生质君善救。时衰相对抱膝吟，劝君勇智贵深沉。丈夫事不必由己，赢粮跃马君留心。君家六弟与我好，常愿同君几人老。可记当年过竹谷，累劫慧人坐一屋。"诗中描述了当年竹谷欢聚、近日燕京游乐，一起切磋诗文，相互勉励。

在燕期间，谭元春结识了于奕正，某日，与谭贞默、袁祈年同赴于奕正招，入西山作数日游。于奕正是竟陵派后期代表人物之一，传见《复社姓氏传略》卷一。于奕正为人"朴"，故谭元春一见即与之盟，有诗《于司直邀入西山纪赠》记载了西山游玩与定交之事。于奕正亦有诗《秋游西山同谭友夏、谭梁生、袁田祖》。后来，谭元春在《朴草引》中回忆两人"始与订交，向白云一拜，约此生燕楚黾黾，遥穷今古声歌之忧，不以一韵自足"。两人相交以心，诗学追求接近，所以分外投契。

这次在京，谭元春大大拓宽了自己的交际圈，有诗《秋夕集周安期、陶公亮、陈则梁、赵彦琢、胡用涉、金正希柏鸾堂看月》《过利西泰墓而吊之》（同赵伯雒、周安期、陈则梁）等，从诗题则知谭子相与游处之人。在这些人物当中，胡用涉即胡自牧，已上述；陈则梁，名梁，浙江海盐人；赵退之，名韩，浙江平湖人，传并见《复社姓氏传略》卷五；周安期，名永年，传见《列朝诗集小传·丁集下》；金正希即金声，其余人未详。赵韩、陈梁与谭元春结下了友好关系，两人离京前夜，特地前往谭子寓所叩门相告，有诗《赵退之、陈则梁夜半叩门告以明日别去》。后谭元春母亲去世，陈梁从远方寄书慰问，谭子有诗《得海盐陈则梁书》（时韩求仲、严印持、闻子将、冯宗之、朱宗远相唁）。

第二次，崇祯四年辛未，谭元春上京，与六弟谭元礼同闱会试，元春下第，元礼成进士。这一榜的会元是吴伟业，会魁为张溥，杜麟征、杨廷麟、夏曰瑚、杨以任、马世奇、周之夔等皆中式。而陈子龙、夏允彝、宋存楠、彭宾、徐汧、杨廷枢、万寿祺等报罢。可见，谭元春与吴地的复社领袖及魁首同试北闱，有见面接触的机会，却没有诗文留下交游的痕迹。时会元稿不以房师李明睿作序，而以张溥鉴定出名，两人以此交隙；而谭元春与三吴的复社核心人物没有深交，当与此有关。后来，谭元春在《补寿李老师五十序》一文中，追述辛未时陪侍老师李明睿左右，为其解梦，劝李师"韬光"。可以推知当时复社诸子的风头正劲。

第三次是崇祯六年癸酉游吴越之后，谭元春取道邹、鲁上京会试。这年年末，谭元春已到达京城，除夕夜，谭元春与刘侗同在于奕正家中守岁，有诗《癸酉客司直园中同刘子同人除夕守岁十二韵》。从"稚子学文应戏减，新姬解事定筵成。家和可不长安忆，贼远将无小胆惊"的诗句看来，当时诗人家中和祥，过继的小儿子正在学文，新纳的姬妾剪剪善解人意，而农民军由陕入豫，渐远京城，心下稍安，唯有功名尚未获取，颇为遗憾。第二年春天，谭元春与刘侗又聚于奕正园中，交谈至深夜，有诗《甲戌春再客司直园中同人在焉而两家弟去为令》。

这次在京应试的复社成员，吴地有郑敷教、吴昌时、杨廷枢、王志长、王志庆、万寿祺、夏允彝、陈子龙等人；江西有陈际泰、章世纯、艾南英等人；湖广有耿汝志、谢淳培、袁祈年、袁述之等。谭元春有诗《场前与杨维斗、陈卧子、夏彝仲、吴来子邸舍同巷》："还刺都城见面虚，朝昏数子隔墙居。汉时文物今差胜，谈到天人各仲舒。"从诗中可知，谭元春与众人隔墙而居，有来往，但是没有深交，只是谈经论道，各持己见。

在京期间，谭元春还与黄道周高足陈函辉以及席社诸子交游。朱彝尊《静志居诗话》卷二十一"孙淳"条记载了历亭席社与各地文社的成员皆会于吴，统合于复社，成为复社的一部分。陈函辉虽未列名复社，却与复社人士来往甚密。其《小寒山子集》中有不少诗歌记载了席社诸子与谭元春的游玩，如《李小有招同谭友夏、韩雨公、郑超宗、程大来、李端木、周粲甫、万年少、张尔唯诸同社灯楼雅集》。诗曰："相将火树看银青，禁话时文只酒经。移到北山规晚节，占来东井聚繁星。燕秦楚越皆同调，憔悴支离有独醒。且喜谪仙留看月，惊人佳句带酣听。"诗歌描绘了席社诸子集会的盛况，众人不谈时文，只是饮酒赋诗，赏月观灯。据万寿祺的年谱记载："甲戌七年，三十二岁。是年春，先生居京应会试，正月李小有招先生与同社陈木叔、谭友夏、韩雨公、郑超宗、程大来、李端木、周燦甫、张尔唯雅集灯楼。"① 可以确证，谭元春参加了李小有、万寿祺、郑元勋等人的聚会。席社举盛会之时，陈函辉刚好路过，一同欢聚。其诗集中有诗《席社是卢德水、张天如选定》，② 证明当时席社已经并入复社。

另外，谭元春有诗《与冯宗之故人快聚都门》，应作于这次会试燕京。冯宗之，名振宗，浙江海盐人，名见于蒋逸雪的《复社姓氏考订》。两人早年即有交情，谭有诗《赠冯宗之二首》，极力赞扬冯宗之的品质。两人虽相隔千里，但声气相闻，时常有书往来切磋。谭元春在《冷光亭制艺序》中，赞扬其时文："冯宗之之平，马巽甫之奇，予不觉其何平何奇也，见时使我快，别后使我思，或第或不第，不问矣。"

五 其他竟陵派成员与复社成员的交游

谭元春的兄弟与复社成员亦多有交往。除上述与湖广孟登、刘敷仁等人交往，与三吴、江西等地的复社人士也有往来。在谭元春的兄弟中，六弟谭元礼与吴地的复社魁首们为同年进士，后来出任浙江德清县知县。张溥有《送谭服膺之任德清》："独有春云下，相持各夜心。人方视薮泽，君自托中林。吴楚分江势，衣冠待树阴。诗名吾友在，温雨故园寻。"③ 此诗情感真切，当知两人交谊不浅。据张溥高弟计东在《谭鹿柴十集诗序》回忆：时天下论诗文，诸说纷争，"吾师太仓张西铭先生怒然忧之。虽师友钱氏（指钱谦益）、陈氏（指陈子龙），而艾（南英）之友章（世纯）、罗（万藻）、陈（际泰）三人与太仓两张先生善，谭（元春）弟服膺为德清令，复与吾师相友爱，偃争息辩，问讯往来，言归于好，江右四家与寒河谭氏诸兄弟子

---

① 万寿祺：《隰西草堂集十卷》，附孙运锦《邂逅唱和集一卷》，附李辅中《万年少先生年谱一卷》，1933年北京刻本。
② 陈函辉：《小寒山子集·青未了·还青》，《四库禁毁书丛刊》集部第185册，北京出版社2000年版。
③ 张溥：《七录斋诗文合集·诗稿》卷一，《续修四库全书》集部第1387册。

侄文并集吴下，而复社《国表》之书悬诸国门，天下翕然，吾师之功为大"①。可见，张溥主要通过谭元礼与竟陵派交好，互通声气，谈诗论道。

此外，谭家弟兄还与别的复社成员相往来。崇祯七年甲戌，谭元礼与其兄谭元春的文友曾文饶相见于吴兴。崇祯十二年己卯，谭元春死后，谭元声整理其兄遗稿，并前往江西搜罗遗逸，得手稿若干，就章门师友李明睿等人商定，后与曾文饶见于螺川。而谭元春《寄四弟广陵买婢》中亦提到让四弟去找郑元勋帮忙物色婢女。

综上所述，谭元春生前交游与复社密切相关。但是，与谭元春交心、时常往来谈艺的复社友人大部分是远离吴地核心层的人物。以湖广、江西、浙江等地的复社人士为多，他们对于社局的兴衰持超然态度，更关心的是诗文、时艺的创作。而三吴的复社友人，多数和谭元春一样，或困顿诸生，或屡试不第，与复社领袖和魁首没有直接联系。可见，谭元春与复社魁首们的交往非常有限，或间接通过亲友，或见面时如蜻蜓点水般，分别之后不再联系。

（原载《湖北大学学报》2005年第5期）

---

① 计东：《改亭文集》卷三，《续修四库全书》集部第1408册。

复社成员黎遂球的社盟
交游活动考论

黎遂球，字美周，广东番禺人。有号"黄牡丹状元"，缘于在扬州郑超宗影园即席赋黄牡丹诗十首，获钱谦益评为第一。明末天启七年举人，即生员，再试不第便杜门著述，肆力于诗古文辞。清军南下时出守赣州，城破殉节。黎遂球在易经、诗文、绘画等方面皆有造诣，著有《莲须阁诗文集》《易史》等，有画作留传至今。

黎遂球以"黄牡丹状元"著称于世，岭南士子包括同是南园诗社的社友们皆交口称誉。后世研究者多以此着眼来研究黎遂球，而对于他具有复社成员的身份却往往忽略。黎遂球一生多次北上，常取道江西、吴越，与江西、浙江、吴地等地的复社成员结交，相互酬唱，砥砺学问。岭南虽偏于一隅，因遂球之故，广东的复社分社与吴地的复社中心之间的关系不至于疏远。

黎遂球列名于吴翿的《复社姓氏录》。吴翿，字扶九，号静庵，名列《复社姓氏传略》卷二，南直苏州府吴江人，在复社成立之初捐输财物，出力甚多，所撰《复社姓氏录》记录了复社成立初期的复社人物姓氏、籍贯。道光年间，吴山嘉以其先哲吴翿的《复社姓氏录》为基础，为各人物撰写传记，成《复社姓氏传略》。[①] 书中载遂球传曰："黎遂球，字美周，番禺人，祖瞻、父密皆以诗名。遂球生而岐嶷，博学能文，天启丁卯举于乡，再上春官不第，归道扬州。适进士郑元勋集名流于影园赋黄牡丹诗，遂球即席立成十

---

① 吴山嘉：《复社姓氏传略》，中国书店1990年版。

首,人称'牡丹状元'。保举法行,侍郎陈子壮首举遂球,以母老辞。京师陷,遂球悉以家财治铁骑三百,驰送南都,甫及赣而南都破,遂与江西总兵胡长荫。闽中立国,上中兴事宜凡数千言,大学士何吾驺授兵部职方司主事。国朝顺治三年五月,大兵围赣州,遂球与吏部主事龚棻募水师四千赴援,大兵截之半道,死者无算,各营震溃。赣围急,遂球从万元吉、杨廷麟昼夜登陴,目不交睫,城破,犹率兵巷战,腋中二矢,坠马被执,众刃交下死。粤东赠兵部尚书,谥忠愍,乾隆四十一年赐谥烈愍。"① 黎遂球成名于复社名士郑元勋的影园,战死于抗清斗争,共事者亦多复社名士。与遂球一起守赣州的杨廷麟,字伯祥,江西临江府清江县人,是复社的重要成员,传见《复社姓氏传略》卷六,传曰:"十月四日城破,廷麟走西城投水死。乾隆四十一年赐谥忠节。"黎遂球的一生忠孝节义皆全,所交复社友人亦多忠义之士,与复社砥砺气节的宗旨相一致。

本文主要以黎遂球的文集作为第一手材料,② 结合其他文人的文集、各地地方志、史料笔记等为佐证,以不同地域为划分,考察黎遂球与各地复社成员之间的交游关系。

一 黎遂球作品中的复社成员

黎遂球与各地复社成员的交游情况列表如下,详细列举现存黎遂球作品中的复社人物所在的省份、人物在复社中的身份、哪一部作品中出现、出现的次数多少等各方面的情况。

---

① 吴山嘉:《复社姓氏传略》卷九。
② 黎遂球:《莲须阁集》二十六卷,《四库禁毁书丛刊》集部第183册,北京出版社2000年版。

表1　　　　　　　　　黎遂球与各地复社成员交游情况

省	府县	人物姓名（字）	身份	作品	次数
江苏	太仓州	张采（受先）	领袖	《莲须阁集》卷三《赠张受先》、卷五《过张受先茅居留赠四首》、卷十三《寄张受先》、卷十四《寄徐巨源》、卷十六《游焦山记》、卷十七《赠太仓知州刘子序》、卷二十五《祭张天如文》、卷十九《万征君茂先传》；《莲须阁文钞》卷九《刘逵羽制艺序》	9
		张溥（天如）	领袖	《莲须阁集》卷三《赠张天如》、卷七《初秋客娄东同张天如孙孟朴邵僧弥集吴骏公斋中即席赋》《闻元旦同张天如赋》《闻元宵同天如赋》、卷十三《寄张天如》、卷十六《游焦山记》、卷十七《赠太仓知州刘子序》、卷二十五《祭张天如文》、卷十九《万征君茂先传》；《莲须阁文钞》卷九《刘逵羽制艺序》	10
		吴伟业（骏公）	成员	《莲须阁集》卷三《赠吴骏公》、卷五《送吴骏公之南都赴司业任》《送邵僧弥同骏公之金陵》、卷七《初秋客娄东同张天如孙孟朴邵僧弥集吴骏公斋中即席赋》	4
	苏州府	吴克孝（人抚）	成员	《莲须阁集》卷十四《答嘉湖道吴人抚》	1
	江都县	郑敷教（士敬）	成员	《莲须阁文钞》卷九《卯辰易山程墨选序》	1
		郑元勋（超宗）	成员	《莲须阁集》卷一《影园赋》、卷六《南归已渡江闻万茂先就征至扬州因买舟还访客舍与郑超宗诸子相聚旬余茂先赋诗见赠用韵奉答三首》、卷七《扬州同诸公社集郑超宗影园即席咏黄牡丹十首》、卷十《灯船曲四首并序》、卷十三《与郑超宗》、卷十四《寄顾修远》、卷十八《陈伯玑诗序》、卷十九《万征君茂先传》、卷二十五《祭万茂先文》《祭郑太君文》；《莲须阁文钞》卷八《董参军诗序》《南园花信诗引》	12
		梁于涘（饮光）	成员	《莲须阁集》卷十《灯船曲四首并序》	1

续表

省	府县	人物姓名（字）	身份	作品	次数
江苏	长洲县	李楷（仲木）	成员	《莲须阁集》卷三《中秋十三夕自白堤赴李仲木约同诸公坐月宿灌豁老师斋中》、卷十八《李仲木制义序》	2
		许元溥（孟宏）	成员	《莲须阁文钞》卷九《卯辰易山程墨选序》	1
	徐州	万寿祺（年少）	成员	《莲须阁集》卷五《答赠万年少》、卷七《柬万年少》	2
	松江府	李雯（舒章）	成员	《莲须阁集》卷十八《乔氏笔蒐序》	1
	青浦县	陈子龙（卧子）	成员	《莲须阁集》卷十八《乔氏笔蒐序》	1
	金坛县	周镳（仲驭）	成员	《莲须阁集》卷七《同顾修远访周仲驭焦山留宿时以茂先遗书为乞志铭》、卷十六《游焦山记》；《莲须阁文钞》卷九《刘逵羽制艺序》	3
	泰州	冒襄（辟疆）	成员	《莲须阁集》卷十《灯船曲四首并序》	1
	溧阳县	陈名夏（百史）	成员	《莲须阁集》卷十《灯船曲四首并序》	1
	吴县	杨廷枢（维斗）	魁首	《莲须阁集》卷十八《李仲木制义序》	1
		陆世廉（起顽）	成员	《莲须阁集》卷七《都门三月三日李灌豁老师招同顾端木陆起顽徐孟博简伯葵集双河庵即席赠起顽》	1
	昆山县	曹开远（彝伯）	成员	《莲须阁文钞》卷九《曹彝伯制艺序》《夏孚吉制艺序》	2
		王志庆（与游）	成员	《莲须阁文钞》卷九《刘逵羽制艺序》	1
	无锡县	黄家舒（汉臣）	成员	《莲须阁集》卷十六《游惠山记》	1
		华时亨（仲通）	成员	《莲须阁集》卷十八《华仲通集序》	1
		秦德滋（以巽）	成员	《莲须阁集》卷三《梁溪黄心甫秦以巽二子访予虎丘留诗失值》	1

续表

省	府县	人物姓名（字）	身份	作品	次数
江西	南昌府	万时华（茂先）	成员	《莲须阁集》卷六《南归已渡江闻万茂先就征至扬州因买舟还访客舍与郑超宗诸子相聚旬余茂先赋诗见赠用韵奉答三首》、卷七《寓巨源溪堂万茂先从溉园至用韵答赠二首》《姜如须花烛词和万茂先韵》《哭万茂先》《同顾修远访周仲驭焦山留宿时以茂先遗书为乞志铭》、卷十《还过豫章同朱子美万吉人茂先青渥次谦集陈士业斋头》《万茂先斋头得高丽纸一幅乃姜燕及学士使朝鲜归所贻予从陈士业饮过宿茂先因为作画并题其上时朝鲜已为东所灭》《灯船曲四首并序》、卷十三《与万茂先》《与郑超宗》、卷十六《游焦山记》、卷十八《顾修远选庚辰房书序》《陈伯玑诗序》、卷十九《万征君茂先传》、卷二十五《祭万茂先文》、卷二十六《为万茂先祈祷文》	16
		陈宏绪（字士业）	成员	《莲须阁集》卷首《莲须阁文集原序》、卷十《还过豫章同朱子美万吉人茂先青渥次谦集陈士业斋头》《万茂先斋头得高丽纸一幅乃姜燕及学士使朝鲜归所贻予从陈士业饮过宿茂先因为作画并题其上时朝鲜已为东所灭》、卷十三《与陈士业》、卷十九《万征君茂先传》；《莲须阁文钞》卷四《与陈士业书》	6
	新建县	徐世溥（巨源）	成员	《莲须阁集》卷首《莲须阁诗集原序》、卷一《酬芳草赋并序》、卷三《访徐巨源》《寄怀徐巨源》、卷四《徐方平字歌》、卷六《雨夜怀徐巨源二首》、卷七《还过章江徐巨源邀住榆溪草堂留题四首》《寓巨源溪堂万茂先从溉园至用韵答赠二首》《河上怀巨源》、卷十《写画寄徐巨源》《为徐巨源作榆溪草堂图因题湖溪在豫章城内颇恨无山予为图补山不如为堂补楼也》《和徐巨源汉宫春晓赋》、卷十三《报徐巨源书》《报徐巨源》、卷十四《寄徐巨源》、卷十八《徐巨源易系序》《韵蕞识余序》《甘禹符游草序》、卷十九《万征君茂先传》、卷二十五《祭万茂先文》；《莲须阁文钞》卷八《陈元者诗序》《董参军诗序》	22

续表

省	府县	人物姓名（字）	身份	作品	次数
江西	新建县	甘元鼎（禹符）	成员	《莲须阁集》卷十八《甘禹符游草序》	1
	进贤县	朱徽（子美）	成员	《莲须阁集》卷十《还过豫章同朱子美万吉人茂先青湮次谦集陈士业斋头》	1
		颜埈（方平）	成员	《莲须阁集》卷四《春夜诸子过集草堂颜方平以刘姬之约逃席歌以调之》	1
	抚州府	罗万藻（文止）	成员	《莲须阁集》卷七《至武林严印持子岸乔梓见招闻子将从山中特至罗文止乍病不赴予复以曹木上钱殷求缪湘芷三子邀向湖上不得往因寄以诗并怀同集沈昆铜张天生冯千秋诸子》、卷十六《西湖杂记》	2
	泰和县	曾文饶（尧臣）	成员	《莲须阁集》卷十三《报徐巨源》、卷十八《林六长越州草序》，《莲须阁文钞》卷十六《书小玉诗卷后》	3
	安福县	康范生（小范）	成员	《莲须阁集》卷十《灯船曲四首并序》、卷十六《游惠山记》《刘安世皆园记》、卷二十五《祭万茂先文》	4
浙江	杭州府	张元（天生）	成员	《莲须阁集》卷七《至武林严印持子岸乔梓见招闻子将从山中特至罗文止乍病不赴予复以曹木上钱殷求缪湘芷三子邀向湖上不得往因寄以诗并怀同集沈昆铜张天生冯千秋诸子》，《莲须阁文钞》卷九《国风二集序》	2
		严调御（印持）	成员	《莲须阁集》卷七《至武林严印持子岸乔梓见招闻子将从山中特至罗文止乍病不赴予复以曹木上钱殷求缪湘芷三子邀向湖上不得往因寄以诗并怀同集沈昆铜张天生冯千秋诸子》、卷十八《严印持先生诗集序》《百忆诗序》《壬午程墨升序》	4
		闻启祥（子将）	成员	《莲须阁集》卷七《至武林严印持子岸乔梓见招闻子将从山中特至罗文止乍病不赴予复以曹木上钱殷求缪湘芷三子邀向湖上不得往因寄以诗并怀同集沈昆铜张天生冯千秋诸子》《闻子将有湖上打船之议启事与闻即报以诗》，《莲须阁文钞》卷十五《十不可铭》	3
		查继佐（伊璜）	成员	《莲须阁集》卷首《明兵部职方司员外郎赠资政大夫兵部尚书谥忠愍美周黎公传》，《莲须阁文钞》卷末附《黎忠愍公传》	2

续表

省	府县	人物姓名（字）	身份	作品	次数
浙江	钱塘县	钱朝彦（殷求）	成员	《莲须阁集》卷七《至武林严印持子岸乔梓见招闻子将从山中特至罗文止乍病不赴予复以曹木上钱殷求缪湘芷三子邀向湖上不得往因寄以诗并怀同集沈昆铜张天生冯千秋诸子》	1
		冯延年（千秋）	成员	《莲须阁集》卷七《至武林严印持子岸乔梓见招闻子将从山中特至罗文止乍病不赴予复以曹木上钱殷求缪湘芷三子邀向湖上不得往因寄以诗并怀同集沈昆铜张天生冯千秋诸子》，《莲须阁文钞》卷九《国风二集序》	2
		缪沅（湘芷）	成员	《莲须阁集》卷七《至武林严印持子岸乔梓见招闻子将从山中特至罗文止乍病不赴予复以曹木上钱殷求缪湘芷三子邀向湖上不得往因寄以诗并怀同集沈昆铜张天生冯千秋诸子》	1
	萧山县	曹振龙（木上）	成员	《莲须阁集》卷七《至武林严印持子岸乔梓见招闻子将从山中特至罗文止乍病不赴予复以曹木上钱殷求缪湘芷三子邀向湖上不得往因寄以诗并怀同集沈昆铜张天生冯千秋诸子》	1
	嘉兴县	孙淳（孟朴）	魁目	《莲须阁集》卷七《初秋客娄东同张天如孙孟朴邵僧弥集吴骏公斋中即席赋》	1
		姚瀚（北若）	成员	《莲须阁集》卷十三《复姚北若书》，《莲须阁文钞》卷九《国门广业序》	2
	会稽县	王薲（予安）	成员	《莲须阁集》卷四《送王予安还越兼寄梁非馨》、卷十八《王予安石室诗序》	2
广东	广州府	陈子升（乔生）	成员	《莲须阁集》卷一《爱妾换马赋》、卷七《新年喜陈乔生见过》、卷十三《与陈乔生谈天书》、卷十三《复姚北若书》、卷十八《篷栊日记序》，《莲须阁文钞》卷八《陈元者诗序》、卷九《曹彝伯制艺序》《黄献君进士稿序》《夏孚吉制艺序》	9
	南海县	黄圣年（逢永）	成员	《莲须阁集》卷四《春望篇》、卷十八《乔氏笔蒐序》《林六长越州草序》	3
	香山县	伍瑞隆（国开）	成员	《莲须阁集》卷十《同伍国开谭元定游西山杂咏二十首》、卷十六《西山游记》	2

89

续表

省	府县	人物姓名（字）	身份	作品	次数
安徽	芜湖县	沈士柱（昆铜）	成员	《莲须阁集》卷七《至武林严印持子岸乔梓见招闻子将从山中特至罗文止乍病不赴予复以曹木上钱殷求缪湘芷三子邀向湖上不得往因寄以诗并怀同集沈昆铜张天生冯千秋诸子》、卷十六《西湖杂记》	2
	桐城县	方文（尔止）	成员	《莲须阁集》卷五《湖上答赠方尔止》	1
湖北	景陵县	谭元春（友夏）	成员	《莲须阁集》卷十六《虎丘杂记》	1
其他		邵弥（僧弥）、谭元定（旻昭）、陈丹衷（旻昭）、李文中、朱学熙（叔子）、顾宸（修远）、梁稷（非馨）、戴国士（初士）、刘士斗（映薇）等人，未见列名复社，但与复社中人来往密切。			

    从上表来看，黎遂球结交的复社成员主要分布在江苏、江西、浙江三省，来往密切的人包括了复社的领袖、重要干将及各地较为出色的文人。如复社领袖张溥、张采，复社的重要成员吴伟业、郑元勋，几社的重要成员李雯、陈子龙，复社重要干将孙淳、金坛周钟的兄弟周镳，江西的重要复社成员徐世溥、万时华、陈士业，浙江杭州的复社干将、武林读书社领袖张元、严调御、闻启祥，竟陵派的后期领袖谭元春，安徽的沈士柱、方文，广东的陈子升等，都是复社中较有影响力和名气的重要人物；谭元定应是谭元春之弟，亦是复社成员，但未见列名复社相关资料。此外，还有一部分与复社成员交往密切的文人，如顾宸、戴国士、邵僧弥等，以及一些过从甚密却没有留下作品存证的复社人物，如撰写《忠愍公黎美周先生真赞》的陈恭尹父亲陈邦彦等，都或多或少在黎遂球的交游活动中存留一定的影响。其中，与黎遂球交往最密的当数江西的万时华、徐世溥，与江苏的张溥、张采、郑元勋等人。下面主要以吴山嘉的《复社姓氏传略》、蒋逸雪的《复社姓氏考订》为材料，[①] 引证在黎遂球作品中出现的与之交游的复社人物。

---

    ① 蒋逸雪的《张溥年谱》附录有《复社姓氏考订》，共考订出具体人名有3025人（齐鲁书社1982年版，第129页）。

（一）江苏

1. 张溥，名列《复社姓氏传略》卷二，南直苏州府太仓州人。传曰："张溥，字天如，号西铭。幼嗜学，为诸生，与同里张采共肆力经史，名籍甚，号'娄东二张'。崇祯元年以选贡入都，采方成进士，两人名彻都下，已而采官临川，溥归，集郡中名士相与复古学，名其文社曰复社。辛未，溥成进士，选庶吉士，以葬亲乞假归，读书若经，无间寒暑，四方嗷名者争走其门，交游日广，声气通朝右……刑部侍郎蔡亦琛坐党薛国观系狱，未知溥卒也，讦溥遥握朝柄，已罪由溥，因言（张）采结党乱政，诏责溥采回奏。当是时，体仁已前罢，继者张至发、薛国观亦罢去，而周延儒当国，溥座主也，其获再相，溥与有力焉。故采疏上事，即得解。明年，御史刘熙祚、给事中姜垛交章言溥砥行博闻，所纂述经史有功圣学，宜取备乙夜观，遂有诏征溥遗书，有司先后录上三千余卷，帝悉留览。溥性忠孝，事母极婉顺；谈朝廷事，辄欲有所澄清；与朋友周笃，闻正人患难如身受。卒年四十，无子，私谥仁孝。"

2. 张采，字受先，号南郭，南直苏州府太仓州人。崇祯元年进士，授临川知县。与张溥号为"娄东二张"，复社成立之初与溥共事，出力较多。名未列《复社姓氏传略》，但社事兴起时多参与其中，后从临川知县任上归家，曾主持社事。

3. 吴伟业，名列《复社姓氏传略》卷二，南直苏州府太仓州人。传曰："吴伟业，字骏公，号梅村。父琨以经行，崇祀乡贤。伟业幼有异质，时经生家崇尚俗学，伟业独好三史，张溥见而叹曰：'文章正印，其在子矣！'因留受业。年二十补诸生，未逾年，中崇祯庚午举人，辛未会试第一，殿试第二，授编修，给假归娶。……甲申之变，适丁嗣父忧里居，服除，南中召拜少詹事，越两月遂归，杜门十年。本朝荐授秘书院侍讲、国子监祭酒。间一岁，奉嗣母丧南还，遂不出。年六十三卒，遗命墓前立一圆石，题曰'诗人吴梅村之墓'。有《梅村集》四十卷，《绥寇纪略》十二卷。"

4. 吴克孝，名列《复社姓氏传略》卷二，南直苏州府太仓州人。传曰："吴克孝，字人抚，号鲁岗，镇洋人。崇祯辛未乡试，受知于吴江县知县熊开元。丁丑成进士，授刑部主事，进员，恤刑粤东，平反滞狱至千二百余人。……甲申补嘉湖道参议。时平望、黄冈及平湖、海盐各处大盗蜂起，克孝募健勇，练水师，擒黄文魁、姚二等毙之。桀盗叶六集党千余劫官鞘，又斗张三者，横行剽掠，俱捕以正法。目眚益剧，遂告假归，年八十一卒。"

5. 郑敷教，名列《复社姓氏传略》卷二，南直苏州府人。传曰："郑敷教，字士敬，号桐庵，长洲人，学有师承，文章卓行，为儒者所宗。崇祯庚午举于乡，时诏巡方举核孝廉，历四院皆疏荐。丁丑举贤良方正，以母老辞。晚岁键户著书，年八十卒，私谥贞献。"

6. 郑元勋，名列《复社姓氏传略》卷四，南直扬州府江都人。传曰："郑元勋，字超宗，先歙人，家江都。崇祯癸未进士，以母老家居。甲申三月闻变痛哭，出家赀募通侠，贻书当道，谓：'宜建大帅，统精锐以守河北。'会福王立，兴平伯高杰镇扬州，杰与元勋有旧，扬民喧传：'元勋招杰来，必蹂躏我。'因闭城拒之。杰怒掠城外，将攻城。元勋单骑入杰营，晓以大义，杰为心折，曰：'前事特别，将杨成为之耳。'出禁令退舍，且诛杨成。而扬民误传为'扬城'。时巡抚黄家瑞等会议于南城楼，扬民汹汹环列，元勋至，下马就座，为言城外事由杨成，语未毕而闻者遽升楼攒刃害之。督师史可法斩倡乱者三人头，以祭元勋。逾三日，有兵部职方之命，而元勋已及于难。国朝乾隆四十一年，诏入忠义祠。"

7. 梁于涘，名列《复社姓氏传略》卷四，南直扬州府江都人。传曰："梁于涘，字饮光，一字湛至，崇祯癸未进士。慷慨有大节负之名，任万安县，县当悾偬，兵马络绎，于涘措置有方。南京覆，大兵已取吉安，叛将白之裔举兵来攻，于涘登陴誓守，城陷投水死。乾隆四十一年赐谥节愍。"

8. 李楷，名列《复社姓氏传略》卷二，南直苏州府长洲县人。传曰："李楷，字仲木，崇祯壬午举人。国朝顺治中，任工部员外郎。"

9. 万寿祺，名列《复社姓氏传略》卷四，南直淮安府徐州人。传曰："万寿祺，字年少，由选贡中崇祯庚午举人，五上公车不第，筑室袁公浦。明历法，通禅理，吟咏无虚日，有《隰西内景》诸集，书画俱精工绝伦。申酉后儒衣僧帽，往来吴楚间。"

10. 李雯，名列《复社姓氏传略》卷三，南直松江府人。传曰："李雯，字舒章，崇祯壬午举人。父逢甲，官工部主事，遭诬谪戍。雯匍匐走京师讼冤。甲申，父殉难，雯募棺殓之，饘粥不进者累日。本朝定鼎，内院诸大臣怜其孝，且知其才，荐授宏文院中书舍人，分考顺天乡试，卒于官。"

11. 陈子龙，名列《复社姓氏传略》卷三，南直松江府青浦县人。传曰："陈子龙，字人中，更字卧子，号轶符。生有异才，工举子业，兼治诗赋古文，卓绝流辈。崇祯丁丑举进士，选绍兴推官。……子龙与夏允彝同负重名，允彝死，子龙念祖母年九十，不忍割，遁为僧，寻以受鲁王部院职衔，结太湖兵，欲举事，事露被执，乘间投水死。国朝乾隆四十一年赐谥忠裕。"

12. 周镳，字仲驭，号鹿溪，镇江府金坛县人，复社骨干周钟的异母兄弟。崇祯元年进士，官拜南京礼部主事，积极参与檄讨阮大铖，列名《留都防乱公揭》。阮大铖衔恨不已，南明时，构陷周镳，被赐死。周镳名未列《复社姓氏传略》，却是复社的重要人物，名列蒋逸雪的《复社姓氏考订》。

13. 冒襄，字辟疆，号巢民，一号朴庵，又号朴巢，南直扬州府泰州人。与桐城方以智、宜兴陈贞慧、商丘侯方域，并称"四公子"。积极倡导檄讨阮大铖，列名《留都防乱公揭》。入清后隐居不出，屡辟不就，年八十三卒。名未列《复社姓氏传略》，名列蒋逸雪的《复社姓氏考订》。

14. 陈名夏，名列《复社姓氏传略》卷二，南直应天府溧阳县人。传曰："陈名夏，字百史，崇祯癸未会试第一，殿试第三，授编修，晋修撰，奏对称旨，改授户兵二科都给事。国朝荐授修撰，升吏部侍郎，历官至大学士。"

15. 杨廷枢，名列《复社姓氏传略》卷二，南直苏州府吴县人。传曰："杨廷枢，字维斗，号复庵，兵部尚书成孙，孝子大溁子，生而岐嶷，言笑有度。崇祯戊辰以恩贡入大廷，都人士声气相求，知廷枢者半海内，远近负笈而从者皆名士。周顺昌被祸，举国轰然，廷枢以身左右之，几及于难。庚午以第一人冠南畿，深患子丑以来文体变坏，于是力追先正，自嘉隆迄于成宏以上，蒐辑而讨论之，又论定神庙丙辰以后之文，制义家奉为科条焉。甲申闻变，誓以身殉，时马阮每指目廷枢为复社渠魁。大兵下苏州，隐居邓尉山。顺治四年，降将松江总兵吴胜兆复谋叛，廷枢因其客以怂恿之事败，追捕至官，谕令薙发，廷枢不屈，遂斩于芦墟之泗州寺，年五十三。门人连绍原购其尸葬焉。私谥忠文，有《古柏轩诗集》，乾隆四十一年赐谥忠节。"

16. 陆世廉，名列《复社姓氏传略》卷二，南直苏州府吴县人。传曰："陆世廉，字起顽，号晚庵，诸生，仪度修伟，长于说经，九试乡闱不售。崇祯十三年以荐举授广州府通判，在南中累迁光禄卿。遭乱归隐，自号遐园主人，有《遐园志》，年八十五卒。"

17. 曹开远，字彝伯，名见《复社姓氏传略》卷二。

18. 王志庆，名列《复社姓氏传略》卷二，南直昆山人。传曰："王志庆，字与游，刑部主事，临亨少子，年数岁即泛滥经传及子史、大家集。天启丁卯举于乡，五上公车不第。甲戌归，语张采曰：'国步蹙矣，可奈何？'出《感事诗百首》曰：'吾以告哀。'会有诏举贤良，当事上其名，以病辞。乃葺东郊丙园作终老计，号汉阴丈人。壬午秋七月，疽发背，致书张采曰：'病发膏粱，在表治易；病发忧郁，在里治难。'遂卒。"

19. 黄家舒，名列《复社姓氏传略》卷三，南直常州府无锡县人。传曰："黄家舒，字汉臣，诸生，马世奇门人，自少称高才生，与孙源文善。甲申源文殉节，家舒遂弃诸生服，坐卧斗室，谢绝交游，修净业，自名其集曰《焉文堂集》。"

20. 华时亨，名列《复社姓氏传略》卷三，南直常州府无锡县人。传曰："华时亨，字仲通，太学生，受学于高攀龙。时缇骑赴吴逮周顺昌，父珍聘遣时亨先以告攀龙，攀龙遂赴水死。巡抚毛一鹭究漏泄者，将杀之以媚珰，时亨匿而免。戊寅病，失明。申酉间，忌者摘其诗篇犯讳语，逮系吴门，久之乃释。戊子复系毗陵，终以盲故得免。有《三礼正宗》《四传异同》《春秋法鉴录》《春秋叙说》。"

21. 秦德滋，字以巽，常州府无锡县人，名未列《复社姓氏传略》，名列蒋逸雪的《复社姓氏考订》。

黎遂球在江苏交往的复社人物分散在各个地方，主要是太仓、江都等地，包括了复社的领袖人物"娄东二张"和吴伟业、郑元勋、冒襄等复社名士，以及几社的重要成员李雯、陈子龙等。这些人物当中，吴伟业、李楷、李雯、陈名夏等人明亡后曾屈节仕清，或迫于无奈，或顺应时势；张溥卒于明亡之前，郑元勋、梁于涘、陈子龙、周镳等人或在抗清斗争中献身，或在南明政乱中丧身，其他人入清后皆守节，隐居不出。当中与黎遂球交契最厚的张溥、张采、郑元勋，皆为忠义之士。

（二）江西

1. 万时华，名列《复社姓氏传略》卷六，江西南昌府南昌县人。传曰："万时华，字茂先，马湖太守民命子。生而颖异，诸经子史无不历览成诵。冢宰李长庚官江西布政时，合十三郡能文者为豫章社，于南昌首时华与万曰佳、喻全禩，时华尤为所推。工诗古文词，负海内重名几四十年。崇祯中，保举守令诏下，布政使朱之臣荐于朝，应征北上，抵维扬，辄病不起。有《溉园初二集》《园居》《田居》《东湖集》，又《诗经偶笺》，习毛郑者宗之。"

2. 陈宏绪，名列《复社姓氏传略》卷六，江西南昌府新建县人。传曰："陈宏绪，字士业，兵部尚书道亨子。性警敏好学，家集书万卷，兄弟友朋日夜讲习。以荫生荐授晋州守。时真定属邑多残破，阁臣刘宇亮出督师，欲移师入晋州，宏绪不纳。宇亮怒驰劾之，有旨逮问，州民诣阙颂其保城功，得释。谪湖州府经历，署长兴、孝丰二县事，寻为巡按劾罢。后屡荐不起，移居章江，辑《宋遗民录》以见志。有《周易备考》《尚书广录》《诗经群义》《石庄集》《恒山存稿》《寒夜集》。"

3. 徐世溥，名列《复社姓氏传略》卷六，江西南昌府新建县人。传曰："徐世溥，字巨源，号榆溪，父良彦官工部侍郎。世溥好学能文，时艾南英以时文奔走天下，闻世溥名，与约为兄弟，江南诸名士无不以枹鼓归之。鼎革后，匿影杜门。后溧阳（陈名夏）柄政，遣司理持礼币往致之，世溥坚拒不纳。司理去，盗乘夜入室，索其礼币，世溥答无有，盗不之信，以火炙之，至死乃去。所著有《榆溪集》《外集》及《易系》。"

4. 甘元鼎，字禹符，名列《复社姓氏传略》卷六，江西南昌府新建县人。

5. 朱徽，名列《复社姓氏传略》卷六，江西南昌府进贤县人。传曰："朱徽，字子美，一字遂初。崇祯辛未进士，授行人司行人。壬午召对称旨，擢吏科给事中，转刑科。本朝官吏科都给事中，后以固原兵备道副使致仕。"

6. 颜埈，字方平，名列《复社姓氏传略》卷六，江西南昌府进贤县人。

7. 罗万藻，名列《复社姓氏传略》卷六，江西抚州府临川县人。传曰："罗万藻，字文止，天启丁卯举于乡。崇祯中，行保举法，祭酒倪元璐以万藻应诏，辞不就。福王时，为上杭知县。唐王立于闽，擢礼部主事。艾南英卒，哭而殡之，居数月亦卒。"

8. 曾文饶，字尧臣，名列《复社姓氏传略》卷六，江西吉安府泰和县人。

9. 康范生，名列《复社姓氏传略》卷六，江西吉安府安福县人。传曰："康范生，字小范，崇祯己卯举人。慷慨重然诺，遇通邑大利弊，侃侃议论。尝赴公车，途次逢万时华旅死未殡，为经纪其丧。下笔千言立就，海内士无不知其名者。"

黎遂球与江西的复社成员颇为合契，尤以万时华、徐世溥最为知心。三人过从甚密，遂球北上，必取道江西，留住徐世溥的榆溪草堂。遂球奔赴千里，至扬州与郑超宗、康范生等人为万时华延医治病，经纪其丧，并为其立传、哭祭、祈祷；而陈宏弘、徐世溥也为遂球的文集、诗集作序。万时华卒于明亡以前，陈宏绪、徐世溥入清后皆坚拒不出以明志。

（三）浙江

1. 张元，名列《复社姓氏传略》卷五，浙江杭州府人。传曰："张元，字天生，诸生。与闻启祥、冯延年暨余杭'三严'结读书社。"

2. 严调御，名列《复社姓氏传略》卷五，浙江杭州府人。传曰："严调御，字印持，余杭人，太常卿大纪长子。长身疏髯，风神落穆，以高才为诸生祭酒，博雅好古，能琴善书。晚味禅悦，多方外游。仲弟武顺，季弟敕，亦有名，时号'三严'，有《作朋集》。"

3. 闻启祥，名列《复社姓氏传略》卷五，浙江杭州府人。传曰："闻启祥，字子将，钱塘人，博综群书，尤工制举业，好延纳宾客。江广闽越之士至武陵者，必质义启祥，品题甲乙。万历壬子举于南雍。尝与吴郡李流芳同入京，至国门，忽意不自得，趋车竟返。后屡征不赴。"

4. 查继佐，名列《复社姓氏传略》卷五，浙江杭州府人。传曰："查继佐，字伊璜，初名佑，号与斋，海宁人。才华丰艳，而风情洒脱，中崇祯癸酉举人。鲁王监国绍兴，授兵部职方朗中，江上师溃，遂不复出。更名省，入粤后，隐姓名为左尹。……尝识海阳吴六奇于行乞中，及罹史祸，卒得其力以免。"

5. 钱朝彦，名列《复社姓氏传略》卷五，浙江杭州府钱塘县人。传曰："钱朝彦，字殷求，崇祯丁丑进士，授句容令。莅任数月，有饰金珠伪为药饵以献者，朝彦立置之法，曰：'若欲尝，令乎心不可欺也。'以被诬，调旌德，遂投劾归。家贫甚至，不给晨夕，病卒，无以为殓。"

6. 冯延年，名列《复社姓氏传略》卷五，浙江杭州府钱塘县人。传曰："冯延年，字千秋，秀水人，爱西湖之胜，筑快雪堂于湖湄，遂入籍钱塘。崇祯己卯中乡试副榜，贡入北雍，见时事不可为，归隐于秋水庵，有《秋月庵诗集》。"

7. 缪沅，名列《复社姓氏传略》卷五，浙江杭州府钱塘县人。传曰："缪沅，字湘芷，崇祯庚午举人。"

8. 曹振龙，名列《复社姓氏传略》卷五，浙江绍兴府萧山县人。传曰："曹振龙，字木上，崇祯庚午解元。"①

9. 孙淳，名列《复社姓氏传略》卷五，浙江嘉兴府人。传曰："孙淳，字孟朴，吴江人，副使从龙孙，寄籍嘉兴，为诸生，少负诗

---

① 吴山嘉的《复社姓氏传略》所录钱塘人有曹从龙，字木上；萧山人有曹振龙，字木上，崇祯庚午解元，入《绍兴府志》。而蒋逸雪的《复社姓氏考订》无曹从龙，有曹振龙。此处取蒋说。

名。复社起，淳渡淮泗，历齐鲁，达于京师，贤大夫士必审择而定衿契，然后进之于社。复社先后大会者三，淳劳居多。有《梅绾居存草》。"

10. 姚瀚，名列《复社姓氏传略》卷五，浙江嘉兴府嘉兴县人。传曰："姚瀚，字公滁，号北若，尚书思仁孙，以荫入太学。质直有至性，好施急友难，千金无吝色。崇祯丙子就试南都，大会东南名士，束其文以归，有《国门广业》之选，一时称为月旦。三试不第，遂隐居著述，积书四十楼，部分类聚，广荆川《左编》，集汉至隋为《八代文统》。"

11. 王亹，名列《复社姓氏传略》卷五，浙江绍兴府会稽县人。传曰："王亹，字予安，崇祯癸酉举人，能诗文，负经济。"

与黎遂球结交的浙江复社人士，如严调御、闻启祥、查继佐等人，入清后皆隐居不仕，或耽味佛禅，或隐居著述，少有为清廷效力者。

（四）安徽、湖北、广东

1. 沈士柱，名列《复社姓氏传略》卷四，南直太平府芜湖人。传曰："沈士柱，字昆铜，贡生，读书明敏，下笔千言。癸酉甲戌寓西湖楼外楼，武林名士毕集，湖舫为之增价。后以李大生事逮系南都之大内，年余始解。有前后宫词二十四首，其思致绵邈，情怀悱恻，得风人劝戒之旨。"

2. 方文，名列《复社姓氏传略》卷四，南直安庆府桐城人。传曰："方文，字尔止，号嵞山，户部郎中大铉子。文素与吴江吴易、沈自炳、史元、徐钅尔鏦辈友善。申酉间避兵来吴江，隐居分湖及梅墩，以占卦垂纶、饮酒赋诗为事，非素好不能测其踪迹也。著有《嵞山集》。"

3. 谭元春，名列《复社姓氏传略》卷八，湖广承天府景陵县人。传曰："谭元春，字友夏，父早逝，事母魏孝，有弟元礼、元声、元方、元晖、元亮，皆严督之成立。弱冠与锺惺评选唐人之诗为《唐诗归》，又选隋以前诗为《古诗归》，天下翕然宗之，谓之'竟陵体'。天启丁卯，元春举乡试第一。再上公车，没于旅店。有《简远堂集》。"

4. 陈子升，名列《复社姓氏传略》卷九，广东广州府南海县人。传曰："陈子升，字乔生，诸生，以荐举授给事中，有《中洲集》。"

5. 黄圣年，名列《复社姓氏传略》卷九，广东广州府南海县人。传曰："黄圣年，字逢永，万历戊午举人，官某县教谕。"

6. 伍瑞隆，国开，广东香山县人，名未列《复社姓氏传略》，名列于蒋逸雪的《复社姓氏考订》。

与黎遂球结交的安徽、湖北、广东等地的复社成员，友夏早亡，陈子升、伍瑞隆、沈士柱、方文等人入清多隐居不纳，或混迹江湖。

总的来看，与黎遂球结交的这些复社成员，绝大部分都是和他一样，重视忠孝气节，文才出众的人物。他们有的敢于抗争阮大铖，有的积极抗战清军，有的坚持不降清仕清，这些文人秀士身上迸发出来的为国家社稷的忠勇节义精神，与黎遂球为国捐躯、积极抗清的英勇牺牲交相辉映，不愧是同声共气的盟友！

二 黎遂球与复社成员的交游

黎遂球四次赴京会试，北上结交的江苏、江西、浙江等地的复社成员包括了复社的首领与各地分社的魁首。他们在宴会、游玩、酬唱当中结下了真挚的友谊，相互欣赏，情感深厚。

（一）复社领袖——"娄东二张"

黎遂球与"娄东二张"交游甚多，数次北上参加科考，常取道娄东，与张采、张溥一起游处。现存文集中与张采、张溥相关的作品有多篇，而张采、张溥的文集当中也多有酬唱、记述美周之作，或记游，或赞颂，留下了他们相互交游的记载。

寻迹黎遂球与"娄东二张"的结识，约在崇祯元年戊辰春夏间。这年，黎遂球27岁，第一次上京参加会试，① 这次会试的原卷《正

---

① 黎遂球：《莲须阁文钞》卷一，《丛书集成续编》第187册，台湾新文丰出版公司1988年版。

人君子所深愿论》收于文集。黎遂球下第南还,至吴中。这时恰是复社酝酿筹谋、蓬勃兴起的时期,各种社事、大会接连召开。张采《庶常天如张公行状》载:崇祯元年春,张采成进士,张溥以覃恩选贡入太学,为成均大会,并结燕台社。又据万寿祺的《万年少先生年谱》记载,崇祯元年夏,徐汧、张采置酒天坛,万寿祺与杨廷枢、沈明抡、袁征、李待问、秦镛、张溥、阎尔梅皆集,主客皆南方之彦,极一时文章交游之盛。黎遂球当参与了当时在京的一些会集,并目睹了张采为社事运作的努力,以及会集时的盛况。

崇祯二年约三月间,在吴江知县熊开元的支持下,张溥等人举办了尹山大会,成立了复社。陆世仪《复社纪略》卷一载:"吴江令楚人熊鱼山开元,以文章经术为治,知人下士,慕天如名,迎至邑馆,巨室吴氏沈氏诸弟子俱从之游学。于是为尹山大会,苕霅之间,名彦毕至。未几,臭味翕集,远自楚之蕲黄,豫之梁宋,上江之宣城、宁国,浙东之山阴、四明,轮蹄日至。比年而后,秦、晋、闽、广多有以文邮致者。"从这段记述可知,尹山大会之后,复社影响力扩大至全国范围,黎遂球当亦有文寄至复社,收入《国表》集中。今《国表》的几个集子虽已不存,但《国表》收录的人名尚在,美周列名其上,说明他参加复社的活动较早。

通过文集所收作品的解读,我们可以勾勒出黎遂球与"娄东二张"相交的经过。美周与二张在初相识时,即有酬唱,以诗会友。黎遂球作诗赠予二人,《赠张受先》诗云:"昔始载铅椠,上国欣翱翔。冰泮雪既消,朱萉迎朝阳。文心与云集,道翮谁翰张。之子应运作,百和先一倡。攀飞操威凤,辟邪属神羊。流俗亦起顽,圣人思见刚。矧予托交早,既觏靡愆忘。永矢奉良规,济津是为梁。"又有《赠张天如》诗云:"翰音美其跖,不如凤凰毛。岩桂垂蠹柯,不如珊瑚高。君子永终誉,同人焉号咷。烨烨向日葵,安能没蓬蒿。燕燕自于飞,安能随伯劳。嗟予海滨士,慨慷行以敖。束书望坛坫,受事咸建纛。赠佩当佩兰,入群惟载羔。"在这两首诗中,美周赞颂了张采、张溥二人首唱文会、运作社事的功劳,肯定张采兴举社事召集了各方文人,能令流俗变易,起激励人心、振奋向上的作用;将张溥的文才与德行比喻为珍贵的凤凰、珊瑚、向日葵与燕子,并表达自己积极与会、参加社事的慷慨心情。对于粤人黎遂球的与会、到访,张采、张溥二人亦有回赠。张溥有诗《酬粤东黎美周》曰:"云分自九有,高人坐织毛。相知恐飞越,饮酒无空豪。东南本同气,未见悲先号。索子梅花诗,夜为明月劳。唱绝蘅芷心,礼义慎游敖。翻羽不可别,邛来问楚皋。自今怀宝书,如饥享太牢。忠信切滋味,古人期执羔。"①天如虽不善诗,却也以诗酬和美周,肯定东南与吴中同声气,皆重礼义,讲忠信,称颂美周的才华。读这些诗歌,可知"娄东二张"与黎遂球相识时即惺惺相惜,同声共气。

黎遂球每过娄东,必定拜访二张及太仓的复社人士。张采于崇祯元年成进士,十一月赴江西任临川知县,约于崇祯四年以病假辞官归家。崇祯六年癸酉,黎遂球第二次北上,路过太仓,留居张采、张溥宅中。曾有诗《过张受先茅居留赠四首》,②其一:"茅居对天地,知子道心安。惜物拾花落,赋诗题叶看。世衰违好易,名重保身难。悟得阴阳理,兼成却病丹。"其二:"五柳半人宅,一经堪子传。苍生想安石,神令著临川。鹤饿依贫骨,琴心弹古弦。道成同辟谷,因可谢文钱。"其三:"楚狂歌凤德,汉代仰龙门。兰室气恒秘,桃花笑不言。凿流环梦处,结想拟仙源。往事余经济,占云自灌园。"其四:"种鱼供砚沈,留客让书床。问影冷冷善,栖心寸寸香。吏廉归只俭,童兀刺难偿。却累频怜我,缄题远不忘。"这四首诗当作于崇祯六年,此时的张采已弃官回娄东,隐居乡里。其一诗中,美周在诗中有慰勉友人之意,理解张采清廉守家却心安理得,劝勉其名声虽重,需要保全自己。其二诗中,以陶潜的高风亮节作喻,赞颂张采治经史,重古好道,治理临川任上颇留政声。其三突出张采辞官归乡的气节。其四则描绘张采归家后清静俭朴的生活及朋友间的温情慰问。对黎遂球发自真心的问候与劝勉,张采亦依其四韵,以诗作答,写下《黎美周过我草堂留咏依韵赋答》四首。③其一:"容足茆庵下,如如动静宽。有花将句赋,无月可心看。名浪逃非易,时违贱亦难。因君聊指说,

---

① 张溥撰,曾肖点校:《七录斋合集》卷三,齐鲁书社2015年版,第52页。
② 黎遂球:《莲须阁集》卷五,《四库禁毁书丛刊》集部第183册。
③ 张采:《知畏堂诗存》卷二,《四库禁毁书丛刊》集部第81册,北京出版社2000年版。

立下我成丹。"其二:"即树营柴屋,窗开绿满床。云空天不界,心静息生香。客旧禽相熟,看荒酒可偿。莫将怜我意,说向总如忘。"其三:"容谷谁来响,闲闲叩我门。三年留此约,一笑欲何言。问月应知闰,临流可识源。已将男子事,寄与木奴园。"其四:"子舍君将觐,平安为我传。枕流随乱石,吸水即前川。往事云中雁,新怀指上弦。只今少相赠,叉手说荷钱。"四诗中,张采自言自己逃避声名,隐居家乡的清静空闲的生活,回忆与黎遂球三年前的相识与相约,诗歌在清幽朴淡的语言中流淌着两人间的挚厚友情。

崇祯六年的冬天,滞留在娄东的遂球念及明年春是其母苏太君的七十寿辰,心中思念不已。张采、张溥二人体贴黎子的一片孝心,以诗文的方式来给远在广东的黎母贺寿。张采有《黎母苏太君寿序》:"癸酉冬,东粤黎子美周,以计偕,枉道娄上,访其友张采。即问苏太君无恙。因计明年春仲,太君七十辰,时美周应公车试,不及子舍,令采豫为颂以祝……丁卯,美周乡举,粤俗类我吴,举于乡,必广僚从,干公府,招徕缘染,多滋累。太君训美周:'曾祖京兆公操行在人,故人言尔。今日所以报京兆尔,不祖是法,我且不食。'美周既少习家教,闻是言则益砥砺。戊辰南还,作《惕志赋》以自奋。顷来娄,食蔬衣布,周旋一袄被,与州大夫瞻父刘公石友。人以大夫重客,争趋谒,美周拒勿见,日留予俭斋,未几亟舍去,语:'予欲久此,恐人目为大夫客,奭辞应我母。'予闻之肃然……"①从序中可见张采颇欣赏美周的母教有训,俭朴律己,不虚以应酬,不借重权势。可见张、黎二人相知颇深。张溥则作诗《祝黎母苏太君七十》:"翠水流春锦树齐,丹文绿叶印青泥。传书隔幌云能听,画壁留簪石可题。拜倒玉卮称健母,绣成仙盖拥寒笄。西盈钟响东华醉,桑柳条中八会迷。"②专门为美周的母亲庆贺七十岁寿辰。

崇祯七年甲戌,春三月,黎遂球再次下第,会试原卷为《圣人法天以政养万民论》。他在南归途中,闻知友人太仓知州刘士斗因漕粮

---

① 张采:《知畏堂文存》卷四,《四库禁毁书丛刊》集部第81册。
② 张溥撰,曾肖点校:《七录斋合集》卷三,第57页。

一事被纠去官，① 张采、张溥也被牵连在内。郡推官周之夔原与张溥、刘士斗有同年之谊，因与刘不合而阴私中伤，又借《军储说》来倾二张。而在崇祯六年六月，张溥等人的座师周延儒罢相，温体仁为首辅，其弟温育仁著《绿牡丹传奇》讥诮复社。周之夔的疏讦正合温相之意，在温体仁的高压之下，复社的外部环境日益恶劣，忧患日深。这一年，下第南归的黎遂球并未经过娄东，至南都，遇刘士斗，听其述说漕粮之事，深信刘士斗及二张的为人，作《赠太仓知州刘子序》，追述刘子的为人与两人的交往，以及刘子因漕粮事去官时百姓洒泪挽留的情景，盛赞刘子之贤。忆及："遂球至太仓，刘子下堂相迎候，有处女子之色。其州之士事之如师，民事之如父母。遂球亟谢，日坐两张子受先、天如斋中，不敢出见，恐以口腹累及刘子。两张子日与遂球言：'苟可以为刘子使，无愧于父母与师，于其士与民者，亦复无之不至。'"肯定刘子的虚怀下士及爱民如子，二张对刘子的赏识及对己之勉励。序中，黎遂球还为二张辩诬："如是而谓皆两张子使之也，能之乎？脱能之，而两张子何以致之也？天之爱民甚矣，使司牧之，则惟求其牧与刍，求之而得，以是为尤乎？民之所好，斯好之，有不好而强之，能乎？繇此之说，足以见刘子之贤；即繇彼之说，亦愈见两张子之为贤也。刘子勉乎哉！夫人名既盛而实易衰，其爱之也笃，其望之也必日甚，而其忌之也，又必日甚。刘子于

---

① 刘士斗，即张采序中所称刘瞻父，广东南海人，后陷贼张献忠，不屈死。王家桢《研堂见闻杂录》载："刘公士斗，辛未进士，广东南海人。任吾娄二年，廉明仁恕，为立州以来第一人。失意于郡，推官周之夔讦之，罢官。解任日，州士民为之罢市，有愁叹者，有涕泣者，有愤愤不平者。其去也，千万人至，以石塞门，攀号，不得出。后以听按公之处分也。复还娄，千万人自玉峰迎之，皆执香前导，蚁簇欢呼，如赤子之望见慈母。嗟乎！吾娄虽薄俗，然即此可见天理之在人心，公道之不泯，亦为开州以来第一盛举。后终迫于上官之议，将周之夔两罢之。颠踬既久，复起为成都司理，而遭贼手。虽游魂不归，而忠贞之气，廉明之名，与吴蜀两邦，同为千古。"吴伟业《复社纪事》亦载："先是郡司李闽周之夔，宿名士，与两公为旧好，而太仓守东粤刘公士斗皆辛未同年生，相厚善。郡自以他事与守相失，阴中守于漕御史，御史显以郡章闻。守有惠政，两公挽之不得，谯让周俾无所容。周内惭，因怼甚曰：'若我故人，遇事不右我，而众辱我。'持两公所为《军储说》显相诘。"（吴伟业著，李学颖集评标校：《吴梅村全集》卷二十四《文集二》，上海古籍出版社1990年版，第602、603页）可见，刘士斗在娄治政二年，颇得民心，却因与周之夔不合，被构陷去官。而二张亦牵连进此事。

此其不留也，乃殊善其留之，将何以加焉……"① 指出太仓百姓对刘士斗的挽留出自真心，非二张所能指使；从而肯定刘子与二张之贤，并对刘子加以劝勉。

崇祯八年，周之夔作《复社或问》，再次讦奏二张。崇祯九年冬天，黎遂球第三次北上会试，因冰阻未达娄东，渡江北上时，专门奉上近著及书信给张采、张溥二人。其《寄张受先》云："顷甲戌过钱塘，尚有片札付笔人，想当达览。弟在湖上病疟，直还家，至新春乃已，郁郁里居，无繇奉书。比来拟得相见，乃阻坚冰，奈何奈何！时事转盼以来，多可骇异，陵社震惊，人心謇涣，即吾属书生，宜相戒惕。夫激厉风俗，反经辨道，此从来儒者之本务；苟非其时，便谓之非议时政，臧否人物，言之良足嗟叹。小人狂吠，适以自绝。然因之懿我文德，宜有同心。仁兄刚大自任，愿珍重调摄，为世教主持，弟不足言。比来惟浪迹风月，愿作世间一无事人。然至于为害人苟得，誓不肯昧心，自揣当不愧为仁兄之知交者，此耳。别后颇有近著，寄上呈教，其说具之天老书中。闻仁兄近日不肯作文字缘，或不吝为弟一指示，老母前承嘉，念及大序光荣，托庇安好。弟乌恋情深，此行不过如应酬文事，即图南归，取道与仁兄相见，今且渡江而北矣。"② 信中，黎子追忆张采于甲戌年因漕粮被倾轧一事，述及近年来复社再遇严霜，社人震怖，人心涣散；深知张采为人严毅，刚正不阿，劝其调摄；而黎子表明自己决不昧心害人，无愧与张采知交。又有《寄张天如》一书："奉别以来，又已一度逐人纷纷，月下枭卢抛掷，聊复任之。藉此得怀提铅椠，访道问奇，乐之不以为疲。恨此来过吴门，坚冰为阻，咫尺娄江，不得相见，连询动履，具悉安和。颇闻狂犬恃有发纵，吠非其群。夫邪正分角，则元礼（李膺）、晦庵（朱熹）以斯益重。然方今大明中兴，岂至与东汉、南宋比？多见其不知，量知无足为意耳。弟自别后悠忽过日，颇有新著，今尚寄呈教……"③ 言语之间批评小人讦奏复社一事，劝慰张溥不足为意，只遗憾此次北上

---

① 黎遂球：《莲须阁集》卷十七，《四库禁毁书丛刊》集部第 183 册。
② 黎遂球：《莲须阁集》卷十三，《四库禁毁书丛刊》集部第 183 册。
③ 同上。

未能相见。随信，黎遂球附上新著《周易爻物当名》。张溥拜读了黎子的新书之后，撰《易书爻物当名序》称赞其"惊才绝代"，"天性忠孝，读史尤详，远览近察，悉寓于《易》。以爻配事，以事例爻，不烦太卜立筮，詹尹拂龟，吉凶瞭如，其明炳烛"①。黎遂球精研《易》学，颇通阴阳五行与医理，与张采、张溥二人的学术根柢相近，治学路向相互生发，故相知也深，相交也真。

崇祯十年丁丑，黎子三举公车未上，下第归，至苏州，与张采、张溥、周镳同集虎丘。黎遂球后来回忆丁丑之游，众人共游虎丘时，多有诗艺上的切磋与唱和。他在《刘逵羽制艺序》中记载："往予居虎丘，仲驭先生为诗见赠，于是天如、受先、芹城、与游诸君遂步其韵，相与共唱，一时名彦咸争和之。"② 分别之际，张采有诗赠黎遂球，《周仲驭赠别黎美周即韵赋之时同集虎丘》云："茫茫歧路笑亡羊，不次闲踪泊野塘。作客那堪鲈脍熟，归家应慰菊花黄。莫因名下耽浮宅，偶指烟中说故乡。两两星舫同话雨，明朝梅岭石边望。"③ 再如《同黎美周集王与游舟中泊虎丘嵩岗下各赋用仲驭韵即与美周话别》："随地云心自尚羊，扁舟萧瑟古横塘。陶杯宽引评桑绿，秃笔难夸仿硬黄。石畔林泉皆旧物，天涯兄弟孰他乡。莫嫌梅岭明朝别，到处襟期梦可望。"④ 两诗皆流露出朋友间的依依惜别与互勉互慰之情。

崇祯十二年，黎遂球第四次北上会试，客居娄东，与张采、张溥、吴伟业、孙淳等人相游处唱和，时在张采或吴伟业处相会。黎遂球有诗《初秋客娄东同张天如孙孟朴邵僧弥集吴骏公斋中即席赋》："玉轴桃笙入薜萝，湘帘垂烛漾凉波。清江桂楫才相望，白石桐窗快共过。诗渴莫愁沽酒尽，赋成争羡买金多。深宵浅露匀花气，月上还堪醉踏歌。"⑤ 张溥有诗《同孟朴、美周、骏公、僧弥集受先斋》："昨日清风偏树阴，昼长闲坐白云深。毋忘却暑包山约，犹记看星参

---

① 张溥撰，曾肖点校：《七录斋合集》卷二十一，第388页。
② 黎遂球：《莲须阁文钞》卷九，《丛书集成续编》第187册。
③ 张采：《知畏堂文存》卷三，《四库禁毁书刊》集部第81册。
④ 同上。
⑤ 黎遂球：《莲须阁集》卷七，《四库禁毁书丛刊》集部第183册。

合心。短屋作栏丛药草，曲桥引水入桐琴。相期吏隐真成适，高士墙边绿叶吟。"①《同孟朴、美周、僧弥集骏公斋》："轻雨初浮履女罗，闲心秋并落微波。注书虚谷岩花照，说鬼深宵鸿雁过。一半树声生月下，自然山色古人多。群情酬献无苛礼，箕踞难销赋《九歌》。"②张溥又有《山塘次黎美周韵》四首，当亦作于此时。从上述诗歌来看，几番经历掊击的复社诸公，在崇祯十年温体仁罢相后，稍事休整，二张过着隐居乡里、诗酒酬唱的闲适生活，而黎子亦乐于游处。

崇祯十三年庚辰，闰正月，黎子仍留娄东，与众人共度元旦、元宵，有诗《闰元旦同张天如赋》："柏叶何曾换酒帘，凤钗双整闹香奁。重元共识重光兆，一月浑疑一岁添。笑折林花充彩胜，将邀社燕入珠帘。辛盘自觉秾华倍，不负书云太史占。"③《闰元宵同天如赋》："新月重圆雪正消，绛桃银树巧相邀。留欢却惜鸡筹蚤，入暖偏宜凤管调。蜡烛似传寒食节，彩灯元是落花朝。朱英艳蕊同无恙，报取春光百二宵。"④张溥亦有诗相唱和，《次黎美周韵元旦韵》："江城到处插花帘，再报风光入镜奁。曾记千官朝圣后，不知柏子为年添。迎春节满方寻酒，元会图成正卷帘。何日土牛逢大有，登台更向紫云占。"⑤《次黎美周闰元宵韵》："又见珠围翠未消，红桥绿树为君邀。欲添春色香衫煖，不住流苏凤女调。酒美十千争一刻，月明三五更今朝。自来楼阁传高烛，惜别还应记此宵。"⑥难得一遇的闰元旦、闰元宵，民间繁华热闹；众人也观灯会、赏月夜，相与乐。张岱在明亡数十年后追忆往事，其《陶庵梦忆》对当年闰正月的难逢之喜乐有所描绘。

崇祯十三年六月，黎遂球因万时华之遗托，寻访周镳至焦山，在《游焦山记》中回忆起三年前与张采、张溥、周镳的虎丘之游："于是予既经营其丧，则与顾子修远挐舟南渡，闻仲驭适在焦山。记往与

---

① 张溥撰，曾肖点校：《七录斋合集》卷三，第53页。
② 同上书，第54页。
③ 黎遂球：《莲须阁集》卷七，《四库禁毁书丛刊》集部第183册。
④ 同上。
⑤ 张溥撰，曾肖点校：《七录斋合集》卷五，第114页。
⑥ 同上。

二张子受先、天如偕语于虎丘,别三年矣,殊思之,矧以死友之故,盖不可不往。"① 此年秋,黎子重游虎丘,张溥闻知,即坐船赶至相会。崇祯十四年,张溥卒,黎遂球闻之大恸,后撰《祭张天如文》以哭之。全文如下:

> 崇祯十四年,岁在辛巳年四月某日,翰林院庶吉士娄东张天如先生卒,讣闻东粤,通家社盟弟黎遂球为位哭如礼。于十二月乙巳,乃获附束刍为文,致祭于先生灵位前,其词曰:
> 呜呼!自遂球之得交于我天如先生也,凡公车往来,则辄过娄东;过娄东,惟坐受先、天如斋中,相与蝉连夜语。顷己卯之行甚速;其罢也,又甚病困,因不得过娄东,但少憩虎阜。天如闻之,则扁舟夜至。时方中秋,群贤毕集。遂球已买舟向武林,欲发未发,与天如互相寝食,又涉旬日。别天如时,乃在钱牧斋宗伯坐次,恍恍惚惚,语转未了,不谓即此已成永诀也。呜呼哀哉!其时天如依依,不忍遽返,则曰:"盍偕行乎?受先此约未践。"天如既去复来,两舟相失,仅在数刻,我往西湖,而天如追俟鸳水。比腊尽归粤,则天如书已频至。呜呼!哀哉天如!
> 天如所赏誉者文章,所勉劝者忠孝,所激扬者廉耻节介,所论述而使人知所法则者往史,所精衡者经术,所表彰者前乎此者之圣贤,所兴起者后乎此者之学人;与人同功而不难独任其过,见人一善则必欲尽得其美,遇人饥而思推食,寒思解衣;于人之父母则必欲其尊荣,于人之子弟则必欲其才器,在他人或以文章之名为利,在天如则以文章之名为义。其慕义也,虽在水火而必蹈;其去不义也,虽临之以鼎镬刀踞而不改。人得其利,天如得其害。夫惟有慕天如之义,则必有忌天如之名;而天如且为委蛇,且为自得。
> 今天子神圣,劳于求贤,脱弧则婚媾,方雨则亏悔。吾尚望天如得居政府,将有古者姬公吐哺握发之风,用能使天下之士各见所长;而要之以性术之几深,断之以臣子之分义,则凡此中外

---

① 黎遂球:《莲须阁集》卷十六,《四库禁毁书丛刊》集部第183册。

何功不奏，而不谓仅止于此。遂球他日过娄东，与受先观天如之遗书，对天如之兄弟，拜天如之母。此时天如之朋友，其以名为利者未必在也，其为义者自当如故，倘复相与蝉连夜语，不益潸然泪下也乎！呜呼！夫天如之可哀者不止一端，曰母在堂，子未生，年未老，官未达。而以吾道望之，夫天如之可哀，则又有进于此。

天如讣至，适人抚使君钦恤广州。事竣，遂球相与语，及于邑，几不欲生。兹其归，将写泪为文，天如乃频见于梦中，吾知其必有感于斯言而来格矣。呜呼！尚飨！①

读罢全文，深能体会黎遂球痛失好友的悲痛与伤心。文中追忆了他与二张的相交，讲述己卯北上公车后两人最后一次在虎丘、钱谦益处会面与游处，此后便成为永诀。黎子高度赞扬了张溥道德文章与行事功绩，痛惜天不假年，天如之未能遂志天下。读之深感两人间的真情厚谊，非出于名与利，而出于情与义者。

（二）复社名士——吴伟业、郑超宗

黎遂球与吴伟业的结交，是与"娄东二张"相联系的。吴伟业十四岁为张溥相知，收为弟子，对复社兴起的始末知之较确，也多次参与复社的社集。在二张的引荐下，黎子与吴伟业相识，结识之初，即赠诗给对方，《赠吴骏公》云："圣帝肇中兴，至人膺当时。雄文纠灏气，凫陛酬梦思。子渊洞箫赋，司马长门词。儿奏复为尔，终对乌足奇。未若青云彦，铅椠辉纶丝。弱冠勤握发，谦亨靡穷期。"② 以王褒、司马相如的年少才高来称颂吴伟业，并加以劝勉。

崇祯十二年秋，吴伟业出任南京国子监司业。这时，黎遂球正客居娄东，与二张、吴伟业、孙淳等人游处。送别吴伟业之际，黎子有诗《送吴骏公之南都赴司业任》："辟雍天子学，礼乐起陪京。帝重宾师席，人推王佐名。兰桡逢社事，花月次官程。到处迎官锦，秋山

---

① 黎遂球：《莲须阁集》卷二十五，《四库禁毁书丛刊》集部第183册。
② 黎遂球：《莲须阁集》卷三，《四库禁毁书丛刊》集部第183册。

焰酒清。"① 称颂天子对吴伟业的推重，为帝师，有王佐才。与吴伟业同行的有邵僧弥，黎子又有诗相送二人，《送邵僧弥同骏公之金陵》诗云："载杖秋船去，贵游如隐居。清江看画意，碧影照琴书。声价双南重，才名六代疏。钟山松树古，相待结精庐。"② 既写一起共游娄东的写意生活，又劝勉二人即将前往留都的行程。

复社名士郑超宗（名元勋），与黎遂球相交相惜。郑超宗编选的《媚幽阁文娱二集》③ 收录黎遂球文章多篇，有《送李先生序》《露花油赋》《素馨赋》《水灯赋》，数量比张溥、陈子龙等人还多。其中乙卷是由陈继儒订，郑元勋选，万时华、黎遂球阅。由此可见元勋对美周颇为赏识。

崇祯十三年四月，应试不第的美周归至润州，收郑超宗书，得悉万时华将在扬州北上就征，复渡江至扬州与众人相会，有诗《南归已渡江闻万茂先就征至扬州因买舟还访客舍与郑超宗诸子相聚旬余茂先赋诗见赠用韵奉答三首》，④ 其一曰："江南理归棹，江北送行舟。风雨五更梦，烟波两岸求。装轻移枕席，树曲记城楼。相见一垂泪，非关弹蒯缑。"其二曰："豺狼当路立，分手远漫漫。此地病中别，何人意外看。柳边莲舸系，花下葛衣单。好觅扬州梦，愁缘酒力宽。"其三曰："君去占时泰，吾妇愧士前。河清如可再，醉日且须千。旅食邻胭粉，笙歌到画船。竹西逢旧社，相送转相怜。"三诗流露出美周对国事艰困的忧虑和屡试不第的失意，故人重聚又将别，心中多有凄楚。

在扬州期间，恰好郑超宗影园中的黄牡丹盛放，座中诸子即以黄牡丹为题斗诗，糊名，由钱谦益来评定。黎遂球以十首黄牡丹诗力压群雄，被推为"黄牡丹状元"，元勋镂金罍为赠。此后不久，万时华在扬州病倒并去世，元勋、美周等人在照顾病情、筹措药费、经营丧事上费尽心力，不愧为同心同德的知己好友。与元勋分别之后，黎子

---

① 黎遂球：《莲须阁集》卷五，《四库禁毁书丛刊》集部第183册。
② 同上。
③ 郑元勋：《媚幽阁文娱二集》，《四库禁毁书丛刊》集部第172册，北京出版社2000年版。
④ 黎遂球：《莲须阁集》卷六，《四库禁毁书丛刊》集部第183册。

报书,忆及昔日盛会,《与郑超宗》:"黄牡丹之会,诸君子皆灵蛇在握,人人自以为当得在将。何意漫吟如弟,遂为上官楼上首拔,以获仁兄重赉。"信中,黎子为国事艰危与万时华灵柩南归而担忧:"吴中米贵,人心纷然,其君子相疑谤,而小人多要挟。三吴关系国家命脉,弟虽行,不能不有余忧。七夕后风雨甚大,念茂先体魄,在江中悲伤,如何园赋已草创,未可即寄耳。"① 又虑及国难当前,江南人心涣散,忧心忡忡;思及茂先,心中悲伤。

崇祯十四年,居家的黎遂球闻郑超宗母卒,专门写祭文哭之。《祭郑太君文》中云:"黎球顷过广陵,实留馆谷,惟母之孙子相追随,乐而挥毫夺锦,同咏瑞花,独获金卮。哀而我友客死,赠钱殡殓,围哭其尸。惟母怜才好义,不谓我狂,不谓我痴。我病渡江,留滞虎阜,与超宗乎相期。既而得超宗昆弟之书,谓母小恙,则以为徐得所医。越岁还粤,巢友来过,乃闻讣而泪滋。呜呼!以超宗兄弟之为子,以母之为母,倏大故之以罹此,在同气莫不痛心,愧生刍之独迟,惟母之知有遂球也……"② 追述往事,赞颂郑母好仁义、怜才士的慷慨与美德,挂念好友丧母之悲恸,感同身受。

崇祯十七年,黎遂球收到陈允衡(字伯玑)来信,得悉郑超宗蒙难卒,千里哭友。在《陈伯玑诗序》中提道:"今得伯玑书而超宗闻复以御变蒙难,风景不殊,江河日异。"③ 超宗虽死,因抵御清兵而蒙难,正气长存,黎子对好友之死亦感欣慰。他在《寄顾修远》书信中说:"比闻北都之变,惟有痛哭。既而超宗之噩耗传来渐真,益复长涕,然得正而毙,固何所不可。瓜渚之流,身污伪命,即死亦何面颜以见先帝……"④ 肯定了郑超宗之死出于正义,痛恨瓜渚(疑为周钟)之流投降李自成、清军的不义之举。可见黎子交友之重于义。

(三)江西文士——万时华、徐世溥、陈宏绪

在黎遂球的众多复社盟友中,以江西文士万时华、徐世溥、陈宏

---

① 黎遂球:《莲须阁集》卷十三,《四库禁毁书丛刊》集部第 183 册。
② 黎遂球:《莲须阁集》卷二十五,《四库禁毁书丛刊》集部第 183 册。
③ 黎遂球:《莲须阁集》卷十八,《四库禁毁书丛刊》集部第 183 册。
④ 黎遂球:《莲须阁集》卷十四,《四库禁毁书丛刊》集部第 183 册。

绪的相交最为相得。崇祯六年癸酉，黎遂球第二次北上会试，路过江西南昌，投诗文赠予徐世溥、万时华、陈宏绪等人，未见即去。徐世溥写书回寄，托陈仲来至长安找黎遂球，未获。崇祯九年，戴国士以事去广州，万时华托其带信，问候美周。《与黎美周》一信云："癸酉之秋，弟方负重痾，兼逼试事，从城东数里外贤士湖傍掩卷下帘，不见宾客。美周时投诗文数帖于士业、巨源及弟三人者而去……文章有道，遇合有数，吾兄投弟辈以诗文而不及见其人；弟辈读兄诗今古文词，时想见其为人，已有学琴师襄之意，终以一见为恨，此中意致可思……"① 在这篇书信中，万时华解释了三年前未能获见之遗憾，极力称赞美周之诗才，盼日后相见；并惋惜美周甲戌试失利，加以慰勉。

崇祯九年的冬天，黎子再次北上会试，路过南昌时，与徐世溥、万时华、陈宏绪三人相游处，谈诗论文，相互酬唱，不亦乐乎。陈宏绪《莲须阁文集原序》中述及："曩粤东黎美周遗予《迦陵集》，予读之竟，亟语茂先曰：'当吾世乃有斯人，子美、太白未足多矣。'胸臆中时时有一美周，恨未一见其人，以快向往。丙子冬，美周偕计北上，特舣舟访我章门，得尽读其《莲须阁文抄》，然后乃悔曩之知美周之浅也。"② 徐世溥有诗《冬日闲居喜美周来访》："青青园中橘，西风吹使黄。时至气自变，岂待露为霜。丈夫及中年，触绪易悲凉。譬如春堤女，侣行亦心伤。何况闭衡门，幽独守清光。岁晏浮云多，日饮寒光旁。脱帽仰将夕，屡叹羁雁翔。好鸟忽群噪，占客来远方。视谒乃黎子，惊喜乱趋跄。顾僮取我冠，足已出中堂。乍揖语难了，须怅何暇详。积岁劳梦想，明月窥我床。文章交有神，饥渴倍难量。如彼孪生儿，浴兰即分张。异室本同气，成人归故乡。又如清河妹，跣逐夜分航，离魂倏来还，靓服急迎将。一语破愁寂，千秋安可忘。今日乐相见，为乐殊未央。"③ 正是冬日寂寥清冷时节，有客从远方来访，惊喜异常。徐世溥在诗中生动地描绘了自己喜迎佳客的情景，

---

① 万时华：《溉园二集》卷二，《四库禁毁书丛刊》集部第144册。
② 黎遂球：《莲须阁集》，《四库禁毁书丛刊》集部第183册。
③ 徐世溥：《榆溪诗钞二卷》卷二，《四库禁毁书丛刊》集部第119册，北京出版社2000年版。

未及衣冠整齐，人已奔迎门前的惊喜，以及神交已久的文友到访见面时的无尽快乐。黎遂球亦有诗《访徐巨源》："五岳不相见，四海水力同。日月望相望，相抱光如弓。十季读君书，一字复一重。恨是古之人，钟鼓徒钟钟。何意当吾世，远道能相逢。叩门若还家，入座如登峰。易为挂壁历，剑为拏人龙。数米度琴徽，坐枕看诗筒。佳儿立左手，友生侦下风。当食箸频画，酾酒临天公。嗟我胡守雌，徐君为真雄。"① 亦描绘了对徐世溥的景仰，称之为"真雄"。

此次会面，四子间以诗文相交，诗学观念较为接近，双方惺惺相惜，奠定了深厚的友情。分别之际，万时华有诗赠黎子，《章门喜晤黎美周诗以送之》云："章门日泊孝廉船，见子欢如遇偓佺。笔有花香通远梦，岭携梅韵到芳筵。河山满目难为别，才调相看易自怜。尔我长安分近远，不堪弹泪向灯前。"② 诗中的情感从初见之快乐、欣赏，到命运相似、才高不获骋志的叹惋。黎遂球与江西众文士分别之后，联系尤密，黎子有《报徐巨源书一》："积思之余，得遂相见，岂不为乐？其去也，岂不为悲？悲来手足下诸诗赋记序，细读之，乃更乐于见时，得足下便可以空一切作者矣！尝叹喟今日学为竟陵诗者，譬如食糠已肥，肥岂得已？夫才有天纵，法取乎上，哀家梨岂用蒸食？麝食桂而香，人食巴豆利出否，鼠食之则肥似犬矣。近世诗家学既寒俭，又习生涩，反觉其痴。且山川之色，日月之光，一旦黯削，何幸得见足下。顷在足下坐间，茂先谬推许弟，谓从来才人自屈宋以降，独有太白、子瞻，他如韩柳诸家，犹非所称。此语正惟足下当之……相见当在明年春夏间，今天下事月异而岁不同矣。与足下幸不流散羁阻，相与对酒称诗，此乐自他时追想，或不易得。夫既有当于予心，则字量句价，安可复吝？"③ 亦载述了初次与徐、万、陈三人见面时的快乐与相互赏识，继续探讨诗学，定下翌年再见的约会。

崇祯十年丁丑，黎遂球会试不第，还归南昌，再访徐世溥、陈弘绪、万时华三人。此次与众多江西文士相游处。黎遂球有诗《还过豫

---

① 黎遂球：《莲须阁集》卷三，《四库禁毁书丛刊》集部第183册。
② 万时华：《溉园诗集五卷》卷四，《丛书集成续编》第171册，台湾新文丰出版公司1988年版。
③ 黎遂球：《莲须阁集》卷十三，《四库禁毁书丛刊》集部第183册。

章同朱子美万吉人茂先青渥次谦集陈士业斋头》："花际相追不及呼，君家原是我归途。犹堪一夜蕉窗雨，便脱征衫问酒垆。"① 又有《还过章江徐巨源邀住榆溪草堂留题四首》，②其一曰："相期真不负行藏，别后支离问锦囊。三径尚缘开柳色，百城环卧锁荷香。花奴进酒携檀板，木客听诗入竹廊。向晚几回渔火乱，为连银烛剑锋光。"其四曰："秋士凉帷惜并肩，美人邢尹复相怜。芙蓉水殿看邻舍，榆影萤灯照立眠。仙井汲云闲洗药，溪香流袂晚侵烟。年来知己差堪足，写叶何心与客传。"尽管科场失志，在世事乱离、国事渐困中，得与好友重逢论诗，美周流露出喜悦的心情。住在徐巨源家中，万时华亦到访，共同酬唱，万时华有诗《美周馆巨源榆溪过访有作》四首，其一："瓜菜同淹夏气深，古榆高柳即长林。十年旧侣添新侣，四壁文心与道心。池侵天光围小芰，室流山响苔孤琴。相看莫作南归恨，多少金门尽陆沉。"③ 宽慰友人科场失意。黎子亦有诗答赠，《寓巨源溪堂万茂先从溉园至用韵答赠二首》其一曰："扬子江头蜀岭东，姓名前后与君同。佳期此日能虚席，好月宜秋未上弓。芳草满庭侵鬓绿，曲阑摇影照湖红。风流胜事留千古，恰拟孤山信棹通。"④ 黎子又过宿万时华家中，提笔作画，有诗《万茂先斋头得高丽纸一幅乃姜燕及学士使朝鲜归所贻予从陈士业饮过宿茂先因为作画并题其上时朝鲜已为东所灭》："长白遥迷鸭绿烟，使臣回首别朝鲜。陟厘空在舆图去，为补林峦共怆然。"⑤ 朝鲜被灭，明朝在东北失一屏障，黎遂球在诗里流露出对国事的忧虑与悲怆。

黎遂球与徐、万、陈等江西文士以诗文交友，情感日深，分别之后也常常寄诗作文，相互投寄，继续探讨诗文技艺，并投书报以思念、问候、互通消息。黎子先后有《河上怀徐巨源》《寄怀徐巨源》《雨夜怀徐巨源二首》《写画寄徐巨源》《酬芳草赋并序》《和徐巨源汉宫春晓赋》《报徐巨源》《寄徐巨源》《徐巨源易系序》《韵蕺识余

---

① 黎遂球：《莲须阁集》卷十，《四库禁毁书丛刊》集部第183册。
② 黎遂球：《莲须阁集》卷七，《四库禁毁书丛刊》集部第183册。
③ 万时华：《溉园诗集五卷》卷四，《丛书集成续编》第171册。
④ 黎遂球：《莲须阁集》卷七，《四库禁毁书丛刊》集部第183册。
⑤ 黎遂球：《莲须阁集》卷十，《四库禁毁书丛刊》集部第183册。

序》《与万茂先》《与陈士业》等作品,徐世溥有《春初梵音上人自番禺来访喜得美周消息损诗贶砚旋往匡庐次答》,万时华亦有《闰元宵次美周韵》等诗,都记录着他们之间点点滴滴的友情。

崇祯十三年,黎遂球会试不第,南归至镇江润州。四月二十五日,黎遂球获郑超宗书信,知万时华将于扬州北上就征,复渡江北上;五月二日,至扬州相会。万时华有诗《黎美周南还已至京口闻余在广陵挐舟径造相见喜甚郑超宗移酒夜谈席间有作》:"感君京口路,重系广陵舟。"① 感激友人不辞道远,特来相会的友谊。郑超宗特设酒席宴请众人,大会影园。恰有黄牡丹怒放,遂以此为题一较诗艺。同座之人有郑元勋、陈丹衷、姜承宗、李之椿、程邃、万时华、顾尔迈、梁于涘、王光鲁、黎遂球等人,把各人作品糊名送与钱谦益评定。黎遂球以十首黄牡丹诗夺冠,号为"黄牡丹状元",传为一时美谈,人人争欲观之。这对于才华横溢却久试不第的美周来说,未尝不是一种肯定与安慰。

五月既望,众人遂一起登灯船游湖,仿秦淮夜游,黎子有《灯船曲四首并序》记之,② 序曰:"庚辰五月既望,扬州不雨,咸修祈祷常仪。于是同社郑超宗、梁饮光、姜开先、冒辟疆诸子,以予与陈旻昭、万茂先、陈百史、康小范诸同人适集,因仿秦淮夜游为灯船,载歌吹以当雩舞。诸出观者倾城毕集,笙箫互奏,香光络绎,本以土龙之祝,翻如水嬉之张,人各制曲以授歌者。"其一云:"嬉春才过闰元宵,端午还添廿四桥。便合龙舟与灯子,绕城箫鼓送兰桡。"其三云:"画舫纱笼照火旗,笙箫檀板间花枝。春风最擅包郎手,不羡当年剪彩奇。"(自注:辟疆所携花灯神巧兼绝,为包止修特制)其四:"词客人人杜牧才,停桡都为郑庄来。征歌任选如花妓,索写桃笺侍举杯。"病中的万时华亦有《读美周灯船曲感和之》:"五月披裘病可怜,遥闻歌吹竹西船。珠光入水惊鱼跃,星采穿林照鹊眠。为雨却添春后谱,好云争护月中烟。看君此曲疑天上,便付旗亭并酒

---

① 万时华:《溉园诗集五卷》卷二,《丛书集成续编》第171册。
② 黎遂球:《莲须阁集》卷十,《四库禁毁书丛刊》集部第183册。

传。"① 均描绘了五月十六夜众人灯船游湖的热闹与难得的欢乐。

灯船会后，万时华病加剧，众人为其筹措、延医、疗病而奔走忙碌。黎遂球因此而滞留扬州，照顾茂先。及六月十三日，茂先病卒，众人痛哭，而为之经营身后事。黎子所作《万征君茂先传》中详细记载了自己在扬州相送万时华的始末："（茂先）则以己卯之冬具装往。方渡江，病疟载还，犹舣舟；待隔岁小愈，则又鼓棹，行到扬州。会其友黎遂球会试落第，南归入京口矣，闻之复北渡江相送，不忍遽别。于是大集江南北同盟之人为诗酒会，影园郑元勋为之主，留十余日，流连啸歌。不发则又病痢，遂球不忍听之就道，因亦遂留扬州视之。痢转甚至月余，竟不起。直与奔走营金钱殓之，犹余数百金，俾其从子与婿李生者扶榇而归。"② 万时华病重之时，黎遂球与众人特至扬州城隍庙为其祈祷，作《为万茂先祈祷文》，虔诚告拜，祈望友人康复。茂先卒后，美周将筹募得来的剩余金钱交给其侄子、女婿随柩回乡；又为其奔走京口，走访周镳求撰墓志铭，以偿死友遗愿。黎子有诗《同顾修远访周仲驭焦山留宿时以茂先遗书为乞志铭》："兼葭秋色到兰桡，石榻松风梦玉霄。钟外月明京口寺，枕边雷送海门潮。居山隐士留名姓，瘗鹤仙人去寂寥。不负题碑惟有道，对君怀古泪同飘。"③ 寻访周镳至焦山，相对垂泪，叹惜友人先逝之悲哀。

茂先不幸客死异乡，黎遂球对此深掬一把同情泪，又以不死家妇之手，而由朋友相送来宽慰，《哭万茂先》一诗曰："梦入扬州万古春，胸无宿物只精神。丈夫不死女儿手，骨肉何如朋友亲。遗草茂陵书待献，游囊昌谷字全珍。江南江北才相送，况是长辞愁杀人。"④ 诗中写茂先在扬州生病至死，众友人不辞辛苦、相与帮忙、经营后事，虽属客死，亦无太多遗憾；又写自己对茂先的遗托与文集珍惜保存。万时华富有才华却未能中举，黎遂球对其一生遭际充满惋惜之情，故此倍加珍惜其文字。回至广州，黎遂球又撰文祭哭，详细描绘

---

① 万时华：《溉园诗集五卷》卷四，《丛书集成续编》第171册。
② 黎遂球：《莲须阁集》卷十九，《四库禁毁书丛刊》集部第183册。
③ 黎遂球：《莲须阁集》卷七，《四库禁毁书丛刊》集部第183册。
④ 同上。

了万时华生病、卒没的始末经过。《祭万茂先文》曰:

> 维崇祯十三年,岁次庚辰六月十三日癸亥,征君南昌万茂先先生卒于扬州客舍。通家社盟弟黎遂球既为之视,含殓盖棺如礼,乃以牲醴香帛拜于柩前,哭而奠之,为词曰:
>
> 呜呼!茂先已焉哉!盖遂球之复渡江而北,为送兄行,不谓送兄之死也!兄之行,行复止,遂球留之,不谓留之而兄乃死于斯也!顷在都,闻兄且至,亟望之,因但为书寄巨源而不及兄;既南归,稍留润州,使人踪迹兄,未得。四月廿五日,客有持郑超宗书至,言茂先在此,将行矣。因亟报云:"幸稍待,当即来相送。"比五月之二日,而遂球乃克至,至则见兄且病痢,然饮啖酬和如恒,但日下必十数行不得止。至月之既望,且屡易医无攻效,康小范至,言高邮有国手,欲载兄往就,徘徊不可。于小范往高邮后,遂球因与超宗、大宣展转为书,使必得此医来。来则兄已误服饶医丸,其药峻甚,本方云"虚人宜参汤下",饶医忘之;适遂球过超宗少坐,而兄辄以白汤引服矣。然丸之力缓,故高邮医来视,反云"病且愈,无恙",但留药而去。时廿三早也。去则丸药性大发,日夜暴下不得止。遂球深忧之,召饶医至,叩其故,则相视失色。因亟进参,日加至数钱,而下尚如涌泉注,水竭火且起,委顿在床,不少食。然兄意尚疑补药不可进,他医有用术者,辄自择而去之。廿七、廿八二日,乃大剧,则自分必死,辄闭卧内,起自书遗嘱。于是从周、超宗、士预诸郑氏群从,暨社中诸兄弟,乃日夜奔走于寓,无可如何。既越月七日,遂球为文告于神,诸君咸积诚为祷,果暂止,复甚幸。而兄从子汝士,在里中为塾师,日奔走侍兄,乃特移枕席来榻前,昼夜不暂舍去。因窃出所嘱与遂球观,中有"欲得姜燕及宗伯为题墓、徐巨源为行状、周仲驭为志铭、遂球为立传"语,诸凡处分家事,皆楚楚有致,无若丈夫短气,亦无儿女子流连态闺语。超宗与遂球曰:"公等皆宇内才德绝伦,与其死于家人妇女手,无宁死于诸公之手。独中有立后一则,若甚不能自决。"于易箦之际,乃索笔砚就榻,割其中幅,续纸更书,字画如平日,且口

占为四绝句诗，令汝士书之，语超甚。十一、十二日，犹见闻语言如常。夜四鼓，一灯荧荧，乃寂然而瞑。

呜呼！茂先已焉哉！夫无子而客死者，固俗人之所讳忌甚；能文章而不登第，以保举荐征，车且行而未及就官，以展其生平经术，固为士者之所惜。具此四者，云胡不哀？而兄乃能飘然无系，其顶煖甚，殆佛家之所称圣果生天而意想豁然，殆仙家之所谓尸解骨蜕，夫复何言？独忆兄频出所作而问我曰："后世其可传耶？"予速应则喜，迟则忧。又复为语曰："昔石曼卿、文与可诸人以东坡传，孔巢父、郑虔诸人以青莲、少陵传，他日吾党中有一二传人，则人人传矣。"又复索遂球所为古文序记，日必手一卷，枕间观之，则曰："善哉！黎子传无疑，当附以相传，又何忧也！"

呜呼！茂先！夫遂球之所以依依而不忍遽别去者，为望兄之起；既而不起，则仓皇筹策，为敛兄之体魄，反覆而相商，为兄之家事。而兄之所以相信而托者，则在乎兄身后之名。呜呼！茂先！茂先生平腹富五车，眼空千古，笔落纸贵，诗成神泣，儿视孔杨，衙官屈宋，而且纲常名教，卓然为一时师表。……兄有从子汝士，可以扶柩而归；居停郑家，诸公又皆能经营，终始其事。遂球当入吴门，为兄行其遗编；还过豫章，与巨源图所以传兄者。兄其有灵，尚或耿耿相助，俾遂球克昌其文，以为兄传也。呜呼！昔人有言，生死异路，永从此辞，呼兄不应，为文哭之，庶其兄知，哀哉尚飨！①

由此文可知万子生前的最后时光，以及误服饶医药丸以致无力回天，令人悲伤的种种细节。当茂先缠绵病榻时，复社诸子居中经营，多方筹策，出力甚多。如康小范至高邮延医，遂球及诸子诚心祈祷，郑超宗及家人妥善照顾，众人慷慨捐金，遂球为其编次文集，奔走乞文。友朋间的深情高义与众人的高风亮节，当如日月般耿耿于天地间，传颂千古！

---

① 黎遂球：《莲须阁集》卷二十五，《四库禁毁书丛刊》集部第183册。

(四) 谭元春及其他复社成员

黎遂球与复社的各地分社文士多有交游，有的交往虽不密切，却也真诚相待，重视难得的朋友情谊。如名满天下的谭元春，率领竟陵派成员加入了复社。黎子与元春交游不多，但亦待之以心。黎遂球在《虎丘杂记》中记载了一段往事："癸酉秋杪，夜月光甚，霜气初寒，天空无云影，山空惟微风动树声。予与僧闲坐石上，适予师李夫子信步至，远视不知为予，行行反绕避而下，将扣予廊扉。予望以为他友，亟就之，乃相视而笑。仍命予侍坐石上共谈，月影騷短渐长。又一人来，行行亦绕避而将去趋下，视之则为谭子友夏。盖舟过山前，因独步而上，既知为予为师，又遂一笑，即共谈，至向晓各别。予于师至，科头不为严礼；师于友夏远客亦如之，似此相对，真不啻羲皇上人。而友夏已为异路，记此一夜，以当千古。"① 黎子回忆起崇祯六年秋，在苏州虎丘与师李模、谭元春偶遇，共谈一夕的美好往事。三人月下相逢，不拘礼节，悠闲自在，若太古时期的真淳朴厚之人。写作此文时，元春已卒于崇祯十年，黎遂球不禁哀叹，借记此一夜来缅怀朋友。

黎遂球北上，多次路经杭州，常寓居西湖读书，在其《西湖杂记》中有记："甲戌夏，沈昆铜寓楼外楼，予与罗文止邻，寄昭庆庑下。客益多，赘文日可至数尺许。文止一一为评报之，予束不观……湖上舟居读书，不特避人，且可就客。庚辰住最久……癸酉七月，同年张子蒴公以宗宝禅师至，同居昭庆。予严之于歌板酒卮，却之如童子时，秘弄具以对塾师也……"② 崇祯七年，黎子与罗文止、沈昆铜等人在杭州读书，与当地复社诸子多有交游，如杭州的张元、查继佐，武林小筑社的严调御、闻启祥等人，一同在西湖读书、游玩、唱酬。黎子有诗《至武林严印持子岸乔梓见招闻子将从山中特至罗文止乍病不赴予复以曹木上钱殷求缪湘芷三子邀向湖上不得往因寄以诗并怀同集沈昆铜张天生冯千秋诸子》："水国风烟乐亦奢，尊前青眼望

---

① 黎遂球：《莲须阁集》卷十六，《四库禁毁书丛刊》集部第183册。
② 同上。

还赊。楼人十锦桥如带,傍社双飞燕隔花。欲寄涛声供几席,倍因天际想琵琶。佳期聚散非容易,但报荷筒草雁霞。"① 表达了未能与诸子同游湖上的遗憾。又有《闻子将有湖上打船之议启事与闻即报以诗》:"笑把荷珠愿买邻,飘零予亦托闲身。鱼能寄字收为使,客有如仙许共亲。四壁画图开石丈,百城行部署波臣。春来又泛桃花水,肯向明时说避秦。"② 杭州西湖的美景当前,黎遂球的心情也悠闲自在,寄诗赠友,相与为乐。黎子与杭州复社成员的交游,同样建立在情义的基础上,诚挚相待,相互切磋诗文技艺。他的《百忆诗序》中追忆:"予初游虎林,即得交忍公先生,既与子餐、子观兄弟为盟社,则且为先生拜。先生一门之内,人人有集,父子兄弟自相师友,《百忆诗》则其悼兄印持先生而作。"③ 严武顺悼兄严调御的诗歌结集成《百忆诗》,美周为之作序。又有《严印持先生诗集序》:"先生出于名家,至性天赋,束发受书,学古有获。初与闻子将先生为小筑社,于时四方诸文人多裹粮数千里至,不则亦载书而驰。"④ 美周又为严调御的诗集作序,盛赞其人。

黎遂球与南社成员唱酬最多,其中与同为复社成员的陈子升过从甚密。两人时常一起切磋文艺,如《爱妾换马赋》《与陈乔生谈天书》《陈元者诗序》等,均有两人相与读书论文的记录。既是同乡,又为诗友、社友,两人时相过访,过新年时也相互登门祝贺,黎子有《新年喜陈乔生见过》:"风雨新年茗气和,瓶花深护待人过。楼随柳色看邻远,坐即桃笙拥袂多。禅案有情凭笔墨,名流何事不江河。长斋拟学黄庭帖,到处临池好赎鹅。"写正值新春,陈子升特意过来拜年的喜悦。

黎子与众多复社名士、文人多所过从,虽存留作品不多,亦可见他们间的交情。如与方文,有《湖上答方尔止》一诗:"读书当世士,之子意深湛。大雅岂不作,和平存好音。笔香闻桂性,诗骨见兰

---

① 黎遂球:《莲须阁集》卷七,《四库禁毁书丛刊》集部第 183 册。
② 同上。
③ 黎遂球:《莲须阁集》卷十八,《四库禁毁书丛刊》集部第 183 册。
④ 同上。

心。海上予兹去，弹琴重可寻。"① 与李楷，其师李模之弟，有《李仲木制义序》云："当吾党社事大兴时，则仲木实与维斗（杨廷枢）诸兄倡道于吴门。仲木之为文，天下士亡问交与不交，孰不奉为指南；而至今殆数蹶未起。"② 与万寿祺——一位字画出众的才士——两人有相同的艺术爱好，来往甚多，黎子有诗《答赠万年少》："闻见眼中尽，爱君非小才。频乘白门兴，一棹黄河来。跨下英雄贱，门前楚汉开。却愁生更晚，叉手独徘徊。"③《柬万年少》："虎丘明月记诗筒，凤阙芳尘西复东。垂柳色连堤草绿，落花流积御香红。莺声唤友题诗遍，蝶梦还家贡酒中。蚤晚玉堂犹献赋，阳春如和喜君同。"④ 才士间的惺惺相惜流露诗间。与陈子龙、李雯，有《乔氏笔薮序》，指出与乔苑风结交、写序，因其为陈、李之好友。他说："予久闻乔子苑风，向未获交。比得见之湖上，知为李舒章、陈卧子之友好，予因以所信于二子者，信之乔子。出其所为诗，多与二子唱酬，超超乎风雅之遗也。既以其所辑《笔薮》从予问序，予于二子之谊，益不敢辞。"⑤ 因子龙、舒章之情谊，美周欣然为乔苑风的书稿作序。

总的来看，在复社的广东分社，黎遂球是当中与复社成员交往最多、交游最广的社员，俨然成为复社于广东的魁首。遂球为人仗义，重情重义，加上性格爽朗、洒脱，才华横溢，真诚待人。在他四次北上会试，所到之处皆受到当地复社诸子的热情款待。他是广东与吴中、江西、浙江等地复社成员的重要纽带。

（原载《历史文献与传统文化》第18辑，齐鲁书社2014年版）

---

① 黎遂球：《莲须阁集》卷五，《四库禁毁书丛刊》集部第183册。
② 黎遂球：《莲须阁集》卷十八，《四库禁毁书丛刊》集部第183册。
③ 黎遂球：《莲须阁集》卷五，《四库禁毁书丛刊》集部第183册。
④ 黎遂球：《莲须阁集》卷七，《四库禁毁书丛刊》集部第183册。
⑤ 黎遂球：《莲须阁集》卷十八，《四库禁毁书丛刊》集部第183册。

下 编

士人心态与古代思想文化

下 册

庾信入北仕周后的心态辨析

——兼谈其"乡关之思"的复杂性

《周书》本传首先提出庾信常有"乡关之思",此后,人们对用来评论庾信作品的"乡关之思"的理解各执一词。笔者认为,理解"乡关之思"的内涵,关键是准确把握庾信在北朝时的种种心态。本文立足于庾信的生平与作品,结合他的性格特征和当时的社会文化背景来辨别诗人仕北的种种心态,剖析其诗文中表现出来的丰富情感,从而揭示"乡关之思"的复杂内涵。

一

关于庾信的性格,史书上少有记载。滕王逌《庾子山集序》中提到其少时"孝性自然,仁心独秀,忠为令德,言及文词"[1],老时"冥心资敬,笃信天伦,孝实人师,刑推士则,愠喜不形于色,忠恕不离于怀,矜简俨然;师心独往"[2]。其中虽不乏溢美之词,但至少可以肯定,庾信为人善良,恪守孝忠。他在《哀江南赋》中以自豪的口吻追述"家有直道,人多全节,训子见于纯深,事君彰于义烈"[3],自言"奉立身之遗训,受成书之顾托"[4],欲以事亲、事君、立身而扬名。但时局的变化与命运的捉弄使庾信处于一个"错位"的人生境地,留北仕周的尴尬处境使诗人以"矜简俨然"的面目

---

[1] 庾信撰,倪璠注,许逸民校点:《庾子山集注》,中华书局1980年版,第53页。
[2] 同上书,第64页。
[3] 庾信撰,倪璠注,许逸民校点:《庾子山集注》卷二,第106页。
[4] 同上书,第141页。

出现。他小心翼翼，压抑情性，自叹"天下有情人，居然性灵夭"①。

准确把握一个人的性格，要全面地多角度地分析，让我们看看入北前的庾信。庾信少年成名，仕途通达，前半生极受恩宠，屡次出使东魏，"职位清显，以望以实"，没有经过大的风浪与挫折，没有临阵实战经验，仅有一次以德溃敌的佳绩。大同八年春，安成郡人刘敬躬挟左道以反，庾信当时为郢州别驾，"梁先主使信与湘东王论中流水战事，丑徒闻其名德，遂即散奔，深为梁主所赏"②。由此可见庾信在梁朝文才武德都享有盛名。但是，一旦面临真正的强敌，庾信性格软弱、不堪重任的一面就暴露无遗。《周书》本传记载："侯景作乱，梁简文帝命信率宫中文武千余人，营于朱雀航。及景至，信以众先退。"庾信不顾皇帝与职守，率众人临阵逃脱，以保全性命为首位，有忠义之心而无忠义之举，可知其性格的软弱。这使他后来走上屈身仕周的悲剧道路。

庾信性格有柔的一面，也有刚的一面。《南史·梁宗室传》记载庾信西上江陵途经江夏时，长沙王萧韶与其有断袖之欢，却接信甚薄，"信稍不堪，因酒酣，乃径上韶床，践踏肴馔，直视韶面，谓曰：'官今日形容大异近日。'"庾信数月来疲于奔命，历尽艰险，目睹各种惨状，心里凄苦不堪，受此冷遇，怨怒顿生，因有此举。可见庾信性格具有矛盾性与复杂性。

庾信仕北在当时不足为奇。六朝时期的社会对忠义鲜为倡举，吴曾《能改斋漫录》指出："齐、梁以来，视易君如弈棋，士鲜知节义。"③ 而六朝盛行孝顺之风，甚至远比忠义更为人称颂，如《梁书·寻阳王大心传》记载大心败绩，欲轻骑奔建州，其母责备他不顾己而涉远路不孝，遂受阻降敌。再如《陈书·殷不害传》记载殷不害不吃不喝在沟堑死人堆中寻母七日，可见时人盛称孝行。庾信受家

---

① 庾信：《拟咏怀》十九，庾信撰，倪璠注，许逸民校点《庾子山集注》卷三，第243页。
② 滕王逌：《庾子山集序》，庾信撰，倪璠注，许逸民校点《庾子山集注》，第57页。
③ 吴曾：《能改斋漫录》卷十《议论》"颜鲁公失言"条，上海古籍出版社1979年版，第304页。

庭影响和时风的浸染，侍母至孝，"自携老入关，亟移灰琯。烝烝色养，勤同扇席"①。在忠孝两难全时，庾信选择了孝。

这种重视家庭、家族的观念对庾信后期思想有一定的影响。出于性格上的软弱，庾信无奈地受聘北朝，自言仕北如"倡家遭强聘，质子值仍留"②。北朝统治者采取拉拢关中门阀士族、消除胡汉隔阂的统治政策，收买南方士人的归顺之心。《周书·王褒传》载太祖宇文泰主动与王褒、王克认作甥舅，说："吾即王氏甥也，卿等并吾之舅氏，当以亲戚为情，勿以去乡介意。"《周书·庾信传》同样记载了庾信特蒙恩礼、赵滕诸王周旋款至，这也是庾信仕北的原因之一。庾信从此开始了他的漫漫羁旅，体味人生的酸甜苦辣，创作了大量反映其思想情感的作品。

庾信以"羁臣"身份仕北，一方面悲痛故国的灭亡、故主的逝去、百姓的惨遇以及自身的飘零。庾信身处异国却心怀故邦，处境的微妙和自身的软弱使他在面临战争考验时表现得懦弱无能，对于挽救梁朝也没有英勇忠贞之举，对于西魏的入侵也没有进行正面的鞭挞，对于故主的知遇之恩也只是以遥寄的方式来报答，如《拟咏怀》二十三："徒劳铜爵妓，遥望西陵松。"《拟连珠》十二："雀台弦管，空望西陵之松。"诗人悲愤填膺却无计可施、悲愁满怀而无能为力的形象跃然而出。

另一方面庾信内心深处既忧惧仕途的险恶，又不能忘怀荣辱得失。庾信入北后的仕宦道路并不如意，伴随着仕途偃蹇，他时而痛苦失意，时而优游欣喜，这点前人已有论述。③庾信踯躅于隐与仕之间，当他企求出仕时，为北周撰词赞贺，阿谀感激之言不断。这是矛盾的庾信，也是真实的庾信。梁朝覆亡，大批南方士族势力衰微。庾信的《枯树赋》中以"拔本垂泪，伤根沥血"的飘零之木来比喻如己一般的南方士人，点明他们的处境艰难，受到北朝贵族的轻视。庾信在他的作品中委婉道出心中的屈辱与愤懑，如《拟连珠》二十一。生活

---

① 滕王逌：《庾子山集序》，庾信撰，倪璠注，许逸民校点《庾子山集注》，第65页。
② 庾信：《拟咏怀》其三，庾信撰，倪璠注，许逸民校点《庾子山集注》卷三，第230页。
③ 鲁同群：《庾信传论》，天津人民出版社1997年版。

中的庾信喜怒不形于色，观其作品，却可以捕捉到一个有血有肉、情感丰富的个体。

庾信自南入北，无论风土人情还是文化背景，南北迥异，而他在江南形成的思想性格、审美情趣与北人也不同。考究他的交游情况，除了赏识他的滕赵二王，多是与他境遇相同的入北南方士人。庾信的诗中，从诗题来看，就有16篇是写他与赵王的交往，另有他与王室宗族相酬唱的诗，如与淮南公元伟、宇文内史神举、颍川公、卫王等的诗歌，多是应答或应景之作，记述游山玩水、出外校猎的情况。而其他大量的唱和诗，描写庾信与入北南人的交游，往往写得情景交融。诗人借诗以述怀，流露真情，如《和裴仪同秋日》，全诗读来悲凉伤感，首二句突出诗人寂寥心境，次二句写入北境况，接下来抒发隐居之志，叹岁暮，念回归，再点出肃杀的秋天，诗人心潮澎湃、悲不自禁的形象跃立眼前。再如《和何仪同讲竟述怀》，描写的也是秋日，"异乡之客"悲年老、叹寂寞，家境是一派"饥噪空仓雀，寒惊懒妇机"的景象，末句流露诗人感激友人关怀问候之情。此外，王褒、颜之仪、刘臻、萧㧑等，都是自南入北的士人，境遇相似，相识已久，相交也深。

当时南北文化存在一定的差距。据《朝野佥载》记载："梁庾信从南朝初至北方，文士多轻之。信将《枯树赋》以示之，于后无敢言者。时温子升作《韩陵山寺碑》，信读而写其本。南人问信曰：'北方文字何如？'信曰：'唯有韩陵山一片石堪共语，薛道衡、卢思道稍解把笔，自余驴鸣狗吠聒耳而已。'"① 这则故事未必实有其事，但至少说明北朝文化远远落后于南朝。庾信心底深处还是偏爱南朝的文化氛围。南方藏书丰富，宴会频繁，人文荟萃，诗人生活在这种环境中如鱼得水，优游度日。北朝人以粗犷、古朴、刚健为美的审美情趣与南朝人不同，也造成南北文化冲突，如《颜氏家训·文章第九》记载，萧悫有《秋》诗云："芙蓉露下落，杨柳月中疏。"时人未之赏其萧散，"卢思道之徒，雅所不惬"。而宇文泰与苏绰发动的文风

---

① 张鷟：《朝野佥载》，中华书局1979年版，第141页。

复古运动,"反对有晋以来的华靡文风,这更在文风华丽的"徐庾体"代表作家庾信心头蒙上了一层灰暗的冲突阴影"①。诗人在文化较为荒凉单调的北方,倍感寂寞孤单,屡屡追忆昔日梁朝的宴游生活,如《奉和永丰殿下言志十首》其八《哀江南赋》中"朝野欢娱,池台钟鼓"至"五十年中,江表无事"的一段,诗人对昔日美好生活的尽情描绘,透露出他深层心理中对江南山水赏会、诗酒唱和的优游生活的认同,以及他对江南秀丽柔美的自然风光和人文景观的偏爱。

  翻检庾信的诗文,描写北地苦寒、气候恶劣、黄沙漫天的诗句比比皆是,如"塞迥翻榆叶,关寒落雁毛"(《侍从徐国公殿下军下》),"鹤毛乱飘雪,车毂转飞蓬"(《上益州上柱国赵王》二)。乐府里更多这类描写,如《昭君辞应诏》《王昭君》《出自蓟北门行》等。庾信笔下还有关于苦热的气候描写,如《和乐仪同苦热》,可知北地气候的变化大、冷热难耐。当他想起江南风和日丽的旖旎景色和宜人气候,更令诗人伤感与悲凉。庾信心中依然怀念江南,在他看来,美丽的江南恰如"金谷"和"桃花源"。金谷和桃花源在诗人笔下各出现4次。据《晋书·刘琨传》载:"时征虏将军石崇河南金谷涧中有别庐,冠绝时辈,引致宾客,日以赋诗。"可知金谷是诗人前期生活环境的反映,而《枯树赋》《代人伤往二首》其二中的金谷,则是诗人回忆或想象的产物。除了《咏画屏风诗》其四中的桃源纯指偏僻优美之处外,在庾信的笔下,桃花源有时代指江南,如《拟咏怀》二十五:"怀抱独昏昏,平生何所论。由来千种意,并是桃花源。"千种愁怀,万般意绪,都是因为桃花源,因为那再也无法到达的江南啊!再如《徐报使来止得一见》:"一面还千里,相思那得论。更寻终不见,无异桃花源。"送徐陵回南方,一别千里,无处可寻,友人所在之处好像桃花源那样美丽而无法前往。有时又代指诗人之处,如《奉报赵王惠酒》,这里的桃花源借指远离人境的偏僻之处,是诗中提到的"寒谷",这使人联想起《小园赋》中刻画的那个寂寞人外、远离尘嚣却不乏秀丽景色的小

---

① 吴先宁:《北朝文化特质与文学进程》,东方出版社1997年版,第88、89页。

园。小园是诗人"聊以拟伏腊、聊以避风霜"的隐居之处,赋中以小园的美丽与隐居时的穷愁实况相对比,流露诗人自足却又思乡情切,同时寄寓诗人怀念江南的一种情结。小园所在是"愚公之谷",恰是《拟咏怀》十六首中提到的愚公谷。

二

现实与记忆相比较造成的落差,使庾信心态复杂多变。通过剖析其内心丰富的情感,笔者认为"乡关之思"的内涵包含庾信哀梁亡、悲民生、叹身世以及恋故土等种种情愫。"乡关之思"的提法,最早是针对《哀江南赋》提出的。《哀江南赋序》中,诗人即提出"悲身世","念王室","追为此赋,聊以记言,不无危苦之辞,惟以悲哀为主",点明诗人作此赋的目的是以追忆国家与个人的命运来表达悲哀之情。诗人想念故国,想念故主,想念那记录自己前半生生活的梁朝统治下的江南——那是庾信在北朝时念念不忘的"乡关"。梁亡陈代后,"乡关"已不复存在,也不可能再度拥有,只存在于记忆中。由此而无止境地带来的悲哀,无论何时何地都会悄悄地袭上心头,使人痛苦。

纵观庾信的后半生,"乡关之思"一直伴随着诗人。当他回望南方时,不见乡关,"惟得望长安"[1],于是才会有"枯木期填海,青山望断河"的想法;[2] 当他感伤自己被羁留不归时,感慨"宁知洛城晚,还泪独沾衣"[3];当他仕宦失意时,他说"愿持河朔饮,分劝东陵侯"[4]。庾信面对"深红莲子艳,细锦凤凰花"的美丽春光时,[5] 不

---

[1] 庾信:《拟咏怀》二十二,庾信撰,倪璠注,许逸民校点《庾子山集注》卷三,第245页。
[2] 庾信:《拟咏怀》其七,庾信撰,倪璠注,许逸民校点《庾子山集注》卷三,第233页。
[3] 庾信:《仰和何仆射还宅怀故》,庾信撰,倪璠注,许逸民校点《庾子山集注》卷四,第314页。
[4] 庾信:《就蒲州使君乞酒》,庾信撰,倪璠注,许逸民校点《庾子山集注》卷四,第345页。
[5] 庾信:《见游春人》,庾信撰,倪璠注,许逸民校点《庾子山集注》卷四,第321页。

是感叹自己不能像栾巴那样须臾还乡，就是感觉到惨淡萧瑟的秋天，"无妨对春日，怀抱只言秋"①。看见大雁，"犹忆方塘水，今秋已复归"②；看到南方特有的水果槟榔，"莫言行万里，曾经相识来"③；看着渭水，诗人都会恍惚如见江南。"乡关之思"带给诗人伤感与忧愁，使诗人心境悲凉，自比枯树，"交让未全死，梧桐唯半生"④，"心则历陵枯木"⑤。枯树意象频频出现，几乎成为庾信在北朝时的化身。翻检全书，枯树意象共出现8次之多，分别在以下篇目《小园赋》《枯树赋》《伤心赋》《北园射堂新成》《别庾七入蜀》《慨然成咏》，《拟连珠》二十七、三十一。

庾信的"乡关之思"在与南方士人接触时最为强烈。当与友人音书来往时，如《寄徐陵》《寄王琳》，短短小诗却包蕴了诗人心中的万千感慨；当送友人南归时，悲离别在即，伤自己不归，如《别周尚书弘正》《别张洗马枢》《送周尚书弘正二首》《伤往二首》等，情意缠绵悱恻，催人泪下；当与己同仕北的南方友人亡逝时，诗人的感伤自心头迸发，乡关之思尤为浓厚。庾信与王褒同为梁朝文人仕北，境遇相似，都有或多或少的乡关之思，庾信言"关山则风月凄怆，陇水则肝肠断绝"⑥，王褒的《渡河北》则说"心悲异方乐，肠断陇头歌"，入北的辛酸与悲怆溢于言表。两人情谊浓厚，一旦永诀，悲痛令人摧肝裂肺，庾信有诗悼念好友，《伤王司徒褒》："昔为人所羡，今为人所怜。世途旦复旦，人情玄又玄。故人伤此别，留恨满秦川。定名于此定，全德以斯全。惟有山阳笛，凄余《思旧》篇。"诗中流露出对友人的惋惜、理解以及哀叹、悲恨。

"乡关"这一特定含义以及"乡关之思"内涵的丰富，使庾信的

---

① 庾信：《和庾四》，庾信撰，倪璠注，许逸民校点《庾子山集注》卷四，第368页。
② 庾信：《赋得集池雁》，庾信撰，倪璠注，许逸民校点《庾子山集注》卷四，第380页。
③ 庾信：《忽见槟榔》，庾信撰，倪璠注，许逸民校点《庾子山集注》卷四，第380页。
④ 庾信：《慨然成咏》，庾信撰，倪璠注，许逸民校点《庾子山集注》卷四，第340页。
⑤ 庾信：《小园赋》，庾信撰，倪璠注，许逸民校点《庾子山集注》卷一，第23页。
⑥ 同上书，第30页。

"乡关之思"具有复杂性,它不仅广泛存在于各种境遇中,而且其引发因素、表现方式和内蕴都较为复杂。乡关之思可以由念王室、悲身世来引发,可以由地理、文化、具体的物象来引发,也可以无缘无故、无声无息地产生;而它既包含诗人对故国故主的深情缅怀,对家世、生平遭遇的悲慨哀叹,又包含诗人和友人之间的相知相惜,对江南人文景观的美好回忆和故土的热爱。

庾信心态的多样与情感的丰富还可以通过其作品中所用的人物事典来分析,从而更好地把握乡关之思的复杂内涵。庾信擅长用典已成公论,他善于借用古人之事来说明自己的情志与言行,委婉曲折却又淋漓尽致地表达内心丰富复杂的情感。当他悲哀自己强被羁留的境遇时,想起逃奔齐国的"羁旅之臣"陈公子完,感叹"寂寥共羁旅"①、"羁旅接陈完"②;路遇离家思归境况相似者时,诗人如见赴洛陆机、离家王粲;叹身世飘零思乡情切时,追忆生而望返之班超,死而思归之温序;③ 当庾信感触物变人易、盛衰变化时,想起哀叹柳树的桓温、"空惊槐树衰"的殷仲文、过殷墟有《黍离》之悲的周大夫;怀念故国旧主时,诗人内心情感激荡起伏,企求出现痛哭乞秦师的申包胥,渴望成为归守陵园的司马相如。有时不免有英雄末路之感,想起曾经气盖世的项羽;忧愁、烦闷、无乐时,诗人记起蘧伯玉、左丘明、荣启期;感慨自己永不还乡、一去不返时,出现泣涕涟涟的杞妇、湘妃形象。在他的后半生,庾信对自己侍奉魏周的行为一直感到十分的自责与惭愧,这是他一生难解的情结。他的笔下常常出现宁死不食周薇的伯夷与叔齐、持节牧羊二十载的苏武、慷慨赴命永不复还的荆轲和被囚不忘操南音的钟仪。庾信自怨自艾,感慨自己"未能采葛,还成食薇"④,用伯夷叔齐不食周薇事来比照自己仕北的行为,时时内省自我,无情地拷问自己的灵魂。

---

① 庾信:《和张侍中述怀》,庾信撰,倪璠注,许逸民校点《庾子山集注》卷三,第252页。
② 庾信:《拟咏怀》其四,庾信撰,倪璠注,许逸民校点《庾子山集注》卷三,第231页。
③ 庾信:《哀江南赋》,庾信撰,倪璠注,许逸民校点《庾子山集注》卷二。
④ 庾信:《枯树赋》,庾信撰,倪璠注,许逸民校点《庾子山集注》卷一,第53页。

在庾信的作品当中，荆轲的事典用得最多，共8次，试以二者做一比较。两人的相同点是都在国家存亡的关键时刻奉命出使，且两人从此永不还乡。两人的不同点在于，荆轲以必死的决心慷慨出使，"风萧萧兮易水寒，壮士一去兮不复还"，最后以死报知遇之恩；而庾信性格的软弱使他出使被软禁后不敢自刎以报恩，只是沉痛悲伤，状如"申包胥之顿地，碎之以首；蔡威公之泪尽，加之以血"①。二者相较，庾信相形见绌。但庾信借用荆轲奉命出使时的慷慨意气和离别故乡时的悲凉心境来映衬自己，如"荆轲有寒水之悲"②，"寒水送荆轲"③；以荆轲一去不还的悲苦境况和思念故乡的真挚情感来比照自己，如"壮士不还，寒风萧瑟"④，"寒客思辽水"⑤。他诗中一再出现的荆轲形象，似是潜藏于其心中而未能实现的自我形象，或者说是自我形象与历史上这位悲壮人物的形象的叠合。⑥ 苏武也是庾信经常涉及的人物，达7次之多。庾信每次追忆苏武，内心就增添一分凄苦与孤独，自觉厚颜，比作"木皮三寸厚"⑦。他的后半生始终摆脱不了侍奉魏周而没能恪守节义有辱家风带来的心灵的桎梏。庾信的《对宴齐使》巧用《史记》庄舃"为楚执珪，病而犹尚越声"的典故，既表达今已执珪的惭愧，同时也说明自己仍心怀故国。《和张侍中述怀》中的"操乐楚琴悲"，用了《左传》中类似事例的钟仪的典故。

当庾信意志消沉或无法摆脱痛苦时，往往与酒为伴，想起"惟酒是耽"的山简和竹林七贤，如《对酒歌》中的"山简接篱倒，王戎如意舞"。他自觉没有竹林七贤的洒脱与随性，如《拟咏怀》其一；对于他们怀才不遇的无奈与悲哀，庾信也颇有共鸣，如《奉和永丰殿

---

① 庾信：《哀江南赋》，庾信撰，倪璠注，许逸民校点《庾子山集注》卷二，第99页。
② 庾信：《小园赋》，庾信撰，倪璠注，许逸民校点《庾子山集注》卷一，第30页。
③ 庾信：《拟咏怀》二十六，庾信撰，倪璠注，许逸民校点《庾子山集注》卷三，第248页。
④ 庾信：《哀江南赋》，庾信撰，倪璠注，许逸民校点《庾子山集注》卷二，第98页。
⑤ 庾信：《拟咏怀》其三，庾信撰，倪璠注，许逸民校点《庾子山集注》卷三，第230页。
⑥ 罗宗强：《魏晋南北朝文学思想史》，中华书局1996年版，第44页。
⑦ 庾信：《和张侍中述怀》，庾信撰，倪璠注，许逸民校点《庾子山集注》卷三，第252页。

下言志》其九；当庾信隐居自足时，与友人饮酒为乐，相互酬唱，借竹林名士的风流作譬喻，阮籍、嵇康、王戎、刘伶频频出现，如《暮秋野兴赋得倾壶酒》《和淮南公听琴闻弦断》《蒙赐酒》。庾信把自己强烈真诚的感情与人物典故相结合，使其笔下的人物形象更富于立体感。在他们身上，蕴含了诗人的种种慨叹，反映出诗人内心情感的丰富与多变。

综上所述，我们可以知道庾信寄身北朝，承受着亡国羁旅带来的心理压力，他不断地反思人生，缅怀故国。在归国无望的极度失意中，时而茫茫然，过着"昏昏如坐雾，漫漫疑行海"的生活；① 时而愤愤然，发出"怀秋独悲此，平生何谓平"的呼声。② 清人陈祚明指出："庾信字子山……北朝羁迹，实有难堪。襄汉沦亡，殊深悲恸。子山惊才盖代，身堕殊方，恨恨如忘，忽忽自失。生平歌咏，要皆激楚之音，悲凉之调。情纷纠而繁会，意杂集以无端。"③ 说明他对庾信的仕北行为虽然颇有微词，同时也寄予深切的同情；他指出庾信作品充满悲慨之音，是其心中情感的流露。庾信的心里蕴积着纷繁无端的情与意，"平生几种意"④，互相纠缠，诉诸笔端，使他的作品情感丰富，有的激越悲亢，有的缠绵哀切，尤其以含义多样的"乡关之思"最为诚挚动人。

(原载《广西师范大学学报》2001年第3期)

---

① 庾信：《拟咏怀》二十四，庾信撰，倪璠注，许逸民校点《庾子山集注》卷三，第246页。
② 庾信：《拟咏怀》其九，庾信撰，倪璠注，许逸民校点《庾子山集注》卷三，第235页。
③ 陈祚明评选，李金松点校：《采菽堂古诗选》卷三十三，上海古籍出版社2008年版，第1080页。
④ 庾信：《拟咏怀》十四，庾信撰，倪璠注，许逸民校点《庾子山集注》卷三，第239页。

王绩与道教

关于王绩的思想，前人多指出其受儒佛道三家思想的影响，而对其思想上包含的道教思想则语焉不详，没有深入系统地分析和论述。有的学者把道教与道家混为一谈，笼统地用道家思想来概括；有的学者则简单地断定王绩对道教的神仙学说持否定态度。笔者立足文本与史料，挖掘王绩与道教之间的关系，从而辨析诗人对道教的复杂态度。

一　道教影响下的王绩生平与交游

梳理王绩与道教之间的丝丝缕缕，最先应该注意到他生活的年代，所处的时代背景。王绩一生历经隋唐两代，约生于隋文帝开皇十一年（591），卒于唐太宗贞观十八年（644），享年五十三岁。隋唐两代帝王多崇道教，唐高祖、唐太宗出于政治需要对道教尊崇有加，大力扶持。道教经过魏晋南北朝时期的变革与发展，逐渐完备成熟；到了隋唐时期，全面繁荣，影响整个社会风气。

王绩是绛州龙门（今山西河津县）人。绛州北部是姑射山，东北方是羊角山，汾水横贯绛州，龙门附近有龙门山、孤山、稷山等。[①] 美丽的山光水色熏陶了诗人的心灵，他用优美的笔调描绘家乡的山水，如《游北山赋》中描绘北山的地形"斜连姑射之西，正是汾河

---

① 中国历史地图集编辑部组：《中国历史地图集》第5册，中华地图学社1975年版，第63、64页。

之北"①，《郊园》中指出所居之处乃是"汾川胜地，姑射名辰"②。关于姑射山，流传着一个神奇美妙的传说，早在《庄子》中就以引人入胜的笔调描写："藐姑射之山，有神人居焉，肌肤若冰雪，绰约若处子；不食五谷，吸风饮露；乘云气，御飞龙，而游乎四海之外。其神凝，使物不疵疠而年谷熟。"王绩在他的《醉乡记》里设想的人"呼风饮露，不食五谷"，具有姑射神人的某些特征。羊角山与道教更是颇有渊源，据《混元圣经》卷八载：绛州民吉善行于羊角山遇一须发皓白骑白马的老人，老人自称"姓李字伯阳，号老君，即帝祖也"，让吉善行转告大唐天子，"今得圣诏，社稷延长"，"今年平贼后，天下太平，享国延永"。吉善行入奏唐高祖，高祖大喜，授官赐赏，并于羊角山上修建了太上老君庙，着力渲染了一番。③ 王绩的生活环境有着如此浓厚的道教风气，深深地影响了诗人的生活、思想与创作。

王绩从小就聪颖好奇、气质脱俗，据吕才《王无功文集序》中记述王绩十五岁那年谒见杨素，因"瞻对闲雅，辩论精新，一座愕然，目为'神仙童子'"。这一称谓不足以说明王绩与道教之间存在直接关系，但可以肯定王绩早年即表现出人间少有的超群才华与气质。王绩在《晚年叙志示翟处士正师》中自述："弱龄慕奇调，无事不兼修。望气登重阁，占星上小楼。明经思待诏，学剑觅封侯。""望气""占星"本是阴阳历数之术，后被道教所吸取，成为道术的种类。这首诗以道术与儒经相并举，说明诗人思想的兼容性与复杂性。

王绩性好奇多思，吕才指出他"幼巇，有奇思"，"其性特好学，博闻强记，与李播、陈永、吕才为莫逆交。阴阳历数之术，无不洞晓"，"既妙占算，兼长射覆"，预知窦建德必败、关中将兴，卜筮出鹦鹉、宝钗。由吕才序我们可以得知，王绩对于道术中的占星、望气、卜筮等十分精通，他的友人多为道教中人。

---

① 王绩著，韩理洲校点：《王无功文集》卷一，上海古籍出版社1987年版，第6页。
② 王绩著，韩理洲校点：《王无功文集》卷二，上海古籍出版社1987年版，第44页。
③ 王志远：《道教百问》，今日中国出版社1992年版，第54页。

王绩的朋友不多，交游者多是道教中人或少数几个志趣相投者。他多次感叹少知音，如《春庄走笔》："所嗟同志少，无处可忘言。"《薛记室收过庄见寻率题古意以赠》："同志亦不多，西庄有姚徐。"《答刺史杜之松书》："高吟朗啸，挈榼携壶，直与同志者为群，不知老之将至。"《答程道士书》中自述"而同方者，不过一二人"。而与王绩友善者，李播为道士，《旧唐书·李淳风传》记载："父播，隋高唐尉，以秩卑不得志，弃官而为道士，颇有文学，自号黄冠子。注《老子》，撰《方志图》，文集十卷，并行于代。"吕才为太常博士，精通阴阳历数，《旧唐书》本传载："太宗以阴阳书近代以来渐致讹伪，穿凿尤甚，拘忌亦多，遂命才与学者十余人共加刊正，削其浅俗，存其可用者。"隐士仲长子光，与王绩结邻而居相交十数年，讲究"服食养性"。其他与诗人有来往的人中除了薛收、处士姚义、李徵士、冯子华外，点明道士身份的就有苗道士、苏道士、程道士、黄道士、徐道士等，另有翟处士正师，诗人的朋友多属隐士、道士两大类。隐士、道士都喜欢独来独往，讲究清静、神交。据《新唐书》记载，王绩与仲长子光的交往不拘形迹，"子光瘖，未尝交语，与对酌酒欢甚"。王绩同样具有孤独意识，他的诗歌常常出现独游者或幽人的形象，"独""自""幽"等字眼比比皆是，且多与描写隐士生活或松桂菊竹等植物有关。

二 王绩的道教思想

道教的思想渊源之一是道家哲学，奉老子为教祖，《老子》《庄子》为主要经典，道教发挥道家宣扬清静无为的学说和离俗超脱的精神，形成出世的心性炼养理论。王绩的思想兼容儒佛道三家，道既指道家哲学，也包括道教思想。前人在论及王绩避世隐居的生活与思想时，多指出其受道家思想的左右。笔者认为，其受道教影响也十分明显。

王绩内心深处潜藏着对长生的渴望与对仙人的倾慕。王绩不时地表现出对生命短促和人事变迁的忧虑。观北山胜景时，想起亡兄与好友之不在；泛船河上时，"自觉生如寄，方知世若浮"，发出"蓬莱何处在？坐使百年秋"的感慨①；纵有美酒消愁，也多次表达"百年续醉"的愿望，与友人对酌时说"相逢不令尽，别后为谁空"②，忧生之叹流露诗中。但由于诗人思想的复杂性与多变性，对于长生、求仙，王绩时常表现出矛盾的言行。

一方面，王绩寻真访仙，追逐仙人踪迹。《宝镜记》记载王绩寻真至庐山事可信，有学者已证书中所言事与其生平吻合。王绩的诗文当中也不时流露出这种思想，《游北山赋》中"昔怪燕昭与汉武，今识图仙之有由。人谁不愿？直是难求。闻鼎湖而欲信，怪桥山之遽修"，"忽逢真客，试问仙经"。《春日山庄言志》："郑玄唯解义，王列镇寻仙。"再如《过山观寻苏道士不见题壁四首》其一："蔡经新学道，五烈旧成仙。"其四："为向天仙道，栖遑君讵知！"诗人长途跋涉寻道士不遇，欲学道，心不宁。"天仙"，据《抱朴子》言"上士举形升虚，谓之天仙"。从这里可以看到，诗人对于成仙、求仙之事曾持肯定态度，并付诸实施。

另一方面，王绩表现出怀疑的态度。对于王绩是否学道信仙，前人多持否定意见。笔者认为王绩既信道信仙，但在某些情况下又会产生怀疑乃至否定。前人往往以《田家》《赠学仙者》为例说明王绩对求仙学道、长生不死的坚决否定。其实，王绩对于仙道确实存在怀疑，他半信半疑，徘徊于学与不学之间，这是唐代社会上自唐太宗下至黎民百姓都常有的心思。王绩有时"觉老释之言烦"，声明"戒非佞佛，斋非媚道"③；有时独自静坐，觉得闲适的生活已使人满足，"未羡陟方壶"④；再如《田家》："回头寻仙事，并是一空虚。"细读此诗，是诗人满足于悠闲生活与和睦家庭之后发出的感慨，从中恰恰说明诗人早年曾经寻仙。再看《赠学仙者》："采药层城远，寻师海路赊。玉壶横日月，金阙断烟霞。伶人何处在？道士未还家。谁知彭泽意，更道步兵耶？春酿煎松叶，秋苏泛菊花。相逢宁可醉，定不学

---

① 王绩：《泛船河上》，王绩著，韩理洲校点《王无功文集》卷二，第54页。
② 王绩：《题酒店楼壁绝句八首》其二，王绩著，韩理洲校点《王无功文集》卷三，第98页。
③ 王绩：《游北山赋》，王绩著，韩理洲校点《王无功文集》卷一，第8页。
④ 王绩：《独坐》，王绩著，韩理洲校点《王无功文集》卷三，第114页。

丹砂!"此诗前六句形容学道之艰辛,接下来说无人明白陶潜隐居阮籍沉醉的用意,再描绘自己以松菊酒为伴的生活,最后点明自己愿意酒醉,而不愿浪费时间与精力来炼丹。这首诗从表面上来看,王绩对于学道是持否定态度的,但仔细揣摩,实质是愤慨无望之辞。这要涉及王绩是否炼过丹药这个问题。笔者认为,王绩确实炼过丹,如《山中独坐》:"石炉煎玉髓,土釜出金精。水碧连年服,云丹计日成。"诗中提到丹即将炼成,遍检全书,未发现诗人有关于炼成丹药而欣喜的字眼,估计这次炼丹在最后关头还是失败了,在这失败的痛苦绝望中,诗人发出"定不学丹砂"的呼声是可以理解的。

王绩在诗文中不止一次提到炼丹,如《游北山赋》中提到诗人与真客相遇,"谈九华之易就,叙三英之可成;拭丹炉而调石髓,浥翠釜而出金精",尽管不是王绩自己炼丹,但说明他对炼丹也是十分的熟悉。再如《山家夏日九首》其三描绘了自己的山居生活,"山中旧可安,无处不盘桓。岭涩攀藤易,岩崎策杖难。药供无限食,石起自然坛。树密檐偏冷,泉深阶镇寒。松根聊入酿,竹实试调丹。孔淳书数帙,朝朝还自看",说明诗人的山中隐居生活与道教有密切关系。

王绩有炼丹的愿望与举动,但他性情简淡、崇尚自然,无耐心与努力刻苦修炼,希望石坛自然天成,丹药草木酿制。王绩时常上山采药,"步步攀藤上,朝朝负药来"①,"采药北岩阴,乘兴独幽寻"②。《采药》诗云:"野情贪药饵,郊居倦蓬荜。青龙护道符,白犬游仙术。……行披葛仙经,坐检神农帙。龟蛇采二苓,赤白寻双术。地冻根难尽,丛枯苗易失。从容肉作名,薯蓣膏成质。家丰松叶酒,器贮参花蜜。且复归去来,刀圭养衰疾。"这与《答处士冯子华书》中自述"黄精、白术、枸杞、薯蓣,朝夕采掇,以供服饵"、《新唐书》本传记载"莳药草自供"相印证。王绩还有意识地种植药草,在诗中提起"东坡种药田"。"采药""服饵"属于道教养生术,王绩采的药草皆为葛洪《抱朴子·内篇》中《仙药》列举的有滋补作用的草

---

① 王绩:《题黄颊山壁》,王绩著,韩理洲校点《王无功文集》卷二,第48页。
② 王绩:《山中采药》,王绩著,韩理洲校点《王无功文集》卷二,第76页。

木药，这类药"凡三百余种，皆能延年，可单服也"①。从上述分析反映出《抱朴子》一书对诗人的深远影响。

三 王绩日常生活中的道教因素

王绩的日常生活习惯与道教有密切关联，他倾慕的对象也与道教有着或多或少的关系。除了上述采药服食的生活习惯外，王绩突出的爱好是"菊"与"酒"，这与陶渊明、嵇康、阮籍联系起来。甘菊是葛洪列举的仙药之一，王绩在《答刺史杜之松书》中自述生活"新年则柏叶为樽，仲秋则菊花盈把"，采菊以服食，俨然有陶渊明的影子。晋人孙楚《菊花赋》言菊花"流中轻体，神仙食也"，其他如松脂、柏实、桂等也是，这些都是王绩诗文中常常出现的植物，它们与隐士、高士结下的密切关系，其中不无道教的影响。葛洪《抱朴子·内篇》中的《仙药》记载："南阳郦县山中有甘谷水，谷水所以甘者，谷上左右皆生甘菊，菊花堕其中，历世弥久，故水味为变。其临此谷中居民，皆不穿井，悉食甘谷水。食者无不老寿，高者百四五十岁，下者不失八九十，无夭年人，得此菊力也。"②又载："赵他子服桂二十年，足下生毛，日行五百里，力举千斤。"③王绩的作品中常有"松""桂""菊"的意象出现，"几看松叶秀，频值菊花开"④，"松落落而风回，桂苍苍而露浒"⑤，《春桂问答》中以桂的长久与桃李的易落对比，《古意六首》其四咏松，其五咏桂。这不仅与他山中隐居生活有关，从中还可以追寻诗人受道教影响的痕迹。

道教徒饮食是以修炼养生为目的，他们食用的东西多具有养生延年的效果。王绩并非道教中人，但他深谙道教养生的理论与方法，他酷爱菊松桂，不单因为这些植物象征着高洁，而且因为它们的药用。"菊"是陶渊明的象征，"酒"因陶诗而成为后代文人所好。已有学

---

① 王明著：《抱朴子内篇校释·仙药卷十一》，中华书局1985年版，第205页。
② 同上。
③ 同上书，第208页。
④ 王绩：《题黄颊山壁》，王绩著，韩理洲校点《王无功文集》卷二，第48页。
⑤ 王绩：《游北山赋》，王绩著，韩理洲校点《王无功文集》卷一，第3页。

者注意到"菊""酒"与陶渊明道教观的关系,认为"陶渊明采菊、种菊、咏菊,亦是道教延命成仙术的一种流变","渊明饮酒又与采菊密切有关"①,因为"酒能祛百虑,菊为制颓龄"。陶渊明深受天师道影响,他同样忧虑生命的短促,但对于道教神仙思想并不赞同。王绩以"学陶"自称,不仅是学陶的去官隐居,对于陶的生活、思想、风神,王绩也是十分倾慕的。王绩在《尝春酒》兴起时,"山酒漉陶巾";在《秋园夜坐》时,"寂寞知何事?东篱菊稍芳";在营构自己的"桃源"时,留下了《醉乡记》;在将离世前,《自作墓志文》;王绩颇受道教养生理论影响,但对成仙一事也不时产生怀疑。

王绩爱酒早成公论,他以陶渊明、嵇康、阮籍、刘伶为酒中榜样。他自言"酒瓮多于步兵"②,"阮籍醒时少,陶潜醉日多"③,"散腰追阮籍,招手唤刘伶"④等,不胜枚举。在《醉乡记》里,王绩把阮籍、陶潜等数十人称为醉仙,并声称自己将游醉乡与众人为伴。文人与酒之间的关系,王瑶的《文人与酒》一文中有详细的论述。他指出饮酒与忧虑生命有关,陶渊明爱菊好酒,常常自制菊花酒来服食,与他追求延年益寿有关。道教贵养生,有的道教徒忌酒,但饮酒之风在道徒中甚盛,魏晋时人热衷于服寒食散,必饮一点热酒来助散发。⑤后世道教徒尤喜饮药酒。酒不仅能消愁,还能与药草一起制成药酒,起强身健体之用。著名的药酒有松胶酒、菊花酒、桃花酒等。王绩身体有疾,自言"吾比风痹发动,常劣劣不能佳"⑥,不时喝上一杯菊花酒来提神。王绩诗《九月九日赠崔使君善为》:"香气徒盈把,无人送酒来。"有菊花在手,却无酒可泡制,说明诗人常自酿菊花酒。《本草纲目》第二十五卷"谷部四"载:"米酒[气味]苦、甘、辛,大热,有毒。[主治]行药势,杀百邪恶毒气,通血脉,厚

---

① 陈洪、王炎:《菊花与美酒——略谈陶渊明的道教观》,《文史知识》1994年第5期。
② 王绩:《游北山赋》,王绩著,韩理洲校点《王无功文集》卷一,第1页。
③ 王绩:《醉后口号》,王绩著,韩理洲校点《王无功文集》卷二,第58页。
④ 王绩:《春园兴后》,王绩著,韩理洲校点《王无功文集》卷二,第69页。
⑤ 王瑶:《中古文学史论集》,上海古典文学出版社1956年版。
⑥ 王绩:《答处士冯子华书》,王绩著,韩理洲校点《王无功文集》卷四,第150页。

肠胃,润皮肤,散湿气,消忧发怒,宣言畅意……"① 王绩嗜酒,但并非一味地滥喝狂饮,他同样讲求技法,如他在《食后》写道:"葛花消酒毒。"而且王绩爱喝药酒,自己酿制,如他《答处士冯子华书》中提到"近复有人见赠以五茄地黄酒方"。王绩饮酒,有求醉忘忧时,有相逢乐饮时,有独酌慢品时,也有炼丹时在旁闻着药气细尝时,当然,最后一种情况非常少,毕竟诗人不是纯粹的道士,对于炼丹仅有短暂的热情。《山中独坐》中就描写了自己边炼丹边品酒时的情景,"酒中添药气,琴里作松声"。

阮嵇刘诸人皆好老庄,且不同程度地受到道教的影响。"晋书山涛传言其'性好庄老',阮籍著有老子赞,通老论,及达庄论。嵇康'好言老庄'(魏志王粲传),刘伶'常以细宇宙齐万物为心'(晋书本传)……"② 王绩同样好老庄、爱读经,自言"书名半是经"③,在《答处士冯子华书》中写道:"床头素书三帙,老、庄及易而已。"吕才指出他曾注《老子》。阮籍善啸,啸为道术中的一种。《晋书》卷四十九《阮籍传》:"籍尝于苏门山遇孙登,与商略终古及栖神道气之术,登皆不应,籍因长啸而退。至半岭,闻有声若鸾凤之音,响乎岩谷,乃登之啸也。"王绩作品中也常常提到啸,《游北山赋》:"送阮籍而长啸,得刘伶而甚欢。"《山园》:"幽人养性灵,长啸坐山扃。"嵇康修养性服食之事,在竹林七贤中与道教关系最深,王绩《过山观寻苏道士不见题壁四首》之四:"真经知那是,仙骨定何为?许迈心长切,嵇康命自奇。"可见王绩不仅注意到魏晋竹林七贤的好酒、狂诞,而且注意到他们与道教的关系。

唐代道教盛行,崇道信道成为整个社会的风气。在生活习俗上,王绩也深受道风的浸染。在唐代,九月九日重阳节道徒好饮菊花酒,王绩受此风气影响,在《九月九日赠崔使君善为》一诗中叹无人送酒来泡菊花。大病一场后,王绩做了一场醮仪法事,用以安宅解犯、忏禳疾病。《病后醮宅》诗云:"公幹苦沉绵,居山畏不延。白驴迎

---

① 李时珍:《本草纲目》,人民卫生出版社1975年版,第1558页。
② 王瑶:《中古文学史论集·文人与酒》,上海古典文学出版社1956年版,第34页。
③ 王绩:《山园》,王绩著,韩理洲校点《王无功文集》卷二,第73页。

蒯子，青牛下葛仙。度符南灶曲，写咒北阶前。龙行初禁火，鸟步即凌烟。净席三天坐，香炉五帝筵。埋沙禳疫气，镇石御凶年。鬼用泥为壁，神将纸作钱。山精愁镜厌，野魅怯灯然。今日扬雄宅，应堪草《太玄》。"

四 道教与王绩的人格、观念

从深层次来分析，王绩的世界观、审美观和文学观受到道教的影响。其一，道教对王绩世界观和人格的影响。王绩性格放纵任达，史有明记；他喜欢独游，给人一副清高或放浪的样子；他蔑视官场、尘世，不喜束缚，率性自适，有时甚至对儒学正统表示不满，如《赠程处士》："礼乐囚姬旦，诗书缚孔丘。不如高枕卧，时取醉消愁。"王绩精研老庄，他声明"不能役心而守道，故将委运而乘流"[1]，这是他对待客观环境的态度。王绩崇尚清静无为，三仕三隐，乐于山中隐居，希望"养拙辞官，含和保真"[2]，但他的心底深处依然执着于自我。在幽静的环境中，诗人仍不能做到齐物我，他的诗歌中俨然有一个孤独的隐士形象若隐若现，正如上文提到，他的诗中多"独""自"字，证明王绩无法将自我完全融入到自然中去。这也说明王绩尽管以学陶自居，却缺乏陶渊明对生活的热情与投入，王绩以孤高的姿态游离于真正的农家生活和大自然之外。

其二，王绩以自然为美，他的审美观深受老庄重视自然、回归自然的思想影响，这包含道家道教影响的综合因素。他喜欢山中幽雅的景色，在大自然与田园生活中体味恬淡、朴真的快乐。据贺裳《载酒园诗话又编》云："诗之乱头粗服而好者，千载一渊明耳。乐天效之，便伤俚浅，惟王无功差得其仿佛。陶、王之称，余尝欲以东皋代辋川。辋川诚佳，太秀，多以绮思掩其朴趣。东皋潇洒落穆，不衫不履，如'来时常道贳，惭愧酒家胡'，'家贫留客久，不暇道精粗'。至若'相逢宁可醉，定不学丹砂'，'昔我未生时，谁者令我萌？弃

---

[1] 王绩：《游北山赋》，王绩著，韩理洲校点《王无功文集》卷一，第4页。
[2] 同上书，第6页。

置勿重陈,委化何足惊',真齐得丧、一死生之言。旷怀高致,其人自堪尚友,不徒音响似之。"① 从这一评论得知王绩诗歌深得陶诗朴真之趣,但王诗更多一份超凡脱俗、清幽淡雅的意味,这与王绩较为优裕的物质生活、清高的性格与超俗的品位有关。王绩诗歌中的道味更浓,如对道教优美故事或道教风物的描写,都带有道教文化清幽高雅的色彩。

其三,王绩在文学创作上主张"题歌赋诗,以会意为功"②。对于文学,王绩重在表达自己的独特感受,标举"不必与夫悠悠闲人相唱和"③。他的创作也多率性而为、感兴而发,"赋成鼓吹,诗如弹丸"④。道教的宗教哲学主要来源之一是老庄思想,其理论继承了道家追求意会的思想。王绩的创作观离不开道家道教的影响因素。但他的文学创作观与他的佛道思想都有关,很难一一辨析其中的对应关系。他不追求形式与技巧,重在诗的淳真与自然,多短篇,语言通俗明快,不喜瑰丽炫目之辞。所以,在他的诗歌当中,奇怪的意象不多,带有迷幻怪异色彩的道教意象也仅仅是简单提及,不加更多的想象与展开铺写。

王绩诗中出现了许多道教人物或仙人形象、道教意象等。出现最多的是葛洪,共有四次,分别在《游北山赋》《病后醮宅》《采药》《围棋》等篇章。其他还有孙登、刘向、王烈等。此外,黄帝、麻姑、姑射神人等仙人形象也频频出现。道教圣地如蓬莱、北极、西昆、三山、八洞等,富有道教气息的动物如白豕、青羊、白鹿、青龙、白驴、青牛、白犬、青雀等,都可以在王绩诗中找到。有关神仙与仙境的意象,如《过山观寻苏道士不见题壁四首》又名《游仙四首》,其一:"驾鹤来无日,乘龙去几年。三山银作地,八洞玉为天。金精飞欲尽,石髓溜应坚。"有关鬼魅精怪的意象,如《病后醮宅》出现的山精、野魅;有关道士及各种法术的意象,如《病后醮宅》

---

① 贺裳:《载酒园诗话又编》,郭绍虞编选,富寿荪校点《清诗话续编》上,上海古籍出版社1983年版,第296—297页。
② 王绩:《答处士冯子华书》,王绩著,韩理洲校点《王无功文集》卷四,第148页。
③ 同上。
④ 王绩:《游北山赋》,王绩著,韩理洲校点《王无功文集》卷一,第7页。

中提到的符、咒、龙行、鸟步、埋沙、镇石等。遍检全书，可发现王绩对于道教意象的运用往往是点到为止，少有极尽描绘之能事的时候，这与他的审美观、文学创作观有关。

王绩的赋也多是简短之作，唯有《游北山赋》篇幅较长。这篇赋是诗人游北山时所作，诗人在吟咏山水风景时夹杂各种复杂的感受，叙往事、忆兄友。读此赋我们可以把握到诗人的思想脉络，了解诗人对道教的态度。在序中先述家世，次言隐居，游山林，"式抽短思而赋焉"。开篇即叹"天道悠悠，人生若浮"，说明王绩对人生的思考，从而得出"今识图仙之有由"的慨叹，但王绩随之指出图仙终是徒劳，"弃卜筮而不占，余将纵心而长往"，以自逸习静为娱。随着攀登愈高愈深，诗人又产生慕仙的想象，"仿佛灵应，依稀仙躅"，"喜方外之浩旷，叹人间之窘束"。接着记述与道士相遇倾慕，这位真人是"蓬莱之故人"，在这一段，诗人对仙与丹药作了一番描写，最可说明王绩对道教的熟悉与倾慕。但很快地，王绩又否定了成仙的虚幻与束缚，只求独游。接着是忆往事，叙自己的隐居生活，最后得出"心期暗合，道术潜同"的结论。纵观此赋，我们可以看出王绩对于仙道的态度是忽信忽疑的，当他陶醉山林景色时，会产生慕仙的念头；当心怀企羡时，却又很快地指出成仙的虚幻。

综上所述，我们可以肯定地说，王绩与道教关系密切，王绩所处的时代、地理环境，以及他的志趣、选择的生活与其交游等，使他对道教怀有浓厚的兴趣，有过短暂的求道经历与实践。而道教对他的影响或深或浅、时隐时现，伴随着他的人生与创作。

（原载《吉首大学学报》2001年第6期）

辽代文化与政治述论

辽朝是我国北方少数民族——契丹族建立的政权，它与五代相始，与北宋相终，存在了两百余年。契丹族原来是游牧民族，长年以狩猎、征战为主，其文化水平远远落后于汉族，后来慢慢接受汉文化，仿照汉字的字形制定了契丹大字，史载耶律阿保机在平渤海之后，"乃制契丹文字三千余言"①，从此，契丹文字与汉字在辽代社会共同使用。辽采取了崇儒修文的文化措施，在官制礼仪、典章文饰、科举、修史等方面都学习中原文化。辽任用汉族士人实现契丹社会的制度转变，推行儒家文化，同时接受佛教的传入，从而建设与发展本民族文化。长达二百多年的文化碰撞与融合，北方游牧文化与中原农耕文化结合，产生出的辽代文化呈现其独特的特点与性质。

一

辽朝的文化政策继承了自秦汉以来文化专制主义的衣钵，以儒家思想为治国的根本指导思想，以天命论和因果轮回论为主要内容，以文字狱为思想控制的手段，对民众的思想进行灌输、引导、控制，从而达到维护与巩固政权的目的。辽太宗耶律德光继承耶律阿保机的文化认同政策，进一步推行汉朝的官制礼仪。《辽史·百官制》载："太祖神册六年，诏正班爵。至于太宗，兼制中国，官分南、北，以国制治契丹，以汉制待汉人。国制简朴，汉制则名之风固存也。"会

---

① 叶隆礼撰，贾敬颜、林荣贵点校：《契丹国志》卷一"太祖大圣皇帝"，中华书局2014年版，第8页。

同十年（947）辽灭晋时，耶律德光用中原皇帝的仪仗进入后晋都城大梁（开封），穿汉族皇帝的服装接受百官的朝贺，改国号为大辽。他在同年所下《谕晋百官诏》中说："应晋朝臣僚，一切仍旧。朝廷仪制，并用汉礼。"①。直到辽景宗和辽圣宗时期，辽朝基本上完成汉化过程。据《辽史·文学传序》载："至景、圣间，则科目聿兴，士有由下僚擢侍从，骎骎崇儒之美。"

辽朝皇帝都相当重视学习儒家思想，景仰唐太宗时的清明政治，颁行汉文化的经典史籍。史载有多位皇帝喜读《贞观政要》，如辽圣宗、天祚皇帝等。在辽朝历代皇帝中，辽道宗推行儒家文化最为突出。他以身作则，多次召侍臣讲说《论语》等儒家经典，并自上而下地加以推广，号召群臣共同学习。《辽史·道宗纪》多次记载了辽道宗的崇儒之举，如清宁元年十二月，"戊戌，诏设学养士，颁《五经传疏》，置博士、助教各一员"；咸雍八年秋七月，"丁未，以御书《华严经五颂》出示群臣"；咸雍十年，"冬十月丁卯，驻跸藕丝淀。丁丑，诏有司颁行《史记》《汉书》"；大安二年正月，"癸丑，召权翰林学士赵孝严、知制诰王师儒等讲《五经》大义"；辽道宗认为"上世獯鬻、猃狁，荡无礼法，故谓之夷。吾修文物彬彬，不异中华"；夏四月，"癸卯，西幸。召枢密直学士耶律俨讲《尚书洪范》……五月辛，命燕国王延禧写《尚书五子之歌》"；五年，"三月癸酉，诏析津、大定二府精选举人以闻，仍诏谕学者，当穷经明道"。由上述史实可知，辽道宗认为先世没有礼法，被称之为"夷"，他大修文物，使辽国与中华同风，颇为自傲。这一心理说明了辽朝历代皇帝对中原汉文化的推崇是出于要改变辽朝先祖放荡、不讲究礼法的习俗，从而揭示出推行中原儒家文化的目的是进一步加强皇权统治。同时，辽朝还通过翻译、修撰儒家典籍，刊刻、阐释佛教经典，刊印、保存佛经经书，召集专人修史等行为来引导辽国文化发展的倾向。

---

① 阎凤梧主编：《全辽金文》上册，山西古籍出版社2002年版，第18页。

二

辽朝的外交活动包括文化的传播、交流与推广。辽、宋之间,初期虽也发生过战争,民族关系比较紧张。但从澶渊之盟以后,长期以来彼此互派使节,并在边境互市,南北各族人民往来不绝,推动了各族社会历史的共同发展。辽朝与宋、高丽等互派使节往来,互赠礼物中有儒家经典、佛藏等。《辽史》不止一次记载了辽代与别国官方来往时的文化交流。比如说,卷十五《圣宗纪》记载,开泰元年"八月丙中朔,铁骊那沙等选兀惹百余户至宾州,赐丝绢。是日,那沙乞赐佛像、儒书,诏赐护国仁王佛像一,《易》《诗》《书》《春秋》《礼记》各一部"。卷二十四《道宗纪》载,大康九年十一月,"甲寅,诏僧善知雠校高丽所进佛经,颁行之"。卷二十三《道宗纪》载,咸雍八年十二月,"庚寅,赐高丽佛经一藏"。由此可见,到了辽兴宗、辽道宗时期,政府的外交行为有相当一部分是出于以文化交流为目的,尤其是以儒佛经典的传播为多。

当时充任使节来往的官员多具文名,这也是自春秋以来充当外交使臣为饱学之士的传统。如《辽史》载耶律资忠在出使高丽羁留期间"每怀君亲,辄有著述,号《西亭集》"。再如《辽史·道宗纪》记载,清宁元年十二月,丙申,宋遣欧阳修等来贺即位。欧阳修学富五车,才高八斗。他作为宋使来到辽国贺道宗即位,有理由推测他与当时辽国包括道宗在内的众多文士之间所进行的交往,当有不少可称为佳话的文学嘉会与唱和活动。

三

以皇帝为首的贵族阶级是从事文学活动的主要生力军,与宋朝文学活动多为文宴不同,辽朝的文学多与科考及游猎有关,后期逐渐出现公宴、酒会等文学集会。辽朝各种文学活动,基本上集中在辽圣宗、兴宗、道宗、天祚皇帝等执政时期。从辽圣宗开始,朝野常有宴饮赋诗、迭相唱和之举,至兴宗、道宗时期,吟诗作赋更是成为上层社会的流行风气。

辽圣宗朝萧太后执政期间，第一次以法律的形式确定了科举取士制度，"止以词赋、法律取士，词赋为正科，法律为杂科"①，重视应考者的诗词功底。譬如说，《辽史》记载与科举考试有关的诗赋活动，圣宗太平五年十一月，"庚子，幸内果园宴，京民聚观。求进士得七十二人，命赋诗，第其工拙，以张昱等一十四人为太子校书郎，韩栾等五十八人为崇文馆校书郎"；圣宗太平九年十一月，"其皇城进士张人纪、赵睦等二十二人入朝，试以诗赋，皆赐第"；兴宗重熙五年，"御元和殿，以《日射三十六熊》《幸燕诗》试进士于廷"；道宗咸雍十年六月，"戊辰，亲出题试进士。壬申，诏臣庶言得失。丙子，御永定殿，策贤良"。与游猎有关的诗赋活动，如道宗咸雍元年冬十月，"己亥，皇太后射获虎，大宴群臣，令各赋诗"。酒宴上还有专门赋诗制文作乐的，兴宗重熙六年六月，"壬申朔，以善宁为殿前都点检，护卫太保耶律合住兼长宁宫使，萧阿剌里、耶律乌鲁斡、耶律和尚、萧韩家奴、萧特里、萧求翰为各宫都部署。上酒酣赋诗，吴国王萧孝穆、北宰相萧撒八等皆属和，夜中乃罢"。

皇帝常常自拟题目来考臣子，或者赋诗令臣下唱和，高者加赏，如圣宗律隆绪，"承平日久，群方无事，纵酒作乐，无有虚日。与番汉臣下饮会，皆连昼夕，复尽去巾帻，促席造膝而坐。或自歌舞，或命后妃已下弹琵琶送酒。又喜吟诗，出题诏宰相已下赋诗，诗成进御，一一读之，优者赐金带。又御制曲百余首"②。《辽史》载道宗"以《君臣同志华夷同风诗》进皇太后"，教人应制属和。这些唱和诗具有君臣赋诗唱和的取悦性质，多以颂美盛德的形式出之，脱不了与政治的密切关系。还有皇帝亲制诗文来赐臣子，或寓褒贬，或示恩宠，都带有较强的政治功利目的，如《辽史》载兴宗重熙六年，"上酒酣赋诗，吴国王萧孝穆、北宰相萧撒八等皆属和，夜中乃罢。己卯祀天地，癸未赐南院大王耶律胡睹衮命，上亲为制诰词，并赐诗以宠之"；辽道宗宠爱文才出众的耶律观音奴，"清宁初，加尚父。顷之，

---

① 叶隆礼撰，贾敬颜、林荣贵点校：《契丹国志》卷二十三"试士科制"，第254页。
② 叶隆礼撰，贾敬颜、林荣贵点校：《契丹国志》卷七"圣宗天辅皇帝"，第81页。

下编　士人心态与古代思想文化

复留守东京。明年，复为北府宰相。帝亲制诰词以褒宠之"。

在各种宴会上，皇帝更是热衷于作诗赐臣下来进行褒奖。《辽史》载道宗"以兴宗在时生辰，宴群臣，命各赋诗"，又"御制《放鹰赋》赐群臣，谕任臣之意"。而臣子也往往以文才受宠，如《辽史》列传二十六，耶律良"重熙中，补寝殿小底，寻为燕赵国王近侍。以家贫，诏乘厩马。迁修起居注。会猎秋山，良进《秋游赋》，上嘉之。清宁中，上幸鸭子河，作《捕鱼赋》。由是宠遇稍隆，迁知制诰，兼知部署司事。奏请编御制诗文目，曰《清宁集》。上命良诗为《庆会集》，亲制其序。顷之，为敦睦宫使，兼权知皇太后宫诸局事"。由耶律良的生平可知当时辽国的文士以才华而屡获恩遇，而且往往是抓住游猎、宴会的机会来献诗助兴，从而使龙颜大悦，备受宠爱。

上述各种的文学活动都是在皇帝领导下进行的，或多或少地都与政治有关，而这些场合所制的诗文也都属于政治目的性强的应制之作，或歌功颂德，或称誉颂美。与此不同的是，宋朝的文学活动有相当一部分纯粹是文宴，多为士大夫或下层文人举行，属于取乐的性质。

四

辽朝的诗文创作绝大多数出自上层皇室、贵族及官员之手，所反映的内容亦多为北方的政治、经济、宫廷生活。从上述论证即知辽朝的文化及文学活动局限于有一定社会地位的群体当中。总的来说，下层民众受到辽朝文化政策的局限，仅仅能接触到朝廷灌输的文化，除了长期居住在王族或官员家中有机会接受文化熏陶的家奴以外，在普通老百姓这一群体当中基本上没有出现有突出文学才华的人物。而民间流传的歌谣数量也极为稀少。可见与北宋繁荣发达的文化相比，辽代文化的发展仍属于较落后的状态。笔者翻检《全辽文》，所收录的辽代文章数量不多，绝大部分是帝王、贵族、官员等在各种政治场合或政治活动中制作的诏诰、奏疏、表章等应用性文章。而在这些奏疏当中，有几封是奏举任用汉人的，如《请用汉人汉中原奏》《论举拔人才诏》，同样反映了辽国对汉文化的重视，而这些文章也是针对当时的朝政而制。

辽朝自上而下推行汉文化，历朝皇帝大都精通汉文，爱好诗文创作。《辽史》记载东丹王耶律倍"初市书至万卷，藏于医巫闾绝顶之望海堂。通阴阳，知音律，精医药，砭艺之术，工辽、汉文章，尝译《阴符经》。善画本国人物，如射骑、猎雪骑、千鹿图，皆入宋秘府"。他曾立为皇太子，失位后遭猜忌而被迫离国，作《海上诗》："小山压大山，大山全无力。羞见故乡人，从此投外国。"全诗"情辞凄惋，言短意长，已深有合于风人之旨矣"①。辽圣宗耶律隆绪"善骑马，好儒术，通音律"，能诗善画，喜好汉文学，其《题乐天诗》："乐天诗集是吾师。"② 明言自己以白居易诗为模仿学习的对象。他"又亲以契丹字译白居易《讽谏集》，召番臣等读之"③。白居易的诗歌通俗明快，易于理解，而他的新乐府诗，兼有讽喻教化的功能，因此备受辽朝皇帝的喜爱。圣宗今存《传国玺诗》一首："一时制美宝，千载助兴王。中原既失守，此宝归北方。子孙宜慎守，世业当永昌。"该诗反映了作者希望辽政权代代相传，永远繁荣昌盛的政治愿望。辽道宗耶律洪基性儒雅，不仅精通儒学与佛学，对佛学有较深的造诣，而且擅长诗文，存《放鹰诗》《华严经赞》等。试看道宗诗《题李俨黄菊赋》："昨日得卿黄菊赋，剪碎金英填作句。袖中犹觉有余香，冷落西风吹不去。"颇具唐风。道宗清宁六年，监修国史耶律白请编次御制诗赋，辑成一集。根据《辽史》《全辽文》《契丹国志》等资料考证，辽代出现了不少个人别集，如辽道宗的《清宁集》《御制诗赋》，耶律隆先的《阆苑集》，耶律良的《庆会集》等。赵翼《廿二史札记》指出"辽族多好文学"，所举耶律倍、耶律隆先、耶律国留、耶律资忠、耶律庶成、耶律蒲鲁、耶律庶箴、耶律韩留、耶律陈家奴、耶律良、耶律孟简、耶律谷、耶律袅履共有十三人爱好文学。而宋人笔记中也记载了契丹贵族自幼受到良好汉文化教育的

---

① 赵翼著，王树民校证：《廿二史札记校证》卷二十七"辽族多好文学"，中华书局1984年版。
② 阎凤梧主编：《全辽金文》上册，第190页。
③ 叶隆礼撰，贾敬颜、林荣贵点校：《契丹国志》卷七"圣宗天辅皇帝"，第80页。

故事。

辽代贵族妇女中涌现出许多极具才华的人物,《辽史·后妃传》记载的后妃中就有不少。辽代最为著名的女诗人是萧观音。"道宗宣懿皇后萧氏,小字观音,钦哀皇后弟枢密使惠之女。姿容冠绝,工诗,善谈论。自制歌词,尤善琵琶。"曾作《君臣同志华夷同风应制》一诗,反映了契丹民族向汉民族学习的真实情况。天祚文妃萧瑟瑟也是一位出色的女诗人,"女直乱作,日见侵迫。帝畋游不恤,忠臣多被疏斥。妃作歌讽谏,其词曰:'勿嗟塞上兮暗红尘,勿伤多难兮畏夷人;不如塞奸邪之路兮,选取贤臣。直须卧薪尝胆兮,激壮士之捐身;可以朝清漠北兮,夕枕燕云。'又歌曰:'丞相来朝兮剑佩鸣,千官侧目兮寂无声。养成外患兮嗟何及!祸尽忠臣兮罚不明。亲戚并居兮藩屏位,私门潜畜兮爪牙兵。可怜往代兮秦天子,犹向宫中兮望太平。'天祚见而衔之"。

辽朝大臣多属文,多为皇帝的文友。如《辽史》所载萧劳古,"以善属文,为圣宗诗友";刘三嘏"献圣宗《一矢毙双鹿赋》,上嘉其赡丽";王鼎著有《焚椒录》一书,一次有人"欲以诗困之(王鼎),先出所作索赋,鼎援笔立成",从这一例子说明作诗赋词成为当时上流社会的风尚。自辽圣宗之后,辽朝人才辈出,文化鼎盛,"学唐比宋","华夷同风"成为时代风尚。时有宋朝使者至辽国,见之惊叹:"谁将家集过幽都,逢见胡人问大苏。"① 在契丹人中,博览汉文典籍、会作汉文诗赋者越来越多。除了政治的因素,还有地域文化、北地风光及游牧民族喜骑射畋猎的尚武习俗,都影响了辽朝文学的风格,呈现出一种有别于唐宋文学的刚健质朴的文风。如赵延寿的《失题》:"黄沙风卷半空抛,云动阴山雪满郊。探水人回移帐就,射雕箭落著弓抄。鸟逢霜果饥还啄,马渡冰河渴自跑。占得高原肥草地,夜深生火折林梢。"展现了塞北独具的风情。

佛学在辽国十分兴盛,许多僧人也喜爱文学,有不少别集,如了洙的《僧了洙文集》,非浊的《往生集》等。他们往往还是皇帝的文

---

① 苏辙:《奉使契丹二十八首·神水馆寄子瞻兄四绝》,苏辙著,曾枣庄、马德富校点《栾城集》卷十六,上海古籍出版社1987年版,第398页。

友，如寺公大师，贤而能文，尤善于歌诗，其诗志趣高远，著有《醉义歌》，该诗以契丹文写成，共844字，可谓辽代诗歌的鸿篇巨制，后由耶律楚材翻译成汉文，全诗格调低沉，情真意切，想象丰富，用典准确。

吴梅的《辽金元文学史》指出：辽书禁甚严，多散佚无传，"然经乾嘉后学者一再搜罗后，未尝不灿然可观"[1]，"一时朝野彬彬之风，犹可想见焉"[2]。现存辽代文献极其有限，但从上述论证可见，无论是其文化政策、诗赋取士的制度、各种文学活动及文学创作者，都显示了辽一代文化兴盛的历史，也显示出辽代文化及文学活动与政治不可分离的密切关系。

（原载《东疆学刊》2005年第1期）

---

[1] 吴梅：《辽金元文学史》，《民国丛书》第五编05049册-2，上海书店1996年版，第3页。
[2] 同上书，第14页。

尊经重史 以资世用
——论明末复社的学术思想

复社是迄今为止中国历史上规模最大、人数最多的文人社团组织。它产生于晚明特定的社会文化背景，与社会各个层面都发生了密切联系，对当时与后世的政治、经济、思想、文化等方面影响深远。复社的主张可用八个字来形容，就是"兴复古学，务为有用"。兴复古学，指的是尊经史之学，读圣人之书。这一思想的提出正值崇祯帝即位，当时社会"诗书之道亏，廉耻之途塞"，张溥"生当其时者，图仰赞万一，庶几尊遗经，砭俗学，俾盛明著作，比隆三代，其在吾党乎！"① 张溥希望通过标举经典之学与针砭空疏之学，能够出现文章著述繁盛的辉煌局面；而且，他意识到明末学术的疏陋，期望复社担当起复古的历史重任，恢复明代文化的繁荣。

一 兼容并包的经学思想

复社提倡研治五经，张溥曰："若五经彬彬，一人兼之，或竟其生平，止专一家，大都便制举者必陋，务明经者必深。"② 认为或兼治五经，或分治一经，都应学有根柢，不只是为了功令科考。其实早在应社，诸子就分主五经文章之选，"应社之始立也，所以志于尊经

---

① 吴伟业：《复社纪事》，《吴梅村全集》卷二十四《文集二》，上海古籍出版社1990年版，第600页。
② 张溥：《五经征文序》，《七录斋诗文合集·存稿》卷三，《续修四库全书》集部第1387册。

复古者，盖其志也。是以五经之选，义各有托。子常、麟士主《诗》，维斗、来之、彦林主《书》，简臣、介生主《春秋》，受先、惠常主《礼》，溥与云子则主《易》"①。复社诸子著书立说，当中较有影响的是以下数家：如治《诗》的有顾梦麟《诗经说约》、万时华《诗经偶笺》、张溥《诗经注疏大全合纂》等；治《四书》的有顾梦麟《四书说约》《四书十一经通考》等；治《礼》的有张采《周礼注疏合解》等。

复社内部的经学思想丰富复杂。黄宗羲在《顾麟士先生墓志铭》中指出："当是时，海内有文名之士，皆思立功于时艺，张天如以注疏，杨维斗以王、唐，艾千子以欧、曾，仅风尚一时，惟先生（指顾梦麟）之传，久而不衰。"② 指出张溥重视汉儒的注疏之学，杨廷枢主张学习王慎中、唐顺之的唐宋派古文与时文合一，艾南英则推崇欧阳修、曾巩，主张以古文写时文的方法，顾梦麟主张解说经典，如他的《诗经说约》以解说为主，强调对《诗经》经义的理解。除上述众人外，复社其他成员也各有主张，如方以智为张自烈所写的《四书大全辨序》，强调义理，重视从经学的角度解释《四书》，"学者当以圣人之言，解圣人之言，思其意之所指，勿以辞病义，诸子百家，可合观焉"③。再如万时华，受竟陵诗说的浸淫，讲究"神遇"，注重"诗人之情"，重在对《诗》的文学研究，所作《诗经偶笺》"大旨宗孟子'以意逆志'之说，而扫除训诂之胶"④。

其中，张溥著述多，影响大。他以一人之力治数经，共有《周易注疏大全合纂》《尚书注疏大全合纂》《诗经注疏大全合纂》《四书注疏大全合纂》《春秋三书》五种。为匡正颓弊的士风与学风，张溥提

---

① 张溥：《五经注疏大全合纂序》，《七录斋诗文合集·近稿》卷二，《续修四库全书》集部第1387册。
② 黄宗羲著，吴光执行主编，平惠善校点：《黄宗羲全集》第10册《南雷诗文集上·碑志类》，浙江古籍出版社2005年版，第429页。
③ 方以智：《浮山文集前编》卷三，《四库禁毁书丛刊》集部第113册，北京出版社2000年版。
④ 万时华：《〈诗经偶笺〉自引》，《溉园二集》卷一，《四库禁毁书丛刊》集部第144册。

出"废讲说而专存经解"①。明末，讲经风气日盛，讲学者对经义的随意阐发，空谈心性，以及士人为谋取功名，以剽窃模拟为能事，致使经学蒙蔽不清。"经学之不明，讲说害之也。"②张溥在《余岸少广易序》一文中再次指出："夫讲说日盛，经学乃绝。讲说者，经学之反也。"③讲说的形式有碍于经学的发展。而科举取士的制度同样造成经学的荒废。针对这种状况，张溥提出注疏、《大全》并列，不容偏废。

自明成祖定《五经大全》《四书大全》《性理大全》为八股取士的依据之后，"信传过于信经"④，士人们日常所读之书为《大全》及程墨、社稿等选本，学者关注的是程朱的注本，著作多为阐发宋儒之作。明代中后期，经学研究开始出现由宋学向汉学过渡的倾向。张溥并举注疏、《大全》，实际上偏重于注疏。张溥的注疏说进一步提高了汉学在明代经学研究史上的地位，重新确立汉儒注经的功绩。张溥在《五经注疏大全合纂序》一文中指出他对经学发展史的认识，"盖古人说经，源流尚近，文旨并深"，而"宋元诸儒解经最详，然稍错出矣"，"夫注传之学盛于汉，疏义之学盛于唐，南宋以后，道学盛兴，注疏稍屈。……盖不读注疏无以知经学之渊流，不读《大全》无以正经义之纰缪，两者若五官并列，不容偏废。成弘以来，学者尊尚《大全》，兼通注疏，等为间书，久而讲说滋烦，人便剽记，沦弃《大全》，亦复不论，是故道隆而隆，道污而污"。张溥最后得出结论："注疏、《大全》，亦五经之关梁门庭也。"强调研习经典的途径是同时学习注疏与《大全》。

张溥评论朱子集注与注疏的差异，在《孟子注疏大全合纂序》中指出："朱子《四书集注》，唯《孟子》与注疏违异差少。大抵注疏精详在度数名物，性与天道多略而不繁。"⑤指出注疏的特点所在。

---

① 张溥：《五经注疏大全合纂序》，《七录斋诗文合集·近稿》卷二，《续修四库全书》集部第1387册。
② 同上。
③ 张溥：《七录斋诗文合集·近稿》卷一，《续修四库全书》集部第1387册。
④ 黄宗羲：《顾麟士先生墓志铭》，黄宗羲著，吴光执行主编，平惠善校点《黄宗羲全集》第10册《南雷诗文集上·碑志类》，第428页。
⑤ 张溥：《七录斋诗文合集·近稿》卷六，《续修四库全书》集部第1387册。

他在《中庸注疏大全合纂序》曰:"然注疏以后,言者病少;章句以后,言者病多。少则昧道,多则伤实,合而观之,汉之言《中庸》者,礼也;宋之言《中庸》者,理也。礼理一也。"① 指出注疏之精,章句之详,汉儒主礼,宋儒重理,两者并举。《论语注疏大全合纂序》中提道:

> 余尝以意揣摩,欲明《论语》,必先《集注》;欲明《集注》,必先诸儒语录。此则人皆知之。所独惜者,上士厌其拘牵,下士苦其委沓,为高明之说者曰:其书章甫而适越者也,于圣贤无当,或逃而之禅,或援而入佛者比比也。卑者以为此功令之书、富贵之周行也,可无高论。呜呼!圣经之作不助清谈,贤传之术不资科第,二者交议,其风日下。……既览《大全》,复观注疏,前人之阙,足于后人,后人之善,本于先哲,一书具见,起予不远,又孰有欢欢于圣人之门者哉!②

张溥指出:研习《论语》应该先熟悉诸儒语录和朱子的《四书集注》。而士人多对经典产生烦闷厌苦的情绪,于是,高明者逃禅或援佛入儒,卑者则视之为求功名富贵之书,致使学风日渐疏陋。因此,张溥梳理统合注疏与集注传统,可补前人之阙,见后人之善,从经典读本入手,有助于学风的扭转。

张溥的注疏说是复社学术思想的重要组成部分。他的经学著作多为汇辑类,如《诗经注疏大全合纂》是将汉儒的注疏与《大全》汇辑于一起。《四库全书总目》对此书的评论:"溥是书杂取注疏及《大全》合纂成书,差愈于科举之士株守残匮者,然亦抄撮之学,无所考证也。"③ 又如评《春秋三书》:"此书为未成之本,亦别无奥义,采等以交游之故,为掇拾补缀而刊之,实不足以为溥重也。"④ 而徐汧的《春秋三书序》中指出张溥此书保存了前人的异说,不加批评

---

① 张溥:《七录斋诗文合集·近稿》卷六,《续修四库全书》集部第1387册。
② 同上。
③ 纪昀等撰:《四库全书总目》卷十七,中华书局1965年版。
④ 纪昀等撰:《四库全书总目》卷三十,中华书局1965年版。

之语，与当时"欲张己帜，先毁前哲"的作者通病不类；此书"传例并列，义无彼此"，起到消除海内经师异同纷争的功劳。① 徐沂的评价指明了张溥注疏类经书的特点与长处。而四库馆臣没有将张溥的经学著作放在明末特殊的学术背景下进行分析，得出的评价失之过低。

二　以资世用的史学思想

复社诸子在史学方面亦颇有建树，当中有不少成员擅长论史、记史、写史，著述丰，成就也高。复社的史学著作主要有两类：一是以张溥为代表的史论类；二是以吴应箕为代表的史述类。史论类著作主要是对以前的历史加以论说，评价政治得失。复社诸子热衷于探讨历史，总结兴衰规律，如张溥的纪事本末类史书，张采的《宋名臣言行录》等。他们的文集中有许多史论性文章，如吴应箕有史论六十篇，讨论春秋战国至宋代的杰出人物，尤其以汉晋时期为多，如汉高帝、韩信、霍光、诸葛亮等。再如陈子龙，有史论一百多则，也是集中讨论汉代人物。② 两人的史论文章中，关注的一个热点是"中兴"问题，吴应箕有《汉光武中兴论》《晋元帝中兴论》《唐肃宗中兴论》《宋高宗中兴论》，探讨了历代中兴之主创业的经验③；陈子龙有《世祖亲征》《列侯》《寇恂》《二十八将》等也是谈论中兴之主与中兴之将。这个热门话题的提出有一定的针对性，是在李自成攻破北京之后，士人们将"中兴"明王朝的希望寄托在弘光政权，对此，试图从历史上汲取开创新政权的成功经验，努力恢复明王朝的统治。从这一点来看，复社人士对于福王的继位还是抱有期待及拥护的。

张溥的史学研究以评史、论史为主，著述主要有《宋史纪事本末》《元史纪事本末》《通鉴纪事本末》《历代史论》《历代名臣奏

---

① 张溥：《春秋三书》，中国科学院图书馆藏明末刻本。
② 陈子龙著，王英志辑校：《陈子龙全集·论史》，人民文学出版社2011年版，第1429页。
③ 吴应箕：《楼山堂集》卷六，《续修四库全书》集部第1388册。

议》等数种，也包括《汉魏六朝百三家集》题词。对于历史事件的分析，张溥具备广阔的视野与缜密的思路，多有独到的识见。以《历代史论》为例，自周至元，涉及国家、君臣、礼制、文教等各方面，在当时及后世都颇具影响。至清光绪二年九月，张之洞为本书重版作序称曰："明末张天如先生撰《历代史论》二十二卷，起周三家分晋，至元而止，书颇盛行。学者以春秋二百年及有明一代阙而弗备为憾。青山林氏仿小司马补《史记三皇本纪》之例，取高澹人、谷赓虞两先生之作合刻之，学者手批一编，非唯有益于文，抑以稍窥史学矣。"① 张溥重在分析史事的渊源，试看《宦官亡汉》一则，② 分析了汉代宦官乱政的本末，曰："桓帝之世有宦官有名士，则天子为宦官而驱除名士；灵帝之世有宦官无名士，则宦官不畏名士而专制天子。制久而患深，变迟而祸大，北宫门之戮，少长尽死，固宦官杀钩党之报，所痛心者，委之以天下耳。"指出桓灵之世，宦官势力渐长，至根深蒂固，而当轴者迟疑不决，北宫门一役，捕杀宦官，虽尽诛宦官，却导致了汉室的倾覆。张溥的史论叙事清晰，见解精辟，夹叙夹议，语言精练。如孙琮的眉批，对该则史论评曰："论事既极委曲，抒词又复英毅，觉奇杰之气扑入眉宇。"张溥分析史事善于昭显大义，标举人伦，重视人物的德行操守，如《礼乐议》：批评了汉高祖与唐太宗悖礼乐、违人伦的做法，肯定宋太祖"严家法、尊理学"，为"盛德之主"。对于此文，孙评曰："行文有顿挫，有把握，突然而起，悠然而住，转折纵送，无不协老制作之大观。"③

由于明末特殊的政治背景，张溥尤为关注朋党、宦官与政治的关系及有关的历史事件。汉之宦官乱政、唐之朋党之祸与甘露之变、宋之党议等，张溥都进行了细致而深入的分析，持论较为客观公允，且富于启发意义。如《庆历党议》分析了宋仁宗、吕夷简与范仲淹等人之间的复杂关系，指出庆历年间党议之起的原因，"予尤痛心者，

---

① 张溥：《历代史论》，浙江书局刊本。
② 张溥：《历代史论》卷三，浙江书局刊本。
③ 张溥：《历代史论》卷十三，浙江书局刊本。

天子雅知仲淹等贤，旋退旋进，至夏竦避位，石介作诗，内阳外阴，世已治矣，猥以欲速不达，贵幸侧目，帝渐疑而弗任也"，批评范仲淹未能如唐代姚崇一样"使上下无疑，谗间不入，然后快所欲为"，而是"毁言方至，遽请行边"，致失帝心。张溥这一见解超越一般的史评，言之有理，孙批曰："通篇前后论列，既有以服执政之心，又有以正诸贤之失，折衷权衡，最为持平之论。"①《洛蜀党议》中痛心程颐与苏轼本来"合志同方，出处不异"，却因为"口语参商，攻讦竞起"，别为洛蜀二党，"犹家人之室斗耳"，终致"小人斥为一党而并击之，治世不同福，乱世则同祸"，指出程、苏诸贤应当后悔他们之间相互攻讦，使小人得以乘隙而起。孙批曰："篇中写君子之疏略，写小人之阴毒，顿挫有情，淋漓尽致。再四读之，使人争忿之心自静。"②张溥的史论裁量人物，针砭史事，有助于时人对历史事件的理解，从中获取经验教训。

  明人对于王安石的评价最为复杂，褒贬不一，总的说来，贬抑之词居多，如方以智《史统序》中曰："介甫不达物理，空负特达之主知。"③指出王安石不懂事理，有负于神宗的知遇之恩。张溥对王安石也是贬损有加。《历代史论》一书中，《王安石变法》一则分析了王安石任人不当，刚愎自用，以致兄弟失和，变法失败，对此，张溥叹曰："古来以臣负君未有如安石者也！"④在《学校科举之制》一则中，张溥批评王安石以己意创经义试策取士，"变墨义为大义"，"所谓大义皆王氏之新经，非孔孟之遗训也"，指出王安石此举是"欲学者之从己，则科第以饵之"而已。⑤张溥在他的文集中也屡屡论及王安石，对王大加挞伐，如在《进士说》一文中谈到"王安石独申明经以抑进士，意欲黜离诗赋，尽归经术，而矫枉过甚，其流偏激"⑥，对王安石改创科举制度颇有微词。张溥重视君

---

① 张溥：《历代史论》卷十三，浙江书局刊本。
② 张溥：《历代史论》卷十四，浙江书局刊本。
③ 方以智：《浮山文集前编》卷五，《四库禁毁书丛刊》集部第113册。
④ 张溥：《历代史论》卷十三，浙江书局刊本。
⑤ 张溥：《历代史论》卷十四，浙江书局刊本。
⑥ 张溥：《七录斋诗文合集·馆课》卷一，《续修四库全书》集部第1387册。

臣之道、人伦之诚，在他看来，王安石不具备才诚合一的条件，他在《古今才诚合一大臣论》中指出："汴宋之才莫盛于熙宁，一王安石足以败之；南宋之才莫盛于建炎，一秦桧足以败之。"① 将王安石与秦桧相提并论，可见王在张溥心目中的地位之低。《灾异论》中，张溥贬斥安石"以经术诬世而敢于欺天"②；《诏狱论》中讽刺王安石与吕惠卿"始朋比而终交恶"，"以是知小人之相与为恶，大狱烦滋，后必积以成隙，务为倾危，以丧其互全之术"③。对王安石的变法、改科举制度、压抑人才等方面，张溥都加以严厉批评，但是，他对王安石清介的个性特点仍然给予了肯定。如在《立朝以正直忠厚为本论》一文中，论曰："安石清介不苟，近于正直而执性好颂，壬人中之卒也。新法累国，朋党牢蔽，饭鱼之俭，不能赎其误国之诛，此尤偏颇之大者也。"④ 重心落在批判其误国之举，但肯定其为人近于正直。

在《宋史纪事本末》《元史纪事本末》《通鉴纪事本末》三书中，张溥对史事有大量评语，抑恶扬善，褒贬人物，反映了他的政治主张，对明季政事有一定的借鉴意义。

《历代名臣奏议》一书，"凡历代典制沿革之由，政治得失之故，皆收罗大备，乃'古今奏议之渊海'"⑤，同样是一部反映治乱兴衰、有现实针对性的史书。本书成于明成祖永乐年间，由黄淮、杨士奇等人"采古直言汇录成书"，"世无其版"，至崇祯年间，"郡县学官掌故，有愕不知为何书者"；崇祯四年，张溥获此书，花两年工夫"依原卷标指详略"⑥，付诸刊刻。此书的价值在于鉴古知今，为当时的执政者提供范例，"若事关奏对，言系国家，在上而不知，必有失道之忧；在下而不知，必有害公之罚。……奏议之辑，非独察古镜今，亦急教谏也。殷鉴夏，周鉴殷，戒汉必以秦，戒唐必以隋，因世近

---

① 张溥：《七录斋诗文合集·馆课》卷一，《续修四库全书》集部第1387册。
② 张溥：《七录斋集·论略》卷一，《四库禁毁书丛刊》集部第182册。
③ 同上。
④ 张溥：《七录斋诗文合集·馆课》卷一，《续修四库全书》集部第1387册。
⑤ 陈鼓应、辛冠洁、葛荣晋主编：《明清实学思潮史》，齐鲁书社1989年版，第879页。
⑥ 张溥：《七录斋诗文合集·近稿》卷一，《续修四库全书》集部第1387册。

也。昭代之鉴，莫切于宋，故奏议载宋尤详"①。张溥对《历代名臣奏议》一书的辑佚校编、重新再版，在史学史上有不可抹杀的功绩，而四库馆臣对张溥的整理之功进行贬抑："溥所去取，颇乏鉴裁，至唐宋以后之文，尽遭割裂，几于续凫断鹤，全失其真。"②张溥在序中自言："西汉奏事，率尚简直，简则明，直则当，疏言之体也。"③可见，他推崇的奏疏的风格是西汉时期的简直之体。张溥认为，后世的文体离"文章尔雅之指"越来越远，"后代所师法，絜之于汉，不无骈词赘语，必经删剪，然后雅健可观，读而不厌。况他文哉？沿至今日，奏议不伦，殆有数病，详于颂圣而略于言事，密于瞻顾而疏于考据，学问不必其生平而因乎风会，文词不必其选择而安于便陋"，古今文体各有优劣之处，"词尚体要，言无妄费，今之不如古也；观变熟多，援证周笃，古之不如今也"④。因此，张溥对汉之后的文章以己意加以删减，显示出他对文章简明雅健风格的追求。四库馆臣对张溥的评价偏低，过于苛刻。

张溥通过对史事、人物的褒贬分析，对于明末的政治、军事、外交、文化等问题有一定的针对性，具有现实意义，体现了他的政治主张及复社"务为有用"的思想宗旨。

以吴应箕为代表的史述类。这类史学著作主要是记录明末清初包括南明时期的历史，反映当时的政治风云与社会变幻，以及在连年战争、国破家亡的打击之下个人的遭际变化。当时，由张溥倡举的"学古""尊经重史"的风气盛行，"列郡人文，一时风尚，口谈朝事，案置《汉书》"⑤。习史之风所及，不少复社成员操起笔管，从个人的眼光来叙述这段历史。流传至今的主要有吴应箕的《东林本末》《熹朝忠节死臣列传》《启祯两朝剥复录》《留都见闻录》等，杨廷枢的《全吴纪略》、顾炎武的《圣安本纪》、夏允彝的《幸存录》、夏完淳

---

① 张溥：《七录斋诗文合集·近稿》卷一，《续修四库全书》集部第1387册。
② 纪昀等撰：《四库全书总目》卷五十五。
③ 张溥：《七录斋诗文合集·近稿》卷一，《续修四库全书》集部第1387册。
④ 同上。
⑤ 朱彝尊：《静志居诗话》卷十九"张溥条"，人民文学出版社1990年版，第574页。

的《续幸存录》①、徐世溥的《江变纪略》、钱邦芑的《甲申忠佞纪事》、黄宗羲的《弘光实录钞》《汰存录》、吴伟业的《复社纪事》等。史家从个人的角度来记录历史，往往寓褒贬于叙述中，包括史事的选择与话语的使用，都体现出史家的好恶与识见。复社诸子记述这段历史"一方面出于对明朝兴衰存亡的关心；另一方面则是出于党争的需要，用现在的话说就是为了掌握历史话语权的问题。简言之，一为痛中思痛，一为正本清源"②。他们的著述有记录政治斗争的，如吴应箕的《启祯两朝剥复录》；有叙述社事经过的，如吴伟业的《复社纪事》；有彰显忠节之臣、批判奸佞之臣的，如钱邦芑《甲申忠佞纪事》。

复社诸子中，史学造诣较高、成就较大者有吴应箕、吴伟业、黄宗羲、顾炎武等人，除吴应箕外，其他几人的史学论著多在明亡之后。因此，复社的史述类著作以吴应箕的作品为代表。吴写下了大量记载这段历史的文字，代表作有《东林本末》《熹朝忠节死臣列传》《启祯两朝剥复录》等。《东林本末》六卷，共分上中下，上为《门户始末》、下包括《江陵夺情》《三王并封》《癸巳考察》《会推阁员》《辛亥京察上下》《三案》等篇目。吴应箕自序：

> 东林者，门户之别名也；门户者，又朋党之别号。夫小人欲空人国，必加之去朋党，于是东林之名最著，而受祸为独深；要亦何负于人国哉！东林争言真伪：其真者必不负国家，伪者反至负东林。此实何欤？盖起事至五六十年，相传多失其实；于是而有伪者，亦势使然也。今之所为东林者又一变，往时欲锢之林下者，今且下及草野。夫盛世岂有党锢之事？何论朝野，亦辨其真与伪而已矣。余于是条次其本末，以使观者有

---

① 关于《幸存录》《续幸存录》的真伪，是否确为夏允彝、夏完淳父子所作，目前难下定论。此处暂用朱希祖的观点，定为两人的作品。《幸存录》于齐、楚、浙三党皆有恕辞有贬词，又谓东林杂而偏，诸贤过激，遂致天下亡。而朱希祖也认为"明社之亡，列于党争者，皆有罪焉"。因此，朱认为此书观点为持平之论，颇为赞赏，指出二书"见嫉于党人而删削不全"（朱希祖：《明季史料题跋》，中华书局1961年版）。

② 何宗美：《明末清初文人结社研究》第三章"复社及其思想、学术与文学（上）"，南开大学出版社2003年版，第203页。

所考而感焉。①

吴应箕指出，东林党乃小人罗织名目加之、罪之，东林人士无负于国家；随着时间流逝，有关东林与小人的争斗之事流传不清，多失其实。于是，吴应箕对这段史事加以整理，考察其源流本末，辨别当中的真伪是非，使后世之人了解事实的经过。在记述史实当中，吴应箕时时流露出内心的好恶与感慨，痛惜东林君子之受祸，愤怒小人之奸险。他盛赞东林人士承继东汉党人的风节气概，使文人的气骨与国家的命途得以延续。他说：

> 予尝以为留东汉之天下者气节也，凶如董卓而不能取，奸如曹操而不敢取。天启乙丙之间，一阉作孽，不过刀锯余息，乃能使天下衣冠之徒回面污行，事至不忍言。而累累相接，骈首就诛，卒以其死力捍之，使圣贤读书之种不绝，而为留未竟之绪，以待今日圣明再驭者，此谁为之？则东林之流风余韵，犹能系人宗社如此也。谁谓党人不可为哉？②

一方面讽刺了"衣冠之徒"甘污士行、俯事魏阉的丑陋面目；另一方面赞扬东林人士以死相争、敢于牺牲的斗争精神。在夹叙夹议中表现出作者对党争的是非判断，体现出复社与东林之间一脉相承的关系。

复社成员所著的史书基本上表现了与东林人士相一致的政治倾向，痛恨阉党、小人对东林人士的迫害，弘扬气节，彰显忠义。黄宗羲所作《东林学案》中的观点，大力表彰了东林及复社人士的忠烈节义，指出："毅宗之变，攀龙髯而蓐蝼蚁者，属之东林乎？属之攻东林者乎？数十年来，勇者燔妻子，弱者埋土室，忠义之盛度越前代，犹是东林之流风余韵也。一党师友，冷风热血，洗涤乾坤，无智

---

① 吴应箕：《东林本末序》，《东林始末》，上海书店1982年版。
② 吴应箕：《东林本末》之"会推阁员"，《东林始末》，第19页。

之徒窃窃然从而议之，可悲也夫！"① 可与吴应箕的说法相印证。两人的著述皆是有为而作，针对明末清初时期"世之人犹好指摘贤人君子之细"，"大道之不明"②，用自己的刀笔来讲述事实，有助于世人厘清历史、正本清源。

三 门类齐全的子学

与"务为有用"的宗旨相一致，以张溥为首的复社诸子关心国事，关切民瘼，关注现实世界。他们的著述中，有不少文章是针对现实问题而写，如张溥的对、策、论、说、议等。周钟所作的《七录斋集序》指出："天如生于元美先生之乡，而才繇天授，智禀无师。凡经函子部，迄历代掌故家言，君子小人所以进退，夷狄盗贼所以盛衰，兵刑钱谷之数，典礼制作之大，无不博极群书，涉口成诵。"③ 可见其关注的对象广，领域宽。张溥的《群芳谱序》谓："王荩臣先生闲居之暇，泛滥百家，独取草木种植，自作谱书。"④ 表彰了王荩臣对花草种植的研治。再如陈子龙有《历代舆地图序》，称道友人对地图的钻研。

复社成员中，有不少知识丰富、学问渊博的学者，他们的视角拓展到生活中的方方面面，涉猎了声韵、文字、律历、算数、医药、地理、艺术等门类，讲求实用，重视实践经验。其中最突出的是方以智，有《物理小识》《通雅》《全边略记》《医药会通》等著作。陈子龙有诗《闻桐城乱久矣，龙友从金陵来，知密之固无恙，甚喜，又以久不见，寄书寒夜有怀，率尔成咏》称赞方以智，诗曰："六龄知文史，八岁游京师。十二工书法，隶草腾龙螭。十五通剑术，十八观玄仪。旁及《易》象数，物理不可欺。"⑤ 王夫之《搔首问》亦载："读陈大樽集，云密翁年十九而知作木牛流马，欲就青原问之，不克，

---

① 黄宗羲：《明儒学案》，中华书局1985年版。
② 吴应箕：《东林本末》之"三案"，《东林始末》，第28页。
③ 张溥：《七录斋诗文合集》卷首，《续修四库全书》集部第1387册。
④ 张溥：《七录斋诗文合集·近稿》卷六，《续修四库全书》集部第1387册。
⑤ 陈子龙：《陈忠裕公全集》卷七，清嘉庆八年（1803）簳山草堂刻本。

而密翁逝矣。"①

  当时社会，涌现出不少注重实践的学者，当中有些与复社成员交往较为密切，如徐光启。崇祯四年，辛未会试之后，张溥在京师，受教于徐光启，张溥《徐文定公农政全书序》："予生也晚，犹获侍先师徐文定公，盖岁辛未之季春也。溥时以春官尚书守詹次，当读卷，亟赏予廷对一策，予因得以谒公京邸。公进予而前，勉以读书经世大义，若谓孺子可教者。予退而矢感，早夜惕励，闻公方窃泰西历学，予邀同年徐退谷往问所疑。"② 从张溥自述可知，徐光启经世致用的思想对他有深刻影响。张溥虚心好学，勤研经世大义，并付诸实践。徐光启卒后，未成书的《农政全书》草稿交由陈子龙来整理、出版。陈子龙的《农政全书·凡例》指出："其生平所学，博究天人而皆主于实用，至于农事，尤所用心。盖以为生民率育之源，国家富强之本，故尝躬执耒耜之器，亲尝草木之味，随时采集，兼之访问，缀而成书。"③ 称扬徐光启重实学，讲求实用，有益于国家与民生。

  总的说来，复社的学术思想承前启后，有着划时代的意义：首先，形成了通经学古的治学思路，对经学著作进行辑补、评注，重视汉儒的注疏之学，重新确立汉学在经学史上的功绩与地位，肇启有清一代的朴学之风；其次，开创了讲究实用的新一代学风，复社承继了万历年间东林学派舍虚务实的思想，在明末士人中掀起一股实学思潮，明末的学术思想"由空谈心性的思辨之学转而为'务为有用'的实用之学"④；最后，复社重视史学与兵学，讲究致用，关注到外部世界，尤其是与国家相关的地势边塞、与民生相关的农林水政等，促进了有清一代史学与边疆地理学的发达。

（原载《古文献与传统文化》第14辑，华文出版社2009年版）

---

① 任道斌编著：《方以智年谱》，安徽教育出版社1983年版，第42页。
② 蒋逸雪：《张溥年谱》，齐鲁书社1982年版，第25页。
③ 陈子龙：《陈忠裕公全集》卷二十九，清嘉庆八年（1803）簳山草堂刻本。
④ 何宗美：《明末清初文人结社研究》第三章"复社及其思想、学术与文学（上）"，南开大学出版社2003年版，第205页。

论张溥知人论世与以意逆志批评方法的运用

——以《汉魏六朝百三家集题辞》为例

张溥,字天如,江苏太仓人。明末崇祯年间,与郡中名士结为文社,名为复社,以"兴复古学,务为有用"为宗旨,进行文学与社会活动。为"兴复古学",张溥辑了《汉魏六朝百三家集》,并为各家撰写题辞。[①] 由于应场应璩、张载张协、刘孝仪刘孝威等为兄弟合集,全书共有一百则题辞,分而观之,是对每个作家及其作品的具体评论;综合来看,则是一部汉魏六朝文学简史。正如张溥在总叙中所言,每则题辞"叙首本末""送疑取难",成为研究汉魏六朝文学及张溥文学思想的重要参考资料。

综观百则题辞,处处闪烁着张溥对汉魏六朝文学的真知灼见,并充分体现了他所运用的文学批评方法。总的说来,主要有以意逆志、较量异同、引证前人及推源溯流等四种方法。这几种批评方法有机结合起来使用,其中最突出的是以意逆志法。张溥不仅承继了自汉代以来知人论世的优良传统,而且联系他自己生活的时代、社会、经历,融入个人独特的会心,使每一则题辞都写得精彩绝伦,妙语迭出。

一 "知人论世"与"以意逆志"法的结合

知人论世与以意逆志是我国传统的文学批评。知人论世最初是用来讲明交友之道的,《孟子·万章下》:"一乡之善士,斯友一乡之善

---

① 张溥著,殷孟伦注:《汉魏六朝百三家集题辞注》,人民文学出版社1960年版。

士；一国之善士，斯友一国之善士；天下之善士，斯友天下之善士。以友天下之善士为未足，又尚论古之人。颂其诗，读其书，不知其人，可乎？是以论其世也，是尚友也。"在孟子看来，读古人诗书，必须了解其为人行事及其生活的时代背景，才可交接古人。而知人必须知其心，《孟子·万章上》指出："故说《诗》者，不以文害辞，不以辞害志。以意逆志，是为得之。"读古人诗书，应该以自己的心意去求古人之志，使两心相通，从而探索古人所表达的思想情感。这两种方法有机组合，广泛运用于文学批评当中。

张溥善于将"知人论世"与"以意逆志"法结合起来。他注意作家的生平身世及其生活的具体环境，分析当时政治、经济、文化等因素对其行为与作品的影响。如《挚太常集题辞》："茂先博极群书，先辨凫毛龙肉，而不知察变松柏；仲洽善观玄象，知凉州可以避难，而流离京洛，竟同饿隶。予辄怪儒者有博物之长，无谋身之断，此赵壹所以悲穷鸟也。"两人同样有博学之能，却无法在乱世中为自己找到一个安身之所。再如《阮元瑜集题辞》："然则元瑜俯首曹氏，嗣宗盘桓司马，父子酒歌，盖有不得已也。"

在分析文人的生活背景时，他常常将不同时代的两个文人进行对比，在比较中凸显时代环境的差异对两人行为与创作所造成的不同影响。譬如《张河间集题辞》中以张衡与扬雄比较，"政权下移，图谶繁兴，发愤陈论，务矫时枉，斯又昔者扬雄所无矣"，时世的不同引起创作的差异。《梁简文集题辞》比较萧纲与曹丕的同与异，指出所异在于"时世"，"储极既正，宫体盛行，但务绮博，不避轻华，人挟曹丕之资，而风非黄初之旧，亦时世使然乎"。

对于有的文人前后不一致的行为与创作，张溥也是联系其具体经历来分析。如《陈记室集题辞》描述陈琳先为袁绍草檄文极力诋操，后依附曹操后檄吴文中盛称北方，指出"文人何常，唯所用之，茂恶尔矛，夷怿相酬，固恒态也"，对其前后矛盾的行为与文章表示宽容。而《鲍参军集题辞》："临川好文，明远自耻燕雀，贡诗言志。文帝惊才，又自贬下就之。相时投主，善周其长，非祢正平、杨德祖流也。集中文章，实无'鄙言累句'，不知当时何以相加？江文通遭逢梁武，年华望暮，不敢以文陵主，意同明远，而蒙讥'才尽'，史臣无表而出之者，沈休文窃笑后人矣。"张溥对鲍照前后不同的表现并无贬责之意，指出他与祢衡、杨修负才傲物的不同之处。题辞中将鲍照江淹两人的相似经历并提，指出文人相主时的无奈及对创作的影响；指出历史上有关鲍照与江淹"才尽"一说，沈约写作《宋书》时注意到鲍照"才尽"背后的因素，而《南史》的作者却没有沈约的眼光，致使江淹蒙讥。在《江醴陵集题辞》中，张溥明确指出江淹创作风格变化的原因是时世的约束，江淹"体貌前哲"的《杂体》诗三十首"总制众善，兴会高远，而深厚不如，非其才绌，世限之也"，"世犹传文通暮年才退，张载问锦，郭璞索笔，则几妒口矣"。

由于独具史识，张溥能够以比较客观持平的态度来看待文人的行事与创作，对于某些长期以来易遭人非议的举动，他提出自己的看法，加以辩白。如《扬侍郎集题辞》中，联系《汉书》本传为扬雄作《剧秦美新》加以辩护，"班史作传，亦未显誉，其符命之作，传闻真伪，尚在龙蛇间。或者莽善诳耀，颂功德者遍海内，莫不高三皇，巍五帝；子云《美新》犹颇蕴藉鲜丑，孟坚读而不怪也"。指出王莽朝文人多歌功颂德，而扬雄此文不过是随俗之作而已。再如在《魏特进集题辞》中，他为《魏书》辩护，"《魏书》失实，秽史流谤，然捃摭宏博，实当时伟作"。

二 对"文如其人"命题的个人见解

张溥将人品和文品联系起来考察，涉及"文如其人"的命题。关于这一命题，程千帆先生指出"王充发文德之论，一再传后，而有章氏此篇，后出转精，可谓无余蕴矣"[①]。作为传统观念的"文如其人"，可以追溯到《周易·系辞下》："将叛者其辞惭，中心疑者其辞枝，吉人之辞寡，躁人之辞多，诬善之人其辞游，失其守者其辞屈。"描述人的言辞与心境的关系。我国古代的文论家多数赞成人的文章与品德相一致。

而"以意逆志"法的哲学基础是以孟子为代表的儒家人性论，

---

① 程千帆：《文论十笺》，黑龙江人民出版社1983年版。

"孟子对'意'的性质未作限定，但是从孟子的思想结构来看，这个'意'应该是善的。孟子的人性论以为，人心历千载而能相通，乃奠基于人性的本质是善，这同时也体现了孟子对读者道德上的基本要求"①。徐复观也曾提出道德内在化为作者之心，"心"与"道德"是一体，由道德而来的仁心与勇气，加深扩大了感发的对象与动机，提高文学作品的素质与疆域；道德实现的形式可以变迁，但道德的基本精神，必为人性所固有，必为个人与群体所需要。由此可知，通过心与心的相通，后世读者可以切实体会到作者在作品中如实反映的道德品质与思想感情，也就是"文如其人"具有一定的合理性。但文学史上"文不如其人"的现象屡见不鲜。

张溥注意到作家为人与文章的一致性。如《司马文园集题辞》中叹赏司马相如人与文皆风流，"《美人赋》《风诗》之尤，上掩宋玉。盖长卿风流诞放，深于论色，即其所自叙传"。再如《诸葛丞相集题辞》盛赞诸葛亮的忠心事主，"而君臣鱼水，常如先帝时。《东山》《金縢》，似反逊之，志则同也"。

对于文章与个人品质的分裂，张溥更是深有感触，对作家的行为痛惜不已。比如说惋惜班固晚节不保，《班兰台集题辞》："私心痛其才同厥考，而志耻薄宦，冒进失当，不若望都长优游以终也。"他不赞成文人汲汲于荣仕，如《马季长集题辞》，时边疆几个少数民族叛乱，马融上书求效力，"观其抚时奋发，诚耻儒冠同腐草木；乃心惩邓氏，恐怖梁冀，既颂将军西第，又诬奏李太尉于死，代人匠斲，点染名贤，斯文坠地，百身莫赎矣！季长注《孝经》，云：'忠犹有阙，述仲尼之说，而作《忠经》。'其文，常人耳。及读本传，并未云季长作《忠经》。然则《忠经》果马氏之书欤？予不敢信也。范史讥融虑深垂堂，不及胥靡。予亦哀其儒者风流，自陨汉阳之节，重负南山挚季直矣！"张溥极为痛惜马融的无德之举，依附权贵，一方面代笔草章诬奏正直之士；另一方面阿谀奉承、不敢违忤势家。马融自言发挥孔子学说作《忠经》，但所传书无特异之处，而马融的种种举动也不符合忠直的儒者形象，因此，张溥认定《忠经》非其著作。殷孟

---

① 张伯伟：《中国古代文学批评方法研究》，中华书局2002年版，第14页。

伦按:"《忠经》乃伪书,辨见《四库全书提要》。"张溥认为,马融"家世贵戚,居养丰泽,即坐高堂,施绛帐,著书授生徒以老,亦足以传,何汲汲荣仕也?"再如《潘黄门集题辞》中,张溥也流露出他对潘岳为人的惋惜之情,"独惜其愍怀诈书,呈身牝后,屈长卿之典册,行江充之告变,重污泥以自辱耳!《闲居》一赋,板舆轻轩,浮杯高歌,天伦乐事,足起爱慕。孰知其仕宦情重,方思热客,慈母拳拳,非所念也",指出其好干进的个性与《闲居赋》恬适的风格相矛盾。张溥对于曹操的态度最耐人寻味,他一方面批判其"不忠",多次在题辞中骂曹操为奸贼;另一方面又不乏欣赏,在《魏武帝集题辞》中又称赞其多才多艺,文武双全,雄才大略,"《述志》一令,似乎欺人,未尝不抽序心腹,慨当以慷也"。

对于某些文人的欺人之举,张溥无情地指出其为人为文的虚伪本质。如《梁武帝集题辞》中,张溥以尖锐的口吻揭露梁武帝事佛的虚伪,将之比为愚夫愚妇身盗贼而口素食。《梁元帝集题辞》批判梁元帝《与武陵王书》中假惺惺地抒发兄弟情深,但为了皇位却操戈诛杀家人,"同室之斗,甚于寇仇,外为可怜之言,内无急难之痛,狡人好语,固难以尝测也"。在《隋炀帝集题辞》中,张溥指出其集中多庄言,"身受法戒,而烝杀无惭"。

但对于一些被后世目为轻薄的文人,张溥却看到他们并非无德之人。比方说《陈后主集题辞》中,张溥认为陈后主豪侈善音的生活并非导致亡国的原因,其词非绝淫,不应担负亡国的罪名;《庾开府集题辞》中为庾信辩护,认为其临阵逃脱是"违才易务,任非其器",他的诗文风格兼备,"令狐撰史,诋为'淫放轻险,词赋罪人'。夫唐人文章去徐庾最近,穷形写态,模范是出,而敢于毁侮,殆将讳所自来,先避寻斧欤?"

张溥还看到作家性格的多样性与复杂性,如《张长史集题辞》的题辞中刻画了张融虽狂而重情义的形象,他的言行与文章都呈现出一种孤逸的风范,"张氏理音辞,修仪范,思光独诡越惊人,似一狂士。然孝亲敬嫂,感德重义,人伦之际,何亹亹也。自序文章云:'不阡不陌,非途非路。'后有状者,不如其善自状也。《海赋》文词诡激,欲前无木华,虽体致未谐,藩篱已判。传诗绝少,落落如之,白云清风,孤台明月,想见其人。……彼生平谈论,总无师法,白日发歌,鸿飞起悟,孤神独逸。窥其意好,似慕北海,与之同名;然谓天下有两融,又掉头而不受也"。作家性格的多重复杂,在某些程度上影响了作品风格的多样变化。张溥有意识地指出作家个性与文章风格不一致的地方。在《嵇中散集题辞》中指出嵇康的《家诫》小心笃诲,其实性情简傲,"凡性不近物者,勉为抑损,终与物乖。中散绝交巨源,非恶山公,于当世人事诚不耐也"。

三　文情观

作家为人与为文的风格一致,文章中蕴含了真情实感,动人以情。张溥尤其赞赏有"情"之文。如他在《徐仆射集题辞》中称赞徐陵"评徐诗者云:'如鱼油龙氄,列堞明霞。'比拟文字,形象亦然。乃余读其《劝进元帝表》与《代贞阳侯》数书,感慨兴亡,声泪并发;至羁旅篇牍,亲朋报章,苏李悲歌,犹见遗则,代马越鸟,能不悽然?夫三代以前,文无声偶,八音自谐,司马子长所谓'铿锵鼓舞'也。"徐陵《劝进元帝表》《代贞阳侯书》等,抒发了强烈的兴亡之感;羁留北齐时所作的《与杨仆射书》《与宗室书》《与梁太尉王僧辩》等,表达别离之情、故土之念,情感真挚动人,能够跳脱声律的束缚,以生气见高。在《高令公集题辞》中,张溥称赞高允"观彼生平,求友分深,爱敬终始,不独于君臣有情也。集中文字,如《上书东宫》《谏起宫室》《矫颓俗五异》及《乐平王著论》,皆耿介有声,余亦整而不污"。指出他们为人为文皆有情有义,感人心魄。同时,张溥又提出文人性格的耿直并非情薄,在《傅鹑觚集题辞》中点明傅玄心怀深情,"休奕天性峻急,正色白简,台阁生风。独为诗篇辛婉温丽,善言儿女。强直之士,怀情正深,赋好色者,何必宋玉哉!"

张溥认为情文相生,文以情优。如《夏侯常侍集题辞》:"《周诗》上续《白华》,志犹束皙《补亡》,安仁诵之,亦赋《家风》,友朋具尔,殆文以情生乎?……其《离亲咏》有云:'苟违亲以从利兮,匪曾闵之攸宝。'余为三复泣下。孝弟文雅,盛名得全者此尔。"

文章感人之处在于真情。《晋书·夏侯湛传》："初湛作《周诗》成，以示潘岳，岳曰：'此文非徒温雅，乃别见孝悌之性。'岳因此遂作《家风诗》。"创作缘于情感的抒发，潘岳读了友人夏侯湛的诗歌，心有感触，也创作了同样思想风格的作品。两人相较，潘岳不听母亲的劝诫，热衷仕途，终遭诬害；而夏侯湛幸运的是去世较早，避免了祸患，得以孝悌文雅全其名。可见，夏侯湛的孝悌与潘岳相比，更为真诚，出于真心，所作《离亲咏》真情流露，催人泪下。再如《谢宣城集题辞》："集中文字，亦惟《文学辞笺》《西府赠诗》两篇独绝，盖中情深者为言益工也。"《庾开府集题辞》："文与孝穆敌体，辞生于情，气余于彩，乃其独优。"都说明文章只有包含作者的真挚情感才会优胜。

因此，张溥对于无"情"之文，指出其缺乏艺术感染力，如《阮元瑜集题辞》："予观彼书，润泽发扬，善辨若毂。独叙赤壁之败，流汗发惭，口重语塞。固知无情之言，即悬幡击鼓，无能助其威灵也。"再如《王詹事集题辞》："《昭明哀策》，中朝嗟赏，然辞丽寡哀，风人致短。东汉以来，文尚声华，渐爽实情，诔死之篇，应诏公庭，尤矜组练。即颜延年《哀宋元后》、谢玄晖《哀齐敬后》，一代名作，皆文过其质，何怪后生学步者哉？"都以叹惜的口吻提出无情之文缺少风致，没有艺术效果。

四　对易代文人与文学的批评

张溥的内心有一种深沉的末世情怀，或说是乱世情怀。他生活的年代是万历三十年至崇祯十四年，正是明代末年，内忧外患同时加剧。而他所辑的百三家文人所生活的时代也绝大多数是政治混乱时期，尤其是相当一部分经历了改朝换代。因此，他特别关注作家的个性与时代之间的关系。作家的个性包括了他在现实生活中表现出来的气质、性格、道德、修养等的总和，与他的创作风格之间存在某种特定的联系。如《孔少府集题辞》中突出了孔融的个性与时世及作品的关系，尤其是凸显了他与曹操之间的矛盾，"操杀文举，在建安十三年。时僭形已彰，文举既不能诛之，又不能远之，并立衰朝，戏谑笑傲，激其忌怒，无啻肉喂馁虎，此南阳管乐所深悲也！……今读其书表，如鲍子复生，禽息不没。彼之大度，岂止六国四公子乎？……东汉词章拘密，独少府诗文豪气直上，孟子所谓浩然，非耶？琴堂衣冠，客满酒盈，予尚能想见之"。这则题辞中充溢着对孔融其人其文的叹赏，其个性的狂傲不羁与文章的豪迈超逸相一致。《刘中山集题辞》指出刘琨的文与志的一致，"想其当日执槊倚盾，笔不得止，劲气直辞，回薄霄汉。推此志也，屈平沅湘，荆卿易水，其同声耶？"

魏晋南北朝是一个易君如弈棋的动荡时代。张溥关注当时文人采取何种态度来对待改朝换代，考察他们的品德修养，尤其是"忠"，多次批评那些无特操的文人。张溥特意指出文人对于朝代更替的态度，如《陶彭泽集题辞》点出陶潜不事新朝之志。对于那些受前朝君王恩遇荣宠的文人改弦更张、另事新朝的做法，张溥加以批判。如《沈隐侯集题辞》："时休文年已六十余矣，抵掌革运，鼓舞作贼，惟恐人非金玉，时失河清，举手之间，大事已定，竟忘身为齐文惠家令也。佛前忏悔，省讼小过，戒及绮语，独讳言佐命，不敢播腾。"在《李怀州集题辞》中无情地揭露了杨愔、李德林忘恩背义之举，"北方大臣享重名、无特操者，余最薄杨遵彦、李公辅。遵彦世受魏恩，僭尚静后，金紫衣带，羞见李庶。二王之变，命尽捉酒，死不足怜。……（公辅）反颜事仇，何如鼠也"。

而对于时势造成个人命运无法自主的文人，张溥采取了较为宽容的态度，如《王司空集题辞》指出："然荆郢定都，匡谏不力；围城督戎，败北随降。总文武之任，蹈臣虏之讥，末流不振，贤者犹然。昔曾祖仲宝，刘宋国戚，败附萧齐，士林交贬。子渊委蛇，乃其门风，幸不至卖国尔。"又如《薛司隶集题辞》："玄卿才名早盛，官于齐周，不免仕隋，无特尔之操。然时主迁易，年更代促，南北俯仰，士人尽然，不足云怪。"而对于忠义之人，张溥不吝文辞，如《郭弘农集题辞》盛赞其忠烈之举，"今读其集，直臣谏诤，神灵博物，无不有也。如斯人而不谓之仙乎？不可得已"。他还宽待有德之人，如在《魏文帝集题辞》中赞其有德，禅代之事是"时与势迫"，为其辩护。

五　才命观

张溥在描述作者的生平时，着重指出他在仕途上的"遇"与"不遇"、"穷"与"通达"。如傅咸的多福荣终，陆倕的荣知三祖，江总的厚福与牛弘的恩宠终始，张溥都点出他们的恩宠并非多见。文人不遇更为平常事。除沈炯在历尽艰辛之后穷而变通，"迟顿五十，而收荣晚路"①，大多数文人仕途困顿，如《冯曲阳集题辞》描述冯衍的遭际曾因拒降光武帝而身废，其后，帝惩外戚宾客，"复以此获罪，几死狱门。穷困无徒，空文自老。回思委贽更始，横刀并土之日，事同隔世。陆机谓之曰'怨'，江淹名之以'恨'，其知心乎！建武八事，其书不传；自陈哀悃，不蒙见答。上惭鲍子，下愧田生；志命兴汉之臣，而一生蹈后夫之罚，是真雨而裘、堂而蓑矣。显宗欲用其身，而毁者日至；肃宗重其文，而其人已死。冯氏多贤，遇者稀少；新丰地脉，又安在哉！"再如王僧孺中年遭踬，刘孝标困厄未遇，刘孝绰一官屡蹶。

面对仕宦的浮沉及人生的困阻，张溥主张退隐，如《张茂先集题辞》中以张华达与未达时的心态做对比，批评他留恋高位。而《崔亭伯集题辞》中赞扬崔骃达而远遁，"自古文人遭时遇主，未或无因而前。赵良嬖人，长卿狗监，作合之始，不辞污泥。亭伯以《四颂》结知天子，躬亲荐达，贵臣曳履迎门，其荣重亦百世一时也。窦氏骄恣，屡献规诫，忤意见疏，乐浪小邑，竟甘肥遁。……亭伯处士年少，箴刺贵戚，翻然高蹈，无忝先子，此之谓乎！何必铭昆吾之鼎，勒景襄之钟，然后名得意哉"。

自屈原开始，怀才不遇的"怨"就成为我国诗文创作最常用的情感主题。在这百则题辞当中，张溥屡次提到屈原，或将两人生平遭际做对比，如《贾长沙集题辞》："屈原为楚怀王左徒，入议国事，出对诸侯，深见亲任。贾生年二十余，吴廷尉言于汉文帝，一岁中，超

---

① 张溥：《沈侍中集·题辞》，张溥著，殷孟伦注《汉魏六朝百三家集题辞注》，人民文学出版社1960年版。

迁至大中大夫。此两人者，始何尝不遇哉？谗积忌行，欲生无所，比古之怀才老死、终身不得见人主者，悲伤更甚。"或追溯作品所表现的情感风格来源，如《王谏议集题辞》："《九怀》之作，追愍屈原，古今才士，其致一也。"或说明不平而鸣、发愤而作，如《刘子政集题辞》："夫屈原放废，始作《离骚》；子政疾谗，八篇乃显。同姓忠精，感慨相类，左徒当日谏书不传，彼盖争之口舌，其著者，张仪一事耳。子政苦口，终身不倦，年余七十，惓惓汉宗，感灵异而论《洪范》，戒赵魏而传《列女》，鉴往古而著《新序》《说苑》，其书皆非无为而作者也。虽《九叹》深雅，微谢《骚经》，其他文辞宏博，足相当矣。太史公《屈原传》云：'原死后，楚日以削，竟为秦灭。'孟坚亦云：'子政卒后十三岁，王氏代汉。'此两人系社稷轻重为何如哉。"在说明两人遭遇谗言中伤、寄情创作的相同境况之后，张溥进一步比较了他们的作品风格，引用史传，特意指出两人的命运与朝代更替的联系，说明他们对历史与政治的重要意义。这则题辞的字里行间显示出张溥对屈原刘向两人的称赞与惋惜之情，同时也寄托了他作为隔代知音的用心所在。据《明史·张溥传》载："（崇祯）四年，成进士，改庶吉士。以葬亲乞假归，读书若经生，无间寒暑。"① 张溥多次应举，后只在朝一年，其间却屡遭谗言，告假之举实有无奈之处，退而返乡以著述、结社为业。而著述当中自然而然地带有他个人对人生的感悟与认知。在叙述古人的怀才不遇、发愤而作及个人命运对国家的作用时，不难看到其中蕴含着他的心声，在描绘所赞赏的古人形象时也隐含着他自己的影子。

以意逆志法产生的基础是心与心的，虽并世不为人知，则后世有人知。古代文人通过自己的作品来立言，希望读者知其心，明其志，留传百世亦可矣。张溥重视立言，在评价某一个人时，往往联系其言论作品的存与没、遇与不遇来分析，同时注意考察作者对于立言的认识。如《董胶西集题辞》："悲哉董生，向赋不遇，今其然耶？然尊孔氏，斥百家，立学校，举茂、孝，王者制度，皆发自董生。身虽

---

① 张廷玉等撰：《明史》卷二百八十八《列传第一百七十六·文苑四》，中华书局1974年版，第7404页。

废,言何尝不显哉。"董仲舒人虽未达,而言显,也足矣名家。又如《王叔师集题辞》评价王逸的《楚辞章句》之流传:"文字存亡,常有时命,或存己集,或附他书,俱可不敝天壤。叔师骚注,即不能割本书独行,然自以为与原同产南阳,土风哀思,有足亲者。"《杜征南集题辞》中,张溥高度肯定了杜预的《春秋左氏经传集解》:"释《左》一书,复悬日月之间,为传习,其于圣经为后先疏附也。"

张溥指出文章的遭遇与个人命运相关联,如《谢光禄集题辞》中叙述谢庄的遭际:"谢希逸为殷淑仪哀文,孝武流涕,都下传写。及废帝即位,则衔恨尧门,几犯芒刃。一文之出,祸福悬途,即作者讵能先觉乎!"或因文获福,或因文致祸,难以预测,但有的文人并不惧怕危险,敢于直言,以文明意,如《孙廷尉集题辞》中记孙绰:"桓大司马欲移都洛阳,众莫敢谏,兴公抗表论列,文辞甚伟,斯时进言,固难于娄敬之说汉高也。振袖举笏,郏鄏无恙,一封事足不朽矣。"对孙绰抗言直谏的疏表,张溥给予了极高的评价。张溥在《魏文帝集题辞》中特意拈出其论文章的言论,"《典论自序》,善述生平,《论文》一篇,直自言所得。《与王朗书》,务立不朽于著述间,不肯以七尺一棺毕其生死。雅慕汉文,没而得谥,良云厚幸"。而在《梁昭明集题辞》中提出:"昭明述作,《文选》最有名,后人见其选,即可知其志。"可知,他肯定文人以"立言"来实现人生价值的方式。

因此,张溥常常感慨作家年寿之不永。如《荀侍中集题辞》:"高阳才子,德业世济,能立言者,慈明、仲豫耳。余于此益悲敬侯之无年也。"与荀爽、荀悦相比较,张溥悲叹荀彧的短命。再如《蔡中郎集题辞》:"伯喈旷世逸才,余独惜其读《春秋》未尽善耳!汉史未成,愿就黥刖,子长腐刑之志也……抱子政之悃幅,蹈京房之祸患,又班生所望景先逝矣。"惋惜蔡邕志向未遂而身先死。《后汉书·蔡邕传》载蔡邕如刘向一样有发愤著书之志,"乞黥首刖足,继成汉史",却无法避免像京房一样下狱死的悲剧命运,卒年六十一,与班固死时同岁。在《袁忠宪集题辞》中,张溥肯定其才华,"此人不死,颜谢未必能出其上也"。在这些才华横溢却年岁短促的文人身上,寄托了张溥对于造化弄人、时势害人的悲慨与感伤。

对于文人用来"立言"的文体,张溥不鄙游戏之文。如在《东方大中集题辞》中指出:"东方曼倩求大官不得,始设《客难》;扬子云草《太玄》,乃作《解嘲》。学者争慕效之,假主客,遣抑郁者,篇章叠见,无当玉卮,世亦颇厌观之,其体不尊,同于游戏。然二文初立,词锋竞起,以苏张为输攻,以荀邹为墨守,作者之心,实命奇伟。随者自贫,彼不任咎,未可薄连珠而笑士衡,鄙七体而讥枚叔也。"对于东方朔的《答客难》、扬雄的《解嘲》、陆机的《演连珠》与枚乘的《七发》,张溥能够客观认识到后世文人纷纷模仿造成的不良影响,并不有损于他们的作品价值,不管作者以何种文体形式来表达心志,重要的是后世读者从文中看出作者的用心。

张溥极爱司马迁的《史记》,不仅在撰写题辞时反复引用太史公书,而且他将知人论世与以意逆志相结合的批评方法也与司马迁有着极深的渊源关系。在这百则题辞中,很容易就可以找出与《史记》列传中极其类似的笔调。比如说《史记·孔子世家》:"余读孔氏书,想见其为人。"《史记·孟子荀卿列传》:"余读孟子书,至梁惠王问'何以利吾国',未尝不废书而叹也。"而张溥的题辞当中,这样的句式屡见于笔端,如《刘子骏集题辞》:"读其书益伤其人,则有掩卷尔。"《颜光禄集题辞》:"远吊屈大夫,近友陶徵士,其风流固可想见云。"再如《冯曲阳集题辞》:"夫西京之文,降而东京,整齐缛密,生气渐少。敬通诸文,直达所怀,至今读之,尚想其扬眉抵几,呼天饮酒。诚哉!马迁、杨恽之徒也。"《陈思王集题辞》:"余读陈思王《责躬》《应诏》诗,泫然悲之,以为伯奇《履霜》、崔子《渡河》之属。既读《升天》《远游》《仙人》《飞龙》诸篇,又何翩然遐征,览思方外也。"相关例子,不胜枚举。可见张溥运用这两种批评方法之多之娴熟。

(原载《暨南学报》2006年第5期;《历史文献与传统文化》第16辑,暨南大学出版社2012年版)

论竟陵派儒道结合的批评方法

竟陵派崛起于文坛,迅速取代了公安派的盟主地位,成为与复古派相抗衡的新势力,得益于其鲜明的批评意识与独特的美学趣味。锺谭二人采用了什么样的批评方法与审美方式来进行《诗归》的编选与评点?这一重要的论题似未见有论及者。笔者经过细致比勘,考索所得,认为竟陵派走了一条把儒家"以意逆志"说与道家"玄览""独游""遇合"的审美方式相结合的新道路,从而别开生面,开创了明末性灵文学思潮的新局面。

一 "以意逆志"方法的发展及援道入儒的态势

"以意逆志"首见于《孟子·万章上》:"故说《诗》者,不以文害辞,不以辞害志。以意逆志,是为得之。"东汉赵岐注曰:"人情不远,以己之意,逆诗人之志,是为得其实矣。"[①] 阐明人性相通,读者通过自己的心意来追溯、探究诗人的心志,从而得知文辞中蕴含的真正意义。此后,以意逆志逐渐成为儒家最主要的文学批评方法之一,在我国文学批评史上影响久远。

"以意逆志"的方法是以"心"为基础的,它在追求心灵契合的美学境界方面与道家有着相似之处,都讲究心与心的融合沟通。《尸子》载孔子云:"诵诗读书与古人居,读诗诵书与古人谋。"[②]《金楼

[①] 赵岐注,孙奭疏:《孟子注疏》,阮元主持《十三经注疏》,中华书局1980年版,第2735页。

[②] 马总:《意林》卷一《尸子》,《四库全书》,上海古籍出版社1987年版。

子·自序篇》中则记为曾子语"诵诗读书与古人居，读书诵诗与古人期"①。无论是"与古人居""与古人谋""与古人期"，都是指"与古人精神相照，心灵相通"②。要达到这种心灵契合的美学境界，儒家提出"推"的方式，以己及人，推此及彼，《孟子·梁惠王上》曰："他人有心，予忖度之"；道家则强调"遇"的方式，两者精神的不期而遇，《庄子·齐物论》曰："万世之后，而一遇大圣知其解者，是旦暮遇之也。"解曰："解人难得，万世一遇，犹旦暮然。"③儒道两家的审美方式和批评方法并不一致，各自有着自己的发展轨迹，却又相互影响，不可截然分立。

至宋代，"以意逆志"的方法受到文人士大夫的重视，广泛用于解说《诗》《书》《易》《春秋》等儒家经典。其中，尤以说《诗》者最为青睐，出现了一批运用此法的解《诗》著作，如欧阳修撰《毛诗本义》，《四库全书总目》指出："是修作是书，本出于和气平心，以意逆志。故其立论，未尝轻议二家，而亦不曲徇二家，其所训释，往往得诗人之本志。"王质撰《诗总闻》，《总目》曰："（陈）日强《跋》，称其'以意逆志，自成一家'，其品题最允。"宋人进一步发挥了"以意逆志"方法的理论内涵。张载认为："古之能知《诗》者，惟孟子为'以意逆志'也。夫《诗》之志至平易，不必为艰险求之，今以艰险求《诗》，则已丧其本心，何由见诗人之志！"④阐明作《诗》者之志"平易"，解《诗》者也应该以"平易"之心来见诗人之志。吕大临在《横渠先生行状》中记载：先儒治学，其说多穿凿，"多不能平易其心，以意逆志，方且条举大例，考察文理，与学者绪正其说"⑤。重申张载的观点：治学者应该消除个人的主观成见和私心杂念，"置心平易"，方能以一颗平静、公正的心去逆作者之志。

---

① 萧绎：《金楼子》卷六，《四库全书》，上海古籍出版社1987年版。
② 张伯伟：《中国古代文学批评方法研究》，第11页。
③ 《庄子》卷一《齐物论第二》，王先谦撰，沈啸寰点校《庄子集解》，《新编诸子集成》第一辑，中华书局1987年版，第25页。
④ 张载：《经学理窟·诗书》，《张载集》，中华书局1978年版。
⑤ 张载：《横渠易说》，《四库全书》，上海古籍出版社1987年版。

继张载之后,朱熹对"以意逆志"进行理论阐发,呈现出援道入儒的态势。他取逆的"迎"之意,重新阐释:

"以意逆志",此句最好。逆是前去追迎之之意,盖是将自家意思去前面等候诗人之志来。又曰:"谓如等人来相似。今日等不来,明日又等,须是等得来,方自然相合。不似而今人,便将意去捉志也。"①

朱熹的解释已包含道家的"遇合"之意,提出在适当时机,"读者之意"终于等来了"诗人之志",两者"自然相合"。而不是刻意地用读者之意去捕捉、考索作者之志。朱熹又说:"此是教人读书之法。自家虚心在这里,看他书道理如何来,自家便迎接将来。而今人读书都是去捉他,不是逆志。"由此看来,朱熹强调:一是读者主动前去"等候","迎接"诗人之志的到来,这个过程是顺其自然的状态,不是强行地"去捉","譬如有一客来,自家去迎他,他来则接之,不来则已,若必去捉他来,则不可";二是保持"自家虚心",心态要端正,不能刻意追求。朱熹的解释一方面强调了读者的主动参与,要有"自家意思";另一方面要求读者"虚心",平心静气,"等待"对方的出现,"便迎接将来"。这种等待的过程是积极的,同时也是自然的,经过反复研读,耐心体味,最终结果是主客体精神的自然遇合。朱熹的解说对主体端敬虚明心态的强调及结果的自然遇合,与他的哲学思想息息相关,表现出明显的道家思想的痕迹。

明人承继了宋人的治学路数,亦多用以意逆志的批评方法来解说经典,解读诗歌。但是,通过"以意逆志"法,读者能否准确把握到诗人的真正意图?明人对此开始产生怀疑。何文焕在《历代诗话考索》中指出:"解诗不可泥,观孔子所称可与言《诗》,及孟子所引可见矣,而断无不可解之理。谢茂秦创为'可解、不可解、不必解'

---

① 朱熹:《朱子语类》卷五十八《孟子八·万章上·咸丘蒙问章》,中华书局1986年版,第1359页。

之说，贻误无穷。"① 后七子之一的谢榛提出诗"不可解、不必解"之说，使"以意逆志"的解诗方法令人质疑。谢榛这一说法是在严羽诗论的影响下产生的，它使儒家传统的阐释方法在批评史上的地位受到动摇。而竟陵派接受了儒家的"以意逆志"法，对朱熹的解说进一步发挥，将"以意逆志"法与道家的"玄览""游""遇"的审美方式结合起来，强调主体虚静的心态，主体心意的独游，及主客体精神的自然遇合。这种批评方法也是时代的产物。

钟谭二人生活在心学思潮仍然盛行的年代，受到心学思想的启发与影响。明代心学先驱陈献章一改程朱派的"主敬"，重提周敦颐的"主静"，认为："为学须从静坐中养出个端倪来，方有商量处。"②"然在学者须自量度何如，若不至为禅所诱，仍多静方有入处。"③ 王阳明亦"主静"，他的"龙场悟道"就是在端居默坐于静壹之中发生的。王阳明所主的静与佛禅的禅定不同，他指出："静虚非虚寂，中有未发中。"④ 这种静坐澄心的主张与钟谭二人的诗学思想不无关联。而心学掀起一股重视自我、张扬个性的思想潮流，更是直接促发了身处明末乱世的钟谭二人，刻意求变创新，运用与众不同的批评方法来选评诗歌。

二 竟陵派儒道结合的批评方法

在《诗归》的序言中，钟谭二人对自己的批评方法有详细的解说与阐释。钟惺的《诗归序》谓其选诗的目的是"引古人之精神以接后人之心目，使其心目有所止焉，如是而已矣"。他在文中明确指出：

> 惺与同邑谭子元春忧之。内省诸心，不敢先有所谓学古不学古者，而第求古人真诗所在。真诗者，精神所为也。察其幽情单

---

① 何文焕：《历代诗话》下，中华书局1981年版，第823页。
② 陈献章：《与贺克恭黄门》，《陈献章集》卷二，中华书局1987年版，第132页。
③ 陈献章：《与罗一峰》，《陈献章集》卷二，第156页。
④ 王守仁：《阳明子之南也其友湛元明歌九章以赠崔子钟和之以五诗于是阳明子作八咏以答之》，《王阳明全集》卷十九，上海古籍出版社1992年版。

绪,孤行静寄于喧杂之中;而乃以其虚怀定力,独往冥游于寥廓之外。如访者之几于一逢,求者之幸于一获,入者之欣于一至。……取而覆之,见古人诗久传者,反若今人新作诗。见己所评古人语,如看他人语。仓卒中,古今人我,心目为之一易,而茫无所止者,其故何也?正吾与古人之精神,远近前后于此中,而若使人不得不有所止者也。①

钟惺提出了求"古人之精神"的途径和过程:首先是"内省诸心",相当于老子的"涤除玄览"之说;然后在纷杂吵闹之中辨析诗人那一缕孤单幽静的情绪(精神);再用自己虚静灵明的心怀和坚定的心力独自"游"于寥廓的天地,于茫茫之中恰好与诗人之"精神"相逢,产生"乐"的美学效果,达到一种"遇"的状态,己之精神与古人精神融为一体,不分你我。在《隐秀轩集自序》中,钟惺再次说明他的诗学观点,序曰:"庚戌以后,乃始平气精心,虚怀独往,外不敢用先入之言,而内自废其中拒之私,务求古人精神所在。"②指出消除自己心中的陈见,保持主体心境的虚静灵明,独自追寻"古人精神所在"。

与钟惺的观点基本一致,谭元春的《诗归序》有着近似的议论与表述,文曰:

夫真有性灵之言,常浮出纸上,决不与众言伍,而自出眼光之人,专其力,壹其思,以达于古人,觉古人亦有炯炯双眸,从纸上还瞩人,想亦非苟然而已。……夫人有孤怀,有孤诣,其名必孤行于古今之间,不肯遍满寥廓,而世有一二赏心之人,独为之咨嗟彷徨者,此诗品也。譬如狼烟之上虚空,袅袅然一线耳,风摇之,时散时聚,时断时续,而风定烟接之时,卒以此乱星月而吹四远。彼号为大家者,终其身无异词,终其古无异词,而反

---

① 钟惺著,李先耕、崔重庆标校:《隐秀轩集》卷十六,上海古籍出版社1992年版,第235页。
② 钟惺著,李先耕、崔重庆标校:《隐秀轩集》卷十七,第261页。

以此失独坐静观者之心，所失岂但倍也哉？①

此处"性灵"即锺惺所指的"古人之精神"。谭元春指出"性灵之言"具有"孤"的特征，与众不同，需要眼光独到、心思心力专一之人才能成功地接触到"有孤怀、孤诣"的古人，与"古人之精神"相互交流；谭元春用"一线狼烟"的譬喻来分析何谓"诗品"，赞赏飘摇于寥廓虚空之中的"幽情单绪"；而能够欣赏到"性灵之言"的人，应该是"独坐静观"者，独处于虚明之境，以虚澄之心进行审美观照，思绪飘摇，"达于古人"。

《老子道德经》上卷第十章曰："涤除玄览，能无疵。"河上公注曰："当洗其心使洁静也，心居玄冥之处览知万事，故谓之玄览也。"② 玄览是道家审美观照的重要方法之一。锺惺、谭元春二人吸取道家的审美思想，用道家思想来阐释诗歌鉴赏的过程，认为阅读古人诗歌，必须经过"涤除玄览"，摒弃杂念，"冥心放怀"，获取一种空灵虚静的心境，以求"入"于古人之学。谭元春在《渚宫草序》中描述了这种审美体验：

> 窃念生平思有以自立，空旷孤迥，只是一家，非其所安，意欲上究风雅郊庙之音，中涉山川人物之故，下穷才力升斗之量。然是数者，非荒寒独处，稀闻渺见，则虽不足以乱其情，而或足以减其力；虽不足以隳其志，而或足以夺其气。则亦终无由而至也矣。……予所谓荒寒独处，稀闻渺见，孳孳慄慄中，所得落落瑟瑟之物也。古之人，即在通都大邑、高官重任、清庙明堂，而常有一寂寞之滨，宽闲之野，存乎胸中而为之地，夫是以绪清而变呈。③

文中指出鉴赏古人诗歌必须"荒寒独处""稀闻渺见"才能达

---

① 谭元春著，陈杏珍标校：《谭元春集》卷二十二，上海古籍出版社1998年版，第593页。
② 河上公注：《老子道德经》，《四库全书》，上海古籍出版社1987年版。
③ 谭元春著，陈杏珍标校：《谭元春集》卷二十三，第627页。

到。谭元春眼中的古人即使身处繁华都市、庙堂高位,内心也是"寂寞""宽闲"的;他称赏的也是"有以自立、空旷孤迥"之人,追求"落落瑟瑟之物"。锺谭两人相交至深,出于性情相投,同为"孤迥"之人。锺惺评价谭元春为"居心托意,本自孤迥"①,谭元春在《退谷先生墓志铭》中描绘锺惺"性深靖如一泓定水,披其帷,如含冰霜。不与世俗人交接,或时对面同坐起者若无睹者,仕宦邀饮无酬酢,主宾如不相属,人以是多忌之。……孤衷静影,常借歌管往来,陶写文心"②。正是一位特立独行、孤迥静穆的高人形象。

在友人及追随者的眼中笔下,锺谭二人也都表现出"孤迥"的性情与诗心。沈春泽眼中的锺惺为人"落落穆穆,涉世自深,出世自远,意不可一世"③;张泽在《谭友夏合集序》中称赞元春曰:"读其书,想见其人磊落自致,当不如近所称声气者流,以婶阿附媚为亲己而悦之也,故端然自处而安也。"贺贻孙称赞锺谭二人"性情思致有不期合而合",钟诗如"寒蝉抱叶,深直坐吟",谭诗如"怒鹘解绦,横空盘绠"④。锺谭二人性情孤迥,诗文风格则"不阡不陌,非途非路,颇有孤神独逸耳"⑤。两人的审美思想相似,同是欣赏孤迥静怀之人和幽深孤峭的诗文风格,认为只有保持内心的孤静,才能真正获取落落瑟瑟之物,古人之精神。

两人的作品中亦时常描绘寂静深夜里孤行静寄的形象与读书为乐的情境,如锺惺的《补和杨文弱年丈书德山读元碑见寄之作》,追忆了他与友人读元人碑刻文字的经过与感想。他在诗中指出:发现石碑刻文的机缘是因为来到了寂静无人的深山;古人的精神超越了年代的界限;发现者需要虚怀灵心、慧性专力,方能有所得。锺惺此诗指出

---

① 锺惺:《简远堂近诗序》,锺惺著,李先耕、崔重庆标校《隐秀轩集》卷十七,第249页。
② 谭元春:《退谷先生墓志铭》,谭元春著,陈杏珍标校《谭元春集》卷二十五,第681页。
③ 沈春泽:《刻隐秀轩集序》,锺惺著,李先耕、崔重庆标校《隐秀轩集》附录一,第602页。
④ 贺贻孙:《水田居文集》卷五,《四库全书存目丛书》集部第208册。
⑤ 曾文饶:《岳归堂遗集序》,谭元春著,陈杏珍标校《谭元春集》附录一,第951页。

对古人文字进行审美观照，要求主体内心的虚静空明。《老子·道经》第十六章曰："致虚极，守静笃，万物并作，吾以观复。"这里的"观复"，指观照万物根源，即观道。竟陵诗学主张：只有在幽寂静谧的环境当中，保持内心的虚静空明，才能悟"道"（古人之精神）。竟陵诗学反复强调读者要保持内心的静虚空灵，以主体的孤怀来静观对象，本于道家哲学。

"游"与"遇"都是庄子美学思想的重要命题。《庄子》一书中屡次出现"游"字，如"乘物以游心"（《人间世》）、"游乎九州，独往独来"（《在宥》）、"游乎万物之所终始"（《达生》）等说法。庄子美学中的"游"是主动的个体行为，采取"逍遥游"与"游心"的方式，有着独与自由的特点；"游"的主体摒弃了世俗观念，是一种超现实的精神行为和思维方式，这种"游"的行为特点达到了精神的至高境界，"独与天地精神往来"（《天下》）。竟陵诗学的"游"从庄子美学而来，主张"独游"，是一种独行于寥廓之中的"心""神"之游，这与钟谭重视个性与独创的美学意识有关。在对个体意识的追求表现创作中，二人刻意规避"同调之声"，以免世人议论"二子一手"[1]；出门游玩，亦有意避开，分道而行。谭元春在《客心草自序》即标举了自立、独行的"客心"。

《庄子》中提到"遇"的地方，如"臣以神遇"（《养生主》）、"夫知遇而不知所不遇"（《知北游》）等，是指两者心灵的契合，精神的融会。成玄英疏"遇"为"会"，"合阴阳之妙数，率精神以会理，岂假目以看之！亦犹学道之人，妙契至极，推心灵以虚照，岂用眼以取尘也！"[2]用心灵来观照道，妙合无垠，心领神会。庖丁解牛时的"神遇"，恰如"学道之人"排除杂念，精神专一，契合妙数，暗与理会，达到物我两忘的境界。竟陵诗学的"遇"本于道家，指我之精神与古人精神的高度契合，如电光火石般的相遇，凝神对望，达到了主客不分、物我混融的最高境界，是一种主体与对象交融一体

---

[1] 谭元春：《告亡友文》，谭元春著，陈杏珍标校《谭元春集》卷二十六，第724页。
[2] 《庄子·养生主》，郭庆藩撰，王孝鱼点校《庄子集释》，《新编诸子集成》第1辑，中华书局1961年版，第120页。

的情感体验。谭元春在《选语石居集序》中提到自己为唐梅臣先生选诗：

> 夫诗文之道，上无所蒂，下无所根，必有良质美手，吟想鲜集，足以通神悟灵，而又有砚洁思深、惕惕于毫芒之内者，与之观其恒，通其变，探心昭忒，庶几一遇之而不敢散。

他指出"诗文之道"是飘浮无根的，需要"良质美手"经过多番思考，才能领悟、把握到其中的"精神""性灵"；品性高洁、思虑深细者，可以观照到"道"的"恒"与"变"，主客之间的思想碰撞，是一种遇而不敢猝分的境界。锺谭二人吸取道家的美学思想，用于诗歌的鉴赏，提出通过主体"游"的审美观照，"独往"于天地内外，最终达成我与古人的精神契合，一种"遇合""物我为一"的美学境界。谭元春阅读《庄子》所作的《遇庄》，是其在"道路间或一遇之"后所作（《与舍弟五人书》），也是运用了"游"与"遇"的审美方式。他在总序中自言："阅《庄》有法，藏去故我，化身庄子，坐而抱想，默而把笔，泛然而游，昧昧然涉，我尽《庄》现。"指出自己读《庄子》的方法是以己作彼，化身庄子，"泛然而游"，从而获取《庄子》的真义。

三 竟陵派批评方法的具体实践与影响

作为竟陵诗学的重要文本，《诗归》一书集中体现了竟陵派独特的批评方法。谭元春在《退谷先生墓志铭》中回忆："万历甲寅、乙卯间，取古人诗，与元春商定，分朱蓝笔，各以意弃取，锄莠除砾，笑哭由我，虽古人不之顾，世所传《诗归》是也。"[①] 说明两人评选《诗归》时，重视个人己见的发挥，借评选古诗来表达自己的创作思想与审美意识，充分体现了评选者的独立性与主观意识。《诗归》的

---

① 谭元春：《退谷先生墓志铭》，谭元春著，陈杏珍标校《谭元春集》卷二十五，第681页。

成书定稿，先是由两人各自"以意弃取"，再一起商量，"计三易稿，最后则惺手抄之"①。商定过程中，两人的意见难免有所出入，《诗归》在面世前曾三易其稿，可见两人的审慎认真态度及选取过程中的艰难磨合。对此，锺惺有诗《友夏见过与予检校诗归讫还家》言："孤意相今古，虚怀即是非。"谭元春亦有诗《住伯敬家检校唐诗讫复过京山》记载："勿嫌同或异，常恐密翻疏。仙佛精神耀，贤愚准则如。既须存豁达，亦以戒孤虚。解者须之后，勤焉慎厥初。"由诗意来分析，锺惺居主要位置，强调"孤意""虚怀"；谭元春则为次为辅，提出"戒孤虚"，有劝诫之意，希望锺惺听取自己的意见，可见两人对自己的见解都十分珍惜重视。锺惺在《与蔡敬夫》其二中曰："至手抄时，灯烛笔墨之下，虽古人未免听命，鬼泣于幽，谭郎或不能以其私为古人请命也。此虽选古人诗，实自著一书。"说明锺惺在三易其稿之后，独自手抄之时，又一次以个人的评选标准对《诗归》进行修订，这时，连谭元春的意见也有所忽略，可知锺惺对于自我意识与个人见解的坚持。

谭元春在《奏记蔡清宪公前后笺札》其四中指出：

> 《易》曰："殊途同归。"以春小儒之见，上下今古，诗人之致，诣之深浅，力之厚薄不同，而同者归也。《孟子》曰："固哉！高叟之为诗。"又曰："以意逆志。"又曰："诵其诗，知其人，论其世。"此三言者，千古选诗者之准矣。

指出选家在遴选诗歌时应该依照《孟子》提出的三个准则。在儒家的传统批评方法当中，锺谭二人选择了"以意逆志"的方法，是因为"以意逆志"可以更好地发挥个人见解，充分表达个人的思想观念、价值标准与审美意识。这一选择受到了明末时代思潮与个人观念的影响，也是自我意识的觉醒与个体张扬的体现。

晚明时期，个体价值与自我观念受到重视，"情"的位置空前高

---

① 锺惺：《与蔡敬夫》其二，锺惺著，李先耕、崔重庆标校《隐秀轩集》卷二十八，第469页。

涨，人们重新衡量评说历史上的人与事。锺谭二人身处这种思想潮流之中，同样表现出这个时代的痕迹。他们以一己之意来解读儒家经典，尽可能地把经典还原为文学作品，如对《诗经》的阐释，锺惺在阅读《诗经》时自言"意有所得"①；谭元春解读《诗经》的方法更是随意生发，自言是"触于师友也"②、"有触二公所笺而笔之"③。他们重新审视古人，穿透古人的社会角色与表面现象，以个人的价值标准来评论古人，例如从《赐守宫女》一诗来评说隋炀帝如"作文士荡子，真当家本色也"；分析王维的诗作，揭示其表面的闲适掩盖着内心的愤激，给世人描绘了一个新的王维，一个胸存愤激的高人形象，一个对现实不满却又无奈逃离、避世隐居的清士与狂人。锺谭赞赏男女之间的"情"，肯定女子为爱情做出有悖伦理教化的举动，也是受到晚明王学左派理论及主情美学思潮的冲击与影响。

对于男女之间的情感关系，锺谭有自己独特的标准，常能另立新说。如评汉武帝《李夫人歌》，锺惺认为："英雄往往打不破此关，然亦不必打破。"肯定了英雄对美人的爱慕、追求。再如评价《陇西行》一诗，锺惺云："男女几于狎矣，而不及乱，真所谓好色而不淫。世上淫人，与好色自是两种。"并指出"真好色"人唯有阮籍。锺谭二人极力称赏女子的胆识才气，如评价《紫玉歌》时，盛赞卓文君有胆有识。李贽曾赞美卓文君的私奔是"忍小耻而就大计"，"归凤求凰，安可诬也"④。谭元春云："古今多少才子佳人，被愚拗父母板住，不能成对，赍情而死。读《紫玉歌》，益悟文君奔相如是上上妙策，非胆到识到人不能用。"评价卓文君的《白头吟》，谭云："有此妙口妙笔，真长卿快偶也，不奔何待？"肯定卓文君之才，指出"文君之奔与妒生于才耳"。锺惺亦云："如此方耐他妒，世上愚妇人，如何妒得？"《诗归》的标新立异，扫除陈说，是因为锺谭二

---

① 锺惺：《诗论》，锺惺著，李先耕、崔重庆标校《隐秀轩集》卷二十三，第392页。
② 谭元春：《与舍弟五人书》，谭元春著，陈杏珍标校《谭元春集》卷二十七，第747页。
③ 谭元春：《匡说序》，谭元春著，陈杏珍标校《谭元春集》卷二十三，第621页。
④ 李贽：《词学儒臣·司马相如》，李贽著，张建业主编《李贽全集注》第7册《藏书注》卷三十七，社会科学文献出版社2010年版，第149页。

人运用了"以意逆志"方法的灵活与机动,在解读诗歌寻求古人情志时,极大限度地发挥了选家的主观意识,不拘囿于传统的看法,"别开蹊径",终究"成一家之言"①。

竟陵诗学这种结合儒家"以意逆志"与道家"玄览""独游""遇合"的批评方法,既是儒家传统的延续,又顺应了时代潮流的发展,别具一格,令人耳目一新。《诗归》甫一面世,即轰动一时,"盛行于世,承学之士,家置一编,奉之如尼丘之删定";锺谭二人的诗歌风格也广受欢迎,"海内称诗者靡然从之,谓之'锺谭体'"②。竟陵派能够崛起于流派众多、社团林立的明末,执掌文柄,是时代造就,亦是其富于变革与创新,提出了独特的诗学批评方式,获取盛名并非无因。《诗归》的流传进一步推动了晚明性灵文学思潮的发展,并将之推向高潮。

回顾当时,《诗归》的影响力巨大,时人评说诗歌深受影响,模仿痕迹分明。清代四库馆臣评价明末清初的文人解读《诗经》,往往批评其与《诗归》、竟陵诗学之关系。如以下例子:

> 评沈守正的《诗经说通》,曰:"故所引皆明人影响之谈。虽大旨欲以意逆志,以破拘牵,而纯以公安、竟陵之诗派,窜入经义,遂往往恍惚而无著。"
>
> 评万时华《诗经偶笺》,曰:"大旨宗《孟子》'以意逆志'之说,而扫除训诂之胶固,颇足破腐儒之陋。然诗道至大而至深,未可以才士聪明测其涯际,况于以竟陵之门径,掉弄笔墨,以一知半解训诂古经。……盖锺惺、谭元春诗派,盛于明末,流弊所极,乃至以其法解经。《诗归》之贻害于学者,可谓酷矣。"
>
> 评贺贻孙的《诗触》,曰:"书中多引锺惺《诗经评》……每篇先列《小序》,次释名物,次发挥诗意,主《孟子》'以意逆志'之说,每曲求言外之旨,故颇胜诸儒之拘腐。而其所从

---

① 纪昀等撰:《四库全书总目·经部三十·春秋类存目一·钟评左传》,中华书局1965年版。

② 钱谦益:《列朝诗集小传·丁集中·钟提学惺》,上海古籍出版社1959年版,第570页。

入，乃在锺惺《诗评》，故亦往往以后人诗法，诘先圣之经，不免失之佻巧。"①

上述提要指出三人的著作都受到了竟陵诗学的影响，批评他们效仿锺谭运用"以意逆志"的批评方法，以及重在一己之意来重新阐释经典的做法。三人的经学研究将《诗经》还原为文学作品来品评，充分发挥评论者的主体意识与个人见解，这是学术史与文论史的创新现象。能够清楚地认识到三人的批评思想与方法特点，四库馆臣堪称有识；但囿于历史的局限，他们对明末文士纷纷效法竟陵的做法十分不满，痛加贬斥。从今天的眼光来看，竟陵诗学是晚明性灵文学思潮的必然发展，是在心学思想与公安派性灵说的影响下的产物；又是锺谭二人殚精竭虑的心血结晶，是古代文艺批评与审美思想的创新与发展。锺谭二人追求的这种文艺思想变革，既不需要背负沉重的"亡国"罪名，更不应该被历史的尘垢所埋没，遭受后人的唾弃与遗忘。

（原载《深圳大学学报》2007年第4期）

---

① 纪昀等撰：《四库全书总目·经部十七·诗类存目一》。

竟陵派以庄禅说诗的理论述评

老庄思想与禅宗学说,对我国古代文学的影响之深不言而喻,尤其是诗与禅之间的关系密切。诗禅本质不同,却在价值取向、思维方式、语言表达、心性表现等方面,二者的内在机制十分相似,有相通之处。随着禅宗的盛行,唐宋文人借禅谈诗渐成风气。至严羽的《沧浪诗话》,专门"以禅喻诗",探讨诗歌的审美特征和艺术规律,对后来的诗论及创作风尚影响甚大。

竟陵诗学深受庄、禅思想及严羽诗论的影响,从《诗归》的收录情况与具体品评来看,以庄禅论诗说诗的痕迹明显。徐𨎥《云门厂公响雪诗序》云:"自严沧浪以禅理论诗,有声闻、辟支之说,遂开锺谭幽僻险怪之径,谓冥心静寄,似从参悟而入。一若诗之中,真有禅者。"[1] 指出严羽以大乘禅、小乘禅、声闻辟支果来比喻不同时代的诗歌,提出"妙悟"的学诗途径,启发锺谭"冥心静寄""幽僻险怪"之径。可见竟陵诗学与严羽诗论的传承关系。

追踪锺惺、谭元春的阅读习惯,二人尤为喜好研读子书。锺惺熟稔《庄子》和《楞严经》。他为《楞严经》作注,颇有独到见解。在《题唐李供奉降笔书首楞严石刻卷》一文中,锺惺以李白为例,联系《楞严经》的经义,讨论了"文人学仙与仙人学佛"[2]。谭元春多次提及锺惺精研《楞严经》,在《告亡友文》中回忆其"晚年参寻内典,披剥妙义,病中犹为学人端坐拈说"。纳兰性德亦

---

[1] 徐𨎥:《南州草堂集》卷十九,《续修四库全书》,上海古籍出版社2002年版。
[2] 锺惺著,李先耕、崔重庆标校:《隐秀轩集》卷三十五,上海古籍出版社1992年版,第563页。

称赏伯敬"妙解《楞严》，知有根性，在钱蒙叟上"①。谭元春对佛教、禅宗没有太大的兴趣，"而予以杂念尚多，远遁坛外"②。他在《答金正希》的信中，批评当时贪慕名利财色的"学道之人"，自言"不能学道"，他说："兄于所为看经持咒，参禅念佛，必当从一门深入。我辈亦有清静时，万念歇下，觉此事不谬，而少顷事烦人杂，可笑可乐，神疲力倦，性命无归，未尝不悔，而卒无一法远此尘垢。"说明自己难以通过佛禅之法来学道。信中，谭元春还随手引用了《楞严经》的一段经文，来说明学道之苦。可见，谭元春对佛禅心有隔膜，但在锺惺、金声等友人的影响下，熟悉佛教的常见经书。"禅玄异派只参观"③，是谭元春刻画别人形象的诗句，也可当作他自己的写照。对道家学说与思想，谭元春却甚有心得，著有《遇庄》一书，其序言有"化身庄子"的说法。他在《与舍弟五人书》中云："《庄子》则我五六年苦心得趣之书。今春又看得诸家注，又参订过郭注，方自信为不谬不僻。"锺谭二人对道家、佛家经典方面的研究，影响了他们的人生态度与审美旨趣，在他们的文学思想上烙下了明显的印记。

一 冥悟

"学道学诗，非悟不进。"④"悟"在禅家看来，是信佛众生通过主观内省进而掌握佛理真谛的一个心理过程或思维形式；在诗家看来，则是学诗者摸索并领会诗歌鉴赏或创作的审美境界的一个心理过程或思维方式。两者在运行机制上有相通之处。"悟"原本是佛学的基本概念，在禅宗的教义中，更是核心问题。

严羽以禅喻诗，借"悟"来解释学习诗道的审美体验。严羽提

---

① 纳兰性德：《渌水亭杂识》卷四，《清代笔记丛刊》第1册，齐鲁书社2001年版。
② 谭元春：《告亡友文》，谭元春著，陈杏珍标校《谭元春集》卷二十六，上海古籍出版社1998年版，第724页。
③ 谭元春：《寿陈松石先生》，谭元春著，陈杏珍标校《谭元春集》卷十四，第414页。
④ 钱锺书：《谈艺录》，第98页。

出:"大抵禅道惟在妙悟,诗道亦在妙悟。"他指出:"悟有浅深,有分限,有透彻之悟,有但得一知半解之悟。汉魏尚矣,不假悟也;谢灵运至盛唐诸公,透彻之悟也;他虽有悟者,皆非第一义也。"① 由此看来,汉魏与盛唐,分属于"不假悟"与"透彻之悟",是第一义、最上乘的;大历以下,包括晚唐,属于"一知半解之悟",皆非第一义的。不假悟是指不需要靠人的精心构思与体悟,浑然天成;透彻之悟是指彻底领悟到诗道,掌握了诗歌创作的独特的艺术规律,达到浑融圆整的审美境界;一知半解之悟则是指未参透诗歌创作的规律和艺术的妙处;妙悟则是不断地学习、去掌握诗道的思维方式,是一种带有直观顿悟性的思维智慧。学诗者不能仅仅停留在一知半解之悟,而要一味妙悟,实现透彻之悟。严羽认为,学诗者当"以汉魏晋盛唐为师,不作开元天宝以下人物","熟读《楚辞》,朝夕讽咏以为之本;及读《古诗十九首》,乐府四篇,李陵苏武汉魏五言皆须熟读,即以李杜二集枕藉观之,如今人之治经,然后博取盛唐名家,酝酿胸中,久之自然悟入"②。妙悟这种内省的智慧,需要建立在经验与积累的基础上,但其表现方式却具有偶然感发的特点。诗道的妙悟,所悟的是"透彻玲珑,不可凑泊,如空中之音,相中之色,水中之月,镜中之象,言有尽而意无穷"的诗之"妙处"③,一种虚静空灵的"神境"。严羽的"妙悟"说旨在探求诗歌的本体特征与审美规律,它是渐悟基础上的顿悟;而竟陵诗学讲究主体的"虚怀定力",主张"冥悟",即"冥心静寄",也是在渐悟基础上的顿悟,但它更强调了宁静的心灵参悟。

竟陵派受到严羽诗论的影响,同样主张"妙悟"。锺惺指点周圣楷学诗要避免雷同袁宏道的诗歌风格,指明方法:"子从此苦读唐以上诗,精思妙悟,自无此失。"④ 为了避开公安派开启的浅俗滑易之风,竟陵派刻意取径"幽僻险怪",主张在虚静空明的状态下静心体

---

① 严羽:《沧浪诗话校释》,第12页。
② 同上书,第1页。
③ 同上书,第26页。
④ 锺惺:《周伯孔诗序》,锺惺著,李先耕、崔重庆标校《隐秀轩集》卷十七,第253页。

悟，个人的精神不与世俗为伍，独自游荡在尘嚣之外、喧杂之中，最终与隔代知音相遇合，与古人的精神投契冥合，从而领悟诗文之道与至高的审美境界。锺谭二人强调"细读""深味""深思""冥想""冥悟"，都是要求主体精神的注意力高度集中，处于一种如参禅悟道般的虚静状态。谭元春曾与友人蔡复一在来往书札中讨论过诗与禅的关系，信曰：

> 乃蒙先示《梅诗》，拜手寒香，复论诗禅之理甚微，似谓不肖评右丞诗误。窃以为梅花妙物，生心发政，寂悟冥想，大道不远。明公以佛作诗，而春以诗作佛，则大小之别，浅深之候，莫可强耳。①

信中，谭元春提到蔡复一赠《梅诗》并讨论了一番诗禅之理。元春认为蔡公论诗禅，似乎是有感于自己在《诗归》中品评王维诗的评语有误而发。接着，元春分辨了两人对诗佛关系的不同认识。王维被人称为"诗佛"，他的诗歌富于禅趣。试看王维的后期之作，如《鹿柴》《木兰柴》《茱萸沜》《竹里馆》《鸟鸣涧》等富于禅意的诗作，锺惺的评语不多，谭元春不置一词；《终南别业》："行到水穷处，坐看云起时。"谭云："禅。"《辋川闲居》："时倚檐前树，远看原上村。"谭云："偶然妙。"《泛前陂》："兼之云外山，灯波澹将夕。"谭云："语孤另。"《待储光羲不至》："晚钟鸣上苑，疏雨过春城。"谭云："此十字，正是待人，莫作境与事看。"《东谿玩月》，谭云："夜中独坐，不言不语，领略寂然，自有其妙。"《过乘如禅师萧居士嵩丘兰若》："嵩丘兰若一峰晴。"谭云："不贪。""食随鸣磬巢乌下，行踏空林落叶声。"谭云："禅机。"《春日与裴迪过新昌里访吕逸人不遇》："城上青山如屋里，东家流水入西邻。"谭云："好光景。"《积南辋川作》："山中习静观朝槿。"谭云："悟矣。"《杂诗》其三："心心视春草，畏向玉阶生。"谭元春在两句中插入评语曰：

---

① 谭元春：《奏记蔡清宪公前后笺札》其二，谭元春著，陈杏珍标校《谭元春集》卷二十七，第755页。

"连下三字,深密。"从如上评语来看,谭元春在评王维诗时,极少直接指出其诗与禅之间的关系;结合诗歌、评语来分析,谭元春更注重的是王维诗中表达出来的孤独寂静的一面,包括了语言、形象、意境与情理等方面的特点。联系元春给蔡公的回信,指出蔡公"以佛作诗",自己是"以诗作佛",证明元春清楚认识到诗歌有别于禅的特质,更强调诗歌本身的特点。

"寂悟冥想,大道不远"这八个字,正可以作为竟陵派参悟诗道的阐释。写诗读诗,锺谭二人都主张冥悟,重在细与静,锺惺说过"看人诗者贵细"①。如锺惺评杜甫《同诸公慈恩寺塔》一诗"有一段精理冥悟,所谓令人发深省也,浮浅人不知"。只有精细静深之人,才能有所悟。试看如下例子:

评玄宗皇帝《为赵法师别造精院过院赋诗》:"习静更宜秋。"钟云:"清理、清悟、清言,却解不出。"

评李颀《觉公院施鸟石台》,谭云:"使人胸中惊动,开口难言。有慧根,有静理者,须从此等悟入。"

评宋昱《樟亭观涛》:"寂听堪增勇,晴看自发蒙。"谭云:"十字是细心观涛人,真理会语。"钟云:"名理清悟。"

以上三例都说明了锺谭的"悟"强调虚静状态,细心者、有静理者,才能真正领悟。

悟是一种探索诗道的过程,悟的对象可以是诗歌的文体特点,锺惺评杜甫《奉赠韦左丞丈二十二韵》一诗,读此诗"可悟长篇之法";可以是诗歌写作的技法,锺惺评朱庆馀《与贾岛顾非熊无可上人宿万年姚少府宅》一诗"活","于此诗起结,悟其法",评聂夷中《杂怨》一诗章法奇特,"于此可悟其妙";可以是诗歌的风格与审美追求,杜甫《敬赠郑谏议十韵》:"波澜独老成。"锺惺评:"'波澜老成'四字合用有意,可悟作诗文之法。"可以是人生

---

① 锺惺评独孤及,锺惺、谭元春:《诗归五十一卷(二)》卷二十四,《四库全书存目丛书》集部第338册。

和生活的哲理，如陶渊明两句绝妙"写穷"语，《有会而作》："菽麦实所羡，孰敢慕甘肥。"锺惺评曰："有深旨。唐人贫贱寡情，欲似从此悟出。"可以是自然宇宙的哲理，王昌龄《出郴山口至叠石湾野人室中寄张十一》中的两句诗："既见万古色，颇尽一物由。"钟云："秀悟。"谭云："子书中创获之语。"还可以是一种虚静灵明的美学状态，卢鸿《幂翠庭》："德之惛兮澹多心。"谭云："'澹多心'，此澹何心，更澹得妙。此非静者不悟。"竟陵诗学强调主体精神的虚静状态，悟是潜心思考的过程，在这种虚空澄明的状态下领悟作品的形式技巧、深层的情感内容和象征意蕴，体味作品内在的生命精神。

二　入神

严羽在《沧浪诗话》中提出诗歌的最高境界是"入神"，他说："诗之极致有一，曰入神。诗而入神，至矣，尽矣，蔑以加矣！惟李杜得之。他人得之盖寡也。"神则是心的精华，入神是指诗歌出神入化的境界。这种境界是"不涉理路，不落言筌者"，表现出"透彻玲珑，不可凑泊，如空中之音，相中之色，水中之月，镜中之象，言有尽而意无穷"的艺术特征。竟陵派同样追求"入神"的诗歌境界，无论是创作或鉴赏，都要抓住对象的生命精神，要做到"通神悟灵"[①]，"冥心放怀，期在澹永"[②]，这种"澹永"的境界恰如严羽所说的诗歌妙处。在虚静的心境下，主体的心思细致专一，能够把握到事物的精微之处，静思冥悟之中，精神进入一种虚澄空明的状态，领会到作品的灵幻奇妙、含蓄蕴藉的特征。

竟陵派强调隔绝尘俗，"我辈文字到极无烟火处便是机锋"[③]，文字不沾染世俗的腐气、酸气与俗气，空灵清澹至极而未免有痕，"自

[①] 谭元春：《选语石居集序》，谭元春著，陈杏珍标校《谭元春集》卷二十三，第638页。
[②] 李明睿：《钟谭合传》，谭元春著，陈杏珍标校《谭元春集》附录二，第960页。
[③] 锺惺：《答同年尹孔昭》，锺惺著，李先耕、崔重庆标校《隐秀轩集》卷二十八，第476页。

知之而无可奈何";故以"朴"与"厚"来救之,"一篇之朴能养一句之神"①,"厚之一字可以救之";灵而厚的境界,是竟陵派所追求的诗歌极致。

试看《诗归》中的几则评语:

> 评张九龄《洪州西山祈雨是日辄应因赋诗言事》,钟云:"排律中带些古诗,非初盛唐高手不能。意脉厚远,本难于轻透者,然与其隔一层,郁而不快,反不如轻透之作。欲免此病,须着心看此等作。"谭云:"排律至此,入神入妙。"
>
> 评杜甫《舟中夜雪有怀卢十四侍御弟》:"舟重竟无闻。"钟云:"五字,写舟雪入神。"
>
> 评杜甫《陪王使君晦日泛江就黄家亭子》:"稍知花改岸,始验鸟随舟。"钟云:"写舟行奇幻入神。"

张九龄诗是排律中带有古诗的风味,情景理融为一体,气脉深厚而意境清幽轻妙,是厚而灵的"入神入妙"之作。杜甫善于写物传神,通过通感、拟人等手法,来描摹景物的变化特征。舟雪一诗,诗人没有察觉到纷纷大雪压船重,用"闻"这一表听觉的动词,来形容身体方面对船的动静变化的感知;泛江一诗,以岸上花的移动,而判断出飞鸟跟随着船的漂浮而移动。杜甫二诗巧妙地写出了景物的变化与诗人的感受,物我交融,情景理结合为一体。

竟陵派的入神,是诗歌技法或诗歌境界达到出神入化的地步,包括了语言的凝练而传神,技法的变幻而神妙,情景结合与情理交融,意蕴无穷,是主体与客体、内容与形式的高度统一。从具体的品评中来看,多指意境悠远空灵之作。神可以是指用字的准确,如储光羲《题太玄观》:"真道其冥冥。"谭云:"着一'其'字,神妙遂不可言。"刘眘虚《寄阎防》:"乱花随暮春。"钟云:"'随'字,传乱花之神。"或是形容得生动有力,如常建《江上琴兴》中的"又令江水深",谭元春评"又令"二字为"神化之言"。可以

---

① 谭元春:《题简远堂诗》,谭元春著,陈杏珍标校《谭元春集》卷三十,第815页。

用来形容技法的高超，如钟惺评《古诗十九首》之"明月皎夜光"一首的分段，"似各不相蒙，而可以相接。历落颠倒意法外，别有神理"；钟惺评简文帝《夜夜曲》一诗的写作方法"亦自有神化"。可以是指诗歌情景理的统一，如常建《白龙窟泛舟寄天台学道者》的结句："澹然意无限，身与波上月。"钟惺评为"非神化之笔，不足以语此。"徐安贞《闻邻家理筝》："不如眠去梦中看。"钟云："末七字，写出邻家理筝之神。眠梦，奇矣，忽下一看字，尤奇。"这是诗人宛若神助的创作灵感与主客体兴会贯通时的审美愉悦。入神是一种空灵透彻的境界，如王齐之《念佛三昧诗四首》其二："融然忘适，乃廓灵晖。"谭元春评这两句"神化俱在有无之外"，富于禅意。皎然《秋宵书事寄吴冯》："秋天月色正。"钟云："'正'字难解。一经拈出，便觉移不动，此诗中神境。"秋月澄明的夜景，正是诗歌最高境界的写真。

三　别趣

"别趣"一词，出自严羽的《沧浪诗话》："诗有别趣，非关理也。"这是指诗歌有特殊的审美兴趣，与诗歌是否说理无关。严氏所说的"别趣"是针对宋诗中过于言理的倾向，重在强调诗歌的抒情性，是指诗人用意味隽永的语言形象地表达内心的情思及对外物的感受，以及诗歌带给读者的审美趣味。竟陵派同样提"别趣"，但它的内涵已经发生改变。钟谭所说的"别趣"是针对明末诗歌俗化浅化的倾向，重在强调诗歌的奇趣别理和深情孤诣，标举不同流俗的审美旨趣与诗学追求，避熟、避滥、避俗。

竟陵派的"别趣"，可以是指人物特有的趣味，如钟惺评初唐诗人刘希夷、乔知之以及盛唐诗人常建、刘眘虚等"淹秀明约，别肠别趣"。可以是指诗歌独特的意趣，如刘缓《敬酬刘长史咏名士悦倾城》一诗，借用典故的人物姓名侧面衬托女子的娇艳，钟惺认为是一种"别趣别理"；杜甫《将别巫峡赠南卿兄瀼西果园四十亩》一诗，诗人"以果园赠好友，全是一片爱惜珍重，深情别趣，此诗所由妙也"（钟惺语）；钟惺评杜甫《绝句》云："少陵七言绝，非其本色，其长处在用生,往往有别趣,有似民谣者,有似填词者。但笔力自高,寄托有在,运用不同耳。看诗者仍以本色求之,止取其音响稍谐者数首,则不如勿看矣。"指出杜甫七言绝句的妙处在于运用了其他文体形式的技法特点,同时贯注了诗人的精神在内,诗歌有一种陌生化的审美效果,新鲜奇特而情意真切。

"别趣"重在与众不同的奇特之处,不流于凡俗之气,锺惺评王季友诗"常有一种别趣奇理,不堕作家气。岂惟诗文,书画家亦然"。还可以是指书画别有旨趣,奇特脱俗,锺惺说:"古人作事不能诣其至,且求不与人同。夫与人不同,非其至者也;所谓有别趣,而不必其法之合也。宁生而奇,勿熟而庸。夫若是,则亦可以传矣。"①"宁生而奇,勿熟而庸",可作为竟陵派追求"别趣"的阐释。

锺谭还用"奇趣""异趣"等词来表示诗人和诗歌独有的兴趣。锺惺评"鲍照能以古诗声格作乐府,以五言性情入七言,别有奇响异趣",评严武曰:"此人妙绝,交有奇情,诗有奇趣,想杜老不错。"欣赏严武为人为诗的超凡脱俗,趣味独特。谭元春评刘伶《北芒客舍诗》一诗"发奇趣于嵚崎历落之外",评阎朝隐作《鹦鹉猫儿篇》一诗,是"一肚奇趣正理,触物动摇耳"。

四 言与意

言与意的关系,最早在《周易·系辞上》有"言不尽意""圣人立象以尽意"的话。这是先秦诸子共同关注的问题之一,老子、孔子等人都发表过关于"言"的认识,《庄子·外物》则有"得鱼忘筌""得意忘言"的说法。

魏晋南北朝时期,出现了言意之辩,言能尽意或言不尽意,各执一词。"言不尽意"论对后世美学、文学、艺术等方面产生了深远的影响,从刘勰的"隐秀"说,锺嵘的"滋味"说、"文已尽而意无

---

① 锺惺:《跋林和靖秦淮海毛泽民李端叔范文穆姜白石王济之释参寥诸帖》,锺惺著,李先耕、崔重庆标校《隐秀轩集》卷三十五,第575页。

穷"，皎然的"文外之旨""但见情性，不睹文字"，司空图的"味外之旨"和"韵外之致"，《二十四诗品》"超以象外，得其环中""不着一字，尽得风流"，到严羽"不落言筌""羚羊挂角，无迹可求""言有尽而意无穷"等，均体现出"意在言外"的美学思想。

有限的语言，可以描绘出社会生活、自然景观或人的思想情感，但是，艺术创作和审美体验的复杂性与模糊性，以及形式结构所包含的意味，使诗歌的意蕴远远超出语言本身所表达的内容，由此形成"言外之意""味外之旨"的美学效果。由于语言的局限性与意蕴的丰富性，创作主体未必能够准备无误地表达出精细的感情，鉴赏主体也未必能够完全领会到作者的意愿和作品的意旨，并用语言来描绘所有的阅读感受。古代诗论家在品评诗歌时，常常会遇到"无法言说"的困境，或是难以理解作品的含义，或是难以找到合适的语言来形容奇妙的审美体验。严羽在评论古乐府时，就提到了"文义漫不可解"的问题。① 他认为诗歌的妙处在于"透彻玲珑，不可凑泊"，需具有"正法眼"之人方能领悟并达到。

严羽的说法直接影响了明代格调派的诗学思想。谢榛的《四溟诗话》提出："诗有可解、不可解、不必解，若水月镜花，勿泥其迹可也。"② 后又引黄庭坚语，进一步说明论诗不应穿凿，不必强解。谢榛这一观点，当是针对受汉儒说诗传统的影响而喜穿凿的现象，提出不必拘泥以解读诗歌的寄托。谢榛用"水月镜花"作譬喻，正是承继了严羽以禅喻诗的思想。后人对此说法不满，"蒋少传冕云：'近代评诗者，谓诗至于不可解，然后为妙。夫诗美教化，敦风俗，示劝戒，然后足以为诗。诗而至于不可解，是何说邪？且《三百篇》，何尝有不可解者哉？'"③ 用儒家诗教来批驳谢榛"诗不可解"的观点。反过来说明谢榛所谓"不可解"的思想基础在于佛禅。

王世贞也提"不可解"，他在《艺苑卮言》卷一曰："《铙歌》诸曲，勿便可解，勿遂不可解，须斟酌浅深质文之间。"是指文义的难

---

① 严羽：《沧浪诗话校释》，第213页。
② 谢榛：《四溟诗话》卷一"四"条，人民文学出版社1961年版，第3页。
③ 俞弁：《逸老堂诗话》卷下，丁福保《历代诗话续编》下，中华书局1983年版，第1318页。

以解读。卷四又曰:"李于鳞言唐人绝句当以'秦时明月汉时关'压卷,余始不信,以少伯集中有极工妙者。既而思之,若落意解,当别有所取。若以有意无意可解不可解间求之,不免此诗第一耳。"① 李攀龙推崇王昌龄的《出塞》一首为唐人绝句的压卷之作,王世贞认为,如果执着于诗歌意旨的解读,挖掘比兴寄托的寓意,则王诗之中有更工妙者;如果用灵活的方式来解读,不拘泥于儒家的美刺,不掉弄于佛禅的玄虚,可以寻求诗歌的兴寄,也可以有所忽略,在"有意无意、可解不可解"之间体会诗歌的意蕴与妙处,这样来看,当以此诗为第一。

王世贞的说法,被竟陵派加以发挥。锺伯敬云:"龙标七言绝,妙在全不说出。读未毕,而言外目前,可思可见矣。然终亦说不出。"王昌龄言绝句诗意在言外,读者可以心领神会其中妙处,却难以道破。钱锺书指出:锺谭评诗,"好用'幽''微''幻''说不出'等字,即禅人所谓'不可说''不可说'也"②。

诗歌幽微幻妙之处,难以解释,如禅之不可言说。《诗归》中用"有意无意""不可解""说不出"等字眼来品评诗歌的地方甚多。先看以下例子:

  评《金人铭》,锺云:"本题是慎言,而通篇自起语数句,及'口是何伤'二句外,似别有一段柔密恭顺、持身涉世之学,渐渐说开,似不照题。不知南容谨言,孔子以为不废,免于刑戮。身世之学,孰有过于慎言者?此古人诗文有意无意、若开若合之妙。"

  评蔡琰《悲愤诗》,锺云:"五言古长诗,虽汉人亦不易作,惟《悲愤诗》及《庐江小吏妻》耳。二诗之妙亦略相当,妙在详至而不冗漫,变化而不杂乱,断续而不碎脱,若有意,若无意,若无法,又若有法。惟老杜颇优为之,元白长诗,病其无法,拖沓可厌。不知实本于此,特其力疲而体率耳。"

---

① 丁福保:《历代诗话续编》中,第1008页。
② 钱锺书:《谈艺录》,第306页。

评王湾《奉使登终南山》:"常爱南山游,因而尽原隰。"钟云:"有意无意,妙得游理。"

"有意无意",说出了诗歌的精微细妙之处,或有寄托,或无寄托,似扣题,似离题,似刻意安排结构,似无意运用技巧,有意登高游玩,却无意间饱览山下景色。在有意与无意之间,寻求诗歌的精妙,是基于内容与形式的解读,却又超越具体含义的理性分析而获得的一种模糊、混沌的审美体验。

钟谭追求这种幽渺、惝恍、迷离的审美愉悦,正如他们所欣赏的人物具有"优游不迫"的风度与神韵,"兴来兴止性情真,有意无意如其人"①。要做到"有意无意",为人应削除追逐功名利禄的形迹,为诗应消融刻意使力的痕迹。钟惺有"削此竟陵之名与迹"一说,②称赞王羲之"不尸其功,不露其迹,始终以山水田园自娱,处于仕隐之间,其经济实用,似为文雅风流所掩,不知羲之正欲以此自掩也"③;谭元春指出伯敬诗"止宜厚其气而泯其迹"④,蔡复一认为:"夫自然真诗,虽无择而存,而其行于世也,细若气,微若声,不可以迹。"⑤ 在《诗归》的品评中,钟惺、谭元春有意指出诗歌的创作痕迹。

评岑参《与高适薛据登慈恩寺浮图》,钟云:"岑塔诗,惟'秋色'四语可敌储光羲、杜甫。余写高远处,俱有极力形容之迹。"

评孟浩然《游精思观迴王白云在后》,谭云:"妙在无迹可寻。"

评皇甫冉《赋得荆溪夜湍送蒋逸人归义兴山》,钟云:"律

---

① 钟惺:《题李长蘅》,钟惺著,李先耕、崔重庆标校《隐秀轩集》卷五,第59页。
② 钟惺:《潘稚恭诗序》,钟惺著,李先耕、崔重庆标校《隐秀轩集》卷十七,第266页。
③ 钟惺:《王羲之》,钟惺著,李先耕、崔重庆标校《隐秀轩集》卷二十三,第436页。
④ 谭元春:《奏记蔡清宪公前后笺札》其八,谭元春著,陈杏珍标校《谭元春集》卷二十七,第764页。
⑤ 谭元春:《寒河集序》,谭元春著,陈杏珍标校《谭元春集》附录一,第943页。

至此，可谓有力无迹。"

钟惺指出岑参诗露出极力描摹塔身之高、景色之远的痕迹，不足以称妙；孟浩然诗、皇甫冉诗消融了刻画的痕迹，足以称妙。

诗歌的妙处，在于作者独有的情志，通过形式来形成丰富的意蕴。譬如说，钟惺评《善哉行》妙在"作者胸中各有一段情事在于言外，直直说不出来处"；评杜甫写《又观打鱼》，"胸中无一段深心至理，亦说不出"。而读者往往只能意会，不能言传，钟惺评陶潜《归鸟》一诗"其语言之妙，往往累言说不出处"；评《古诗为焦仲卿妻作》在"其意言之外、手口之间，有一段说不出来处，所以为长诗之妙也"。钱锺书在研究竟陵诗论时，即注意到了"《诗归》评诗，动以'说不出'为妙"的批评特点。① 试看《诗归》相关例子：

评《古诗十九首》"迢迢牵牛星"一诗："盈盈一水间，脉脉不得语。"钟云："'脉脉'字，叠得奇，不可解。老杜叠字之妙，法多本此。"

评董京《答孙楚诗》："嗟乎！鱼鸟相与，万世而不悟。"钟云："透悟洞观之言，读之似有不可解处，妙于立言。"

评杜甫《自阆州领妻子却赴蜀山行》："物役水虚照，魂伤山寂然。"钟云："一时所历所见，实有此情境，可思而不可解，至幻，至细。痴人必欲求解，竟以不可解之故而置之不思矣。此读诗之难也。"

"脉脉"二字叠用，传出了深情厚谊，用法之巧妙，情意之丰富，难以解说。董京诗以物喻人，巧妙说理，是诗人透彻领悟、洞悉人际关系的感言，钟惺用"不可解"来说明诗歌的思理深刻。杜诗情景理交融，意蕴十分丰厚，所描绘的山与水是诗人亲身感受到的情境；钟惺认为，读者可以用心细细体会，领悟诗人复杂的情思与深刻的理

---

① 钱锺书：《谈艺录》，第294页。

致，但是，读者的阅读感受模糊，难以梳理清楚。

对于竟陵派用"说不得、不可解"的评语来说诗，陈衍认为："内实模糊影响，外则以艰深文固陋也。"在他眼中，锺谭二人喜用此类评语，一来是因为诗歌本身的多义性、复杂性与模糊性；二来是锺谭故作高深，借以掩饰自己的浅薄。陈衍的说法既有合理之处，指出诗意的丰富性；也有过于苛刻的地方，即认为锺谭鄙陋。对此，笔者认为，"不可解"的"解"包括了懂得、知道、解释等含义，"解"的对象是作品所表现的作者之意，以及作品自身显示出来而作者未能意识到的意，即言外之意。这样的"解"，建立在读者的生活阅历、文学修养、感受能力、认识水平、习惯爱好等基础上，是读者的主观意识参与。"不可解"可以是作者的技巧高超，诗歌的意蕴无穷，难以领会和说明；可以是作者的创作意图模糊、逻辑不清，使诗歌意思隐晦、形式结构混乱，难以理解；可以是读者的感受能力所限，无法清楚地把握诗歌的含蕴与诗人的情志。而锺谭所说的"不可解"，重在强调作品传达的丰富意旨，而不是指作品的难以阅读，或读者认知能力所限的主观感受。由此看来，陈衍的"固陋"一说流于片面。

竟陵派对言意关系与阐释理论的认识及实践，是"言不尽意"思想的发挥。它在严羽以禅喻诗的基础上，发展了谢榛、王世贞等人的说法，称赏诗歌"有意无意""可解不可解"之妙，影响了清代诗论的发展。叶燮在《原诗》里说："诗之至处，妙在含蓄无垠，思致微渺，其寄托在可言不可言之间，其指归在可解不可解之会，言在此而意在彼，泯端倪而离形象，绝议论而穷思维，引人于冥漠恍惚之境，所以为至也。"① 从这段话可明显看出叶燮的观点，与上述诗论家的思想之间的传承关系。

五 庄禅说诗

竟陵派以老庄、佛禅思想论诗，《诗归》中收录了数量众多的仙

---

① 叶燮著，霍松林校注：《原诗》，人民文学出版社1979年版，第30页。

佛诗，而且，表现为有意识地揭示出诗歌与佛道思想之间的关系。佛道两家的哲学思想与中国文学的关系至深。两家的学说或直接，或间接，渗透进相当一部分士人的生活、观念与文艺创作中。在道家思想的直接影响下，形成了中国源远流长的隐士文化，山林田园诗的兴盛与道家文化密不可分。陶渊明其人其诗，就带有老庄哲学的深深印迹。佛禅思想使士人哲学观、价值观产生了深刻的改变，出现了诗僧、僧诗等独特文化现象，以及与佛禅有关的大量诗文作品。这些都说明了佛道两家学说对文学艺术创作的深远影响。锺谭二人深谙老庄哲学与佛经教义，联系佛道思想来分析诗歌的意蕴。

先看锺惺、谭元春用道家思想品评《诗归》的例子：

> 评卢鸿《幂翠庭》："草柎绵幂兮翠蒙茏，当其无兮庭在中。"钟云："玄眇之甚。暗用老子语，若自创。"
>
> 评湛方生《游园咏》："历丘墟而四周，智无涯而难恬。"钟云："一部《庄子》。"
>
> 评元结《网罟》，钟云："老庄著书深旨，寻常拈出。"
>
> 评孟郊《赵记室俶在职无事》："卑静身后老，高动物先摧。"钟云："一部《老子》。"

锺惺指出卢鸿诗借用《老子》语，却有所创新。《老子·道经》十一章："三十辐共一毂，当其无，有车之用。埏埴以为器，当其无，有器之用。凿户牖以为室，当其无，有室之用。故有之以为利，无之以为用。""当其无"的句式出自此处。《庄子》和《老子》的哲学思想都十分丰富。《庄子》的思想主要是在《内篇》，其中以《逍遥游》《齐物论》《养生主》等篇最为重要。湛方生的两句诗，上句是讲游，讲事物与宇宙空间的关系，下句是讲苦乐、知识与人的生命之间的矛盾。湛方生这两句诗语言精练，意蕴丰厚，其意旨与庄子崇尚精神自由、等观万物、求解生命困境的思想相符合。锺惺称之概括了"一部《庄子》"，可谓有胆有识。元结诗是取伏羲制网罟"取禽兽"之事，来描写设网罟对大自然的约束，符合老庄著书立说的"深旨"：反对尘世间的羁束、向往自由、回归自然。对孟郊诗的主旨落在弱与静这两点上，正是老子最主要的思想。锺惺的品评堪称有胆有识之见，能够在浩瀚的诗海中发现上述诗句与老庄思想的密切关系，不得不佩服他阅读的仔细与独到的眼力。

锺惺、谭元春品诗，常能抓住精要的诗句作细致的分解，并联系实际来分析。评湛方生《游园咏》："差一毫而遽乖，徒理存而事隔。"锺惺云："理存事隔，千古学道人通患。"评孟郊《赵记室俶在职无事》，谭元春云："学道经世之言。"佛道思想有相通相似之处，而且，禅宗本身就是儒释道三家融合的学说。锺谭能够敏锐地观察到诗意中的佛道相通与相异之处，如评卢鸿《枕烟庭》："可以超绝纷世，永洁精神矣。"锺惺指出："'永洁精神'四字，道家内修秘语，亦即释家所谓'法练神明'也。"评王昌龄《悲哉行》："观其微灭时，精意莫能论。"谭元春指出这两句诗与"空山多雨雪"是"同一妙悟"。锺惺则曰："'空山多雨雪，独立君始悟'，是禅家妙语。此二句是道家妙语。""空山多雨雪，独立君始悟"也是王昌龄诗，出自《听弹松入风阕赠杨补阙》。锺惺认为这两个诗例所立足的文化基础不同，或是认为前者透露出来的意思接近于道家对生命的思考，后者的意境类似于参禅的状态；但一般人读来，当中的细微差别，难以把握，难下判断。王昌龄《斋心》："日月荡精魄，寥寥天府空。"谭元春评："仙语佛语，各有神妙，不可言说。此道家神妙语，混袭不得。"认为这两句诗是出自道家思想，并非佛禅之语。杜甫《早行》："前王作网罟，设法害生成。"谭元春评为："仙佛慈心，老庄横话。"指出设网罟来捕鸟捞鱼危害自然生命。这两句诗用了《庄子·胠箧》典，诗歌体现了诗人的慈悲心怀。李颀《寄焦炼师》："得道凡百岁，烧丹惟一身。"谭元春指出："'一身'及下首'居一床'，俱善用'一'字，写出仙佛家清静简奥。"指出道士和尚的共同特点在于"清静简奥"。

《诗归》中谈禅论禅的评语更多。如：

> 评陈子昂《酬晖上人秋夜山亭有赠》："风泉夜声杂，月露宵光冷。"钟云："景中禅，似右丞。"
> 评刘希夷《嵩岳闻笙》："月出嵩山东，月明山益空。"谭

云:"大禅师开场语。"

评宋之问《雨从箕山来》:"观花寂不动,闻鸟悬可悟。"钟云:"不必说禅,自是活佛点化。"

评储光羲《题慎言法师故房》:"精庐不住子,自有无生乡。"钟云:"说得佛法广大。"

评常建《高楼夜弹琴》:"曲度犹未终,东峰霞半生。"钟云:"唐人作音乐诗,往往逗禅机。"

评李颀《光上座廊下众山五韵》:"名岳在庑下,吾师居一床。"钟云:"'精庐不住子',说佛法广大;'吾师居一床',说佛境清净。"

钟惺、谭元春善于捕捉诗歌所描绘的景色中透露出来的禅意与禅理。钟惺从常建写琴曲诗句中悟出禅,认为唐人音乐诗富于禅意。李颀写佛禅方面的诗歌少有人关注,钟谭留意到李颀这类型的诗歌,并从中挑选出数首精妙之作。如李颀的《觉公院施鸟石台》一诗,谭元春评为"禅家第一首诗",给予了极高的评价,他指出此诗"使人胸中惊动,开口难言。有慧根,有静理者,须从此等悟入";钟惺则指出此诗之妙,"凡禅诗宜于虚,此妙在步步实,语语实,作成佛人可,作修行人亦可"。《宿莹公禅房闻梵》一首中的"惊落叶晓闻,天籁发清机"两句,谭元春认为是"真学问"语。

钟谭常用"禅机""禅偈"两词来品评,并不加以详细的分析。如刘长卿《舟中送李十八》:"唯有钟声出白云。"柳宗元《戏题石门长老东轩》:"花开日出雉皆飞。"钟惺均评为"禅机"。王维《送宇文太守赴宣城》:"地迥古城芜,月明寒潮广。"窦庠《于阗钟歌》:"恐剿此钟无一声。"钟惺均评为"禅偈"。储光羲《同房宪部应旋游衡山寺》:"橘柚故园枝,随人植庭户。"谭元春评为"禅机";而陶潜《饮酒》诗中最著名的一句"悠然见南山",友夏竟评为"禅偈"。两人以"禅机""禅偈"来品评,有的准确指出诗歌的特点,有的地方却难免忽略了诗歌独有的情韵与丰富的理意,而流于简单化、概念化了。钱锺书在评论袁宏道和谭元春两人分别评选的东坡诗选本时,指出"袁见搬弄禅语,辄叹为超妙;谭则不为口头禅所谩,病其类偈子"①。钱氏此语本来是针对谭元春评选东坡诗的批评特点,在此,也可视为钟谭以庄禅评选《诗归》的批评特点之一。

(原载《中国文学研究》2013年第4期)

---

① 钱锺书:《谈艺录》,第424页。

《南越笔记》与李调元的民间情怀

李调元，字羹堂，号雨村，又号童山、鹤洲、赞庵、蠢翁等，四川绵州罗江（今德阳市罗江县）人。李调元为清代乾嘉时期学者，亦为性灵派诗人之一，有蜀中才子之称。在他一生当中，曾两次踏足岭南，先后出任广东副考官、广东学政。乾隆三十九年五月，李调元奉命典试广东（包括海南），至九月事竣回京，历时六月；乾隆四十二年至四十五年，李调元受命督学广东，任职长达四年。其在任上，一方面到广东各地典岁试，倡导经学，积极发展文教事业，提升当地的学风与士风；另一方面，深入民间考察广东的山川地理和风土人情，且言传身教，拜谒文庙、古迹等，游胜处皆有诗，并翔实记录了沿途见闻，留下《南越笔记》《粤东皇华集》《粤风》《然犀志》等一系列与广东有关的著述，《童山诗集》中亦多有吟咏广东风物的诗歌。目前，学界对李调元的研究主要集中在其对蜀中文化之功，而对其与广东文化的关系有所忽略。本文以《南越笔记》及其与广东有关的诗歌作品为例，考察李调元对岭南文化的积极传播，并进一步探讨他对民间文化的热情，及其文学创作中的民间倾向。

一 《南越笔记》的内容、价值，及其与《广东新语》的异同比较

李调元编撰的《南越笔记》主要记录了广东的天文地理、风土人情等情况，内容共分为十六卷，每一卷包含了数十条不等的条目。《南越笔记》收入《函海》，现存乾隆间绵州李氏万卷楼刻嘉庆十四年校印本、乾隆间绵州李氏万卷楼刻道光五年李朝夔补刻本、光绪七

年广汉钟登甲乐道斋刻本。笔者所及见《函海》为光绪七年刻本，①所收《南越笔记》自序开篇"举"字下缺四字。另有《粤东笔记》，其内容文字与《南越笔记》基本相同，略有删改；书前增《八景全图》，图文并存；自序完整无缺，光绪本所佚四字为"鼓掉挡击"，疑是"鼓棹挡击"②。《南越笔记》的刊刻当在《粤东笔记》之后，所收条目略有增加，内容亦更加详尽。以卷一为例，《南越笔记》比《粤东笔记》增加了《打仔、采青》《剥芋》《迎降》《挂冬》《吹角》《赌蔗斗柑之戏》《坐簰》《珠娘珠儿》《中秋女始笄》等条目；《捕鱼》一条则改为《粤人多捕鱼为业》，文字上稍有增加。③

《南越笔记》所记录的内容多引自屈大均的《广东新语》，并在条目、文字方面做了许多调整、增删与修改。屈大均作为明遗民，身处明清易代之际，哀痛民生的艰困与社会的离乱。《广东新语》中多有"违碍"字眼，如记载广东人民英勇抗清的事迹，借古讽今，借物寓志，行文中多有反清复明的思想流露。此书屡遭清廷禁毁。④ 李调元任广东学政之时，留心广东风物，其书多采自屈书，当有心保存屈大均的著述以行于世。相较而言，李调元一书更利于阅读与传播，他做了大量的删改，对分类与条目重加整理，所择取的内容更加精到。全书紧凑，篇幅适中，文字精练，条目清楚，地域特色也更加鲜明，而且，增加的条目体现出了清中期的时代特色，已有别于明末清初时期。

试以表格说明《南越笔记》与《广东新语》在内容分类、条目安排上的异同、承接关系。

表1　　　　《广东新语》与《南越笔记》各卷条目比较

书　名	卷数	卷一	卷二	卷三	卷四	卷五	卷六	卷七	卷八	卷九	卷十
广东新语	二十八	天语	地语	山语	水语	石语	神语	人语	女语	事语	学语
南越笔记	十六	民俗	山、洞	水、石	神庙、古迹	物产	器具	民族	鸟	兽	海生物

---

① 李调元：《函海》，光绪七年广汉钟登甲乐道斋刻本。
② 李调元：《粤东笔记》，台北新文丰出版公司1979年版。
③ 李调元：《南越笔记》，《中国风土志丛刊》第57册，广陵书社2003年版。
④ 屈大均：《广东新语》，《中国风土志丛刊》第58、59、60册，广陵书社2003年版。

续表

书 名	卷十一	卷十二	卷十三	卷十四	卷十五	卷十六	卷十七	卷十八	卷十九	卷二十
广东新语	文语	诗语	艺语	食语	货语	器语	宫语	舟语	坟语	禽语
南越笔记	水生物	昆虫	木	香草	花	食物				

书 名	卷二十一	卷二十二	卷二十三	卷二十四	卷二十五	卷二十六	卷二十七	卷二十八
广东新语	兽语	鳞语	介语	虫语	木语	香语	草语	怪语

注：《南越笔记》的条目名称是笔者根据每卷内容分类而总结。

由表1可见，《南越笔记》的内容更加精练，把《广东新语》的二十八种类型概括成十六种类型，更能鲜明地从民间民俗、地理风物等方面突出广东的地域特色。

具体比较如下：《南越笔记》卷一开篇讲广东的气候、节日、地方风俗习惯、民间人民的喜好、语言的特点和主业，而删却了《广东新语》的卷一《天语》、卷二《地语》，把日月星辰风云、岭南地理位置、地貌分布等内容省略。

《南越笔记》卷二讲各地较为有名的山岭、洞穴、岩石等，与《广东新语》卷三《山语》比较，前者少了腊岭、二禺、两三峡、灵洲山、斧柯山、北甘山、七星冈、茶托冈、山火、山影、南岭、端州山水、韶阳诸峰、东峤、石砺山等，更集中地突出广东的名山秀岭；文字上也更为凝练、明确，如"五岭"，直接从"五岭"这一名称的来历说起，删去了《广东新语》中关于五岭、罗浮与南岳之关系的一段文字，行文简洁明了。

《南越笔记》卷三把《广东新语》的卷四《水语》、卷五《石语》合并为一卷，删去了部分条目，包括一些泉水、井水、水坑、石头等，或位置偏僻，或已湮废、改变，或地处粤西，或特色不足鲜明，如迷坑、绿珠井、何仙姑井、南江水口、贵谷坑、望夫石、石的、石床、洗头盘等；部分条目重新归类，如删除"端溪砚石"，在卷六器具类列入"端砚"，重新撰写内容，引述《岭南杂记》的说法。

《南越笔记》卷四主要介绍了广东各地祭拜的神仙、名人的祠庙与名胜古迹，主要采用了《广东新语》的卷六《神语》，删除了卷八《女语》、卷九《事语》、卷十《学语》、卷十一《文语》、卷十二《诗语》等内容，对其中不适合当世或含有违碍思想或怪诞虚幻的内容进行了大量的删改，另立条目介绍了韶州苏黄墨迹、韩文公祠、连州二诗人、白沙先生、六如亭、载酒堂、苏泉、枕书堂等前贤文人留下的名胜古迹。

《南越笔记》卷五、卷六分别收录当地的物产、特有的器物，有部分内容采自《广东新语》的卷十五《货语》、卷十六《器语》，行文更加洗练；增加了许多新的条目，如铅锡、黎毯、蜡丸、竹器、鼻烟、潮布等，部分条目有所更改、细化，如琥珀改为琥珀蜜蜡，玻璃改为玻璃琉璃，纱缎改为羽毛纱缎，另有广纱、纱，乌服改为乌衣，茧布又有程乡茧、文昌茧；常见的富有特色的器物，钟改成雌雄钟，铁鼓改成韶州铁鼓，删除了宝剑、彭中丞剑、乌枪、战车、香碓、金鱼缸等条目，增加了秦犧尊、琼州珰、番刀、粤人善鸟、西洋铜铳、觋面笑、十三行、花边钱、石墨、丹砂、自鸣钟、龙须席、佛山多冶业、粤中多尚屐、西洋筊文席、东莞席、琼州席等条目。由此可见，经过清前期的经济发展，至乾隆中期，广东的商贸十分发达，出产的物品、器具更加丰富、精细，工艺方面有了长足的进步，军事器具与日常用品的种类繁多，部分舶来品已被当地人广泛接受，普遍使用。

《南越笔记》卷七介绍广东主要的少数民族，及船上生活的疍家人、深山的番人；卷八至卷十五介绍岭南种类繁多的动植物，包括生活在陆地、海洋、湖泊的生物，还有少数从东南亚引进的水果、香料等，如洋桃、伽南等；卷十六介绍当地的饮食，包括主食、茶、酒、油、糖、梅及有特色的石钟乳、燕窝等。这几卷内容有部分采自《广东新语》，但做了重新的梳理，条目的更改增减，内容的增删改动。两者相较，李调元增设了许多极具地方特色的条目，如香橼佛手、化州橘红、广漆、紫檀花梨铁力诸木、乌木等；在内容的介绍上，《南越笔记》的文字简洁明白，脉络清楚，征引的文献更为准确，有说服力，对于广东极具特色的物产搜罗甚富，更能凸显广东的地域文化。

屈、李二书之间的承继关系十分明显，后世不明就里者对李颇有微词，没其功而讽其袭写之劳，谬也！在《广东新语》屡遭禁毁的清朝，李调元在其基础上重加编纂，撰成《南越笔记》刊行，有功于世。屈大均编撰《广东新语》，其内容亦采于《广东通志》，据其自序："吾于《广东通志》，略其旧而新是详，旧十三而新十七，故曰《新语》。"清朝并无今天对个人著作权的强调，李调元也是仿屈的做法，保留了《广东新语》的精华部分，结合清中期的现实情况和个人考察见闻，并查阅了许多文献资料，撰成此书。其目的既有对民间文化的喜好，亦因学政一职的职责所在，考察、了解当地的风俗民情。据李调元的自序写道：

> 时有古今，则物亦有显晦。今即以东粤论，如瓯骆巴之入市献琛，前古所无；南越王之桂蠹火树，于今未有。即此以推，固不可以泥于前古，或志或不志矣。予自甲午典试粤东，惜所游览仅五羊城而止，虽欲征之前贤所记而未逮也。岁次丁酉之冬，复来视学，此古太史輶轩采访之职也。遂得遍历全省诸郡县，可以测北极之出地以占时变，可以乘破浪之长风以穷海隅，可以审扶荔之不宜于北土，可以征灵羽之独钟于丹穴，幽渺而至五行符瑞所不及载，载而莫阐其理者，亦可以征信而核实。畴见昔人著述，诧为怪怪奇奇惊心眩目者，至是又不觉，知其或失则诬，或当于理而因为之弃取焉。且因为之上下，草木鸟兽，各纵其类焉。书成，计一十有六卷，敢曰：《尔雅》注鱼虫，壮夫不为也。亦聊以广箧中之见闻尔。

由此可见李调元结合当世，增补前人之遗漏，记录岭南风土人情。其自序虽未能直接言明《南越笔记》和《广东新语》之间的承接关系，但从其编目、内容、文字等方面，都可以看到李调元对前贤的致敬及个人的独到创新。李书在清末民初时曾多次再版、大量印行，证明了其书之价值所在。

二　李调元的民间情怀及其对广东的关注

李调元出生于四川罗江县，自小在一个环境秀美、民风淳朴的乡镇生活，对民间无隔阂感。其父李化楠是乾隆年间进士，号石亭，历任知县、府台同知等地方官职，一生力行善事，任上颇有政声，著有《万善书稿》《石亭诗集》《醒园录》等书。李调元深受父亲影响，自幼好读书，涉猎极广，诸子百家、经史子集、诗词曲赋、天文地理、金石书画、字词音韵、姓氏谱谍、风俗博物，无所不览；著述勤奋，好作诗，常深入民间考察地方风俗民情。李调元是进士出身，但他自小对民间生活熟悉，以及家庭的影响，他好奇、好学、好思、好游的个性，使其对平民生活、民间文化保持着长期的关注，从而拥有一种民间的视野和民间的情怀。这促使他大力保存、发扬、发展蜀中文化；而他两度出任广东，亦有意识地搜集、整理、传播岭南文化，且身体力行，勤于吟咏，以岭南风物、行旅入诗，编纂笔记与岭南歌谣。

李调元有功于广东的人文教育与文化传播，主要体现在他对广东人才的重视与揄扬。他在《广东乡试录后序》中指出："粤东虽介在岭外，而山川名胜如罗浮庾岭之雄壮，珠江昆湖之秀丽，物产财殖，瑰玮珍异，不可名状。灵气所钟，其萃于人文者独厚，汉唐以来代有闻人士，苟能自树立，安见古今人不相反也。"① 李调元任广东学政期间，时常到地方督学，典岁试，与当地士子吟咏唱和，游胜处辄有诗。又编诗集著述等，在士子间推行，提高士子的文化素养。

《函海》中除了记录广东地域文化的笔记外，李调元还辑录了广东的民歌，创作了许多与广东地方文化密切相关的诗歌，包括《粤风》《粤东皇华集》及《童山诗集》中的部分诗歌。《粤风》四卷，分别辑录了粤歌、猺歌、狼歌、獞歌等四种类型的民间歌谣。李调元在前人辑录的基础上再加编辑、解析，通过对诗歌的题解、注解等方式，介绍歌曲相关的广东风俗与掌故民情。卷一《粤歌》所收民歌《蝴蝶思花》《相思曲》《旧日藕》《日出》《日落》《高山种田》《隔水》《妹同庚》等，多描绘了民间青年男女热恋、相思、离别等各种爱情状态，如《相思曲》："妹相思，不作风流到几时。只见风吹花

---

① 李调元：《童山文集》卷三，《续修四库全书》集部第1456册，上海古籍出版社2002年版。

落地，不见风吹花上枝。"率真热烈，大胆奔放。有的民歌语言十分通俗，却通过平常的道理来表达内心深情，语言质朴，切实可信，如《实不丢》："实不丢，生柴不丢死柴枝，宁可丢人不丢妹，丢妹亦不到今时。"有的借物喻义，用双关语等手法来传情，字里行间满溢着炽热的相思之情，如《竹根生笋》："竹根生笋各自出，兄在一边妹一边。衫袖遮口微微笑，谁知侬两暗偷莲。"李调元对一些少为人知的民歌加以解说，如《疍歌》解题："疍有三：蚝疍、木疍、鱼疍。寓浔江者乃鱼疍，未详所始。或曰蛇种，故祀蛇于神宫也。歌与民相类，第其人浮家泛宅，所赋不离江上耳。广东、广西皆有之。"猺歌、狼歌、獞歌更不为人知，李调元对许多民歌的题目及歌中难懂的字词意均作了注解，如猺歌中的《歌》："石头大，牛大陷到石头边，牛大陷到石头面，念娘不到娘身边。"李解曰："猺人呼鱼为牛。石大，大字如字；牛大，大字解作游字，陷是不言已。虽相念之切，不得到身边，犹鱼之游只在水，水中不得到石边也。"《粤风》中收录的广东民歌原汁原味地保存了当地的土风民俗，最能反映民间大众的原生态生活。由此可见李调元对民间文化的关注，这样的一种情怀，使其具有深入民间了解的视野。

李调元的诗歌创作同样体现出他的民间情怀，以《粤东皇华集》为例。李调元于甲午之夏奉命为广东副典试，往还六阅月，凡所经历悉记以诗。程晋芳所撰序言称："窃以为今之试使，亦犹古太史之采风，乘輶轩，周四国，而风谣美恶，必兼收焉。试使则取其文之美者达之朝宁，其不才者抑之，此其与古异也。至若记其风土，询其政教，复命之顷，以待顾问，则古今一也。故《皇华》之诗以咨、诹、询、度、谋五事为本，夫使者于所过溪山之出没兴替，所从来民风之淳薄，曾不考而知焉。是视若罔见，听若罔闻，执此以鉴文字之高卑，求其不谬，不亦难乎？故余于雨村之本五事以为诗，而知其所取之才必可以为国家用。若其诗之雄肆超诣，固有不愧昔贤者，在览者宜自得之，又何待于余言？"卷一载从京都出发，沿途南下所作诗；卷二、卷三载从大庾岭开始，进入岭南及其后所作诗；卷四载从岭南出发回京都所作诗。其中，在岭南时所作诗明显看出他对岭南文化从新奇到喜欢的接受过程，诗集中载有许多游览胜迹的诗歌，如《韶州望韶石》《曲江风度楼》《弹子矶》等，还有专门吟咏岭南风物之诗，如《与编修王春甫分赋岭南草木三十首》，写了龙目、荔枝、橄榄、槟榔、杨桃等多种岭南特有的水果花木。

李调元的民间情怀，出于他对真性情的认识与追求。李调元主张诗要"新""爽"，这样的诗学观强调诗歌的语言、形式、内容、风格上的新奇、真率、爽快。李调元认为"诗者，天之花也……花既以新为佳，则诗须陈言务去。大率诗有恒裁，思无定位，立言先知有我，命意不必犹人。诗衷于理，要有理趣，勿堕理障；诗通于禅，要得禅意，无堕禅机。言近而指远，节短而韵长。得其一斑，可窥全豹矣"①。他认为：诗发于情，情之真源于性之笃，人之性情，则禀乎五行，发于真性情之诗人，不分男女，故对女性诗人不持偏见。"俗儒尝言女子不当学诗，不知'三百篇'半出于妇人女子而删诗者独存之以垂后世，此事岂鲰生陋儒之所知乎？"②李调元论诗与袁枚的"性灵说"相合，他多次提及对袁诗之喜爱，专门编选袁枚诗集，不遗余力地在广东推广性灵诗风。他在《袁诗选序》中自言："予幼随先君宦浙，得其《小仓山房诗集》，亦伏而读之，不忍释手。适余有粤东提学之命，不敢自秘，因梓而行之，以为多士式。诸生勉乎哉！余诗不足学，诸生其学袁诗可也。"③年届六十六时，仍以倾慕之心写信给袁枚，回忆对袁诗的喜爱："记调初选庶常时，与新安程鱼门订交，见案头有先生诗抄一册，读而好之，因借携出入，不忍释手。戊戌岁视学岭南，遂录付梓人，名曰《袁诗选》，以示诸生。"④

李调元十分推崇词、曲的文学地位，从而提出"词非诗之余，乃诗之源"的大胆言论。⑤他反驳时人轻视词、曲的说法："然独不见夫尼山删《诗》，不废郑卫；輶轩采风，必及下里乎？夫曲之为道也，达乎情而止乎礼义者也。凡人心之坏，必先祖于无情，而后惨刻不衷之祸作。若夫忠臣孝子，义夫节妇，触物兴怀，如怨如慕，而曲生

---

① 李调元：《雨村诗话序》，《童山文集》卷四，《续修四库全书》集部第1456册。
② 李调元：《谢小楼吟稿序》，《童山文集》卷五，《续修四库全书》集部第1456册。
③ 李调元：《童山文集》卷五，《续修四库全书》集部第1456册。
④ 李调元：《袁子才先生书》，《童山文集》卷十，《续修四库全书》集部第1456册。
⑤ 李调元：《雨村词话序》，《童山文集》卷四，《续修四库全书》集部第1456册。

焉。出于绵渺，则入人心脾；出于激切，则发人猛省。故情长情短，莫不于曲寓之。人而有情，则士爱其缘，女守其介，知其则而止乎礼义，而风醇俗美；人而无情，则士不爱其缘，女不守其介，不知其则而放乎礼义，而风不醇俗不美。"① 肯定了民间歌谣的存在价值，指出曲辞的情之有无，可以反映出人心之好坏。

  李调元关注岭南民俗文化的民间情怀，还缘于他的史官意识。作为广东学政的他，有意识地对当地的民情风俗作笔录，便于后世备览。他为从弟李鼎元作《南游集序》，说道："余弟墨庄甲辰由翰林予假复作吴越游……然弟固史官也。昔太史公南游江淮，上会稽，探禹穴，讲业齐鲁，过梁楚以归，于是奉使西征巴蜀以南，南略邛笮昆明，还报命。今卷中胪陈，皆其地也。他日复起登朝，藉阅历以广见闻，谈天廷而敷文藻，高文典册，蔚为国华，不惟媲美龙门，且颉颃司马，岂终于穷乎？区区子瞻，又何足多学也？"② 勉励鼎元不应止步于文人，而应以史官来自命。这同样可视作李调元内心具有史官意识的一种反映。对于民间的这种热情，在于李调元借史录著述以垂后世的一种使命感。

（原载《李调元研究》第 2 辑，四川人民出版社 2015 年版）

---

① 李调元：《雨村曲话序》，《童山文集》卷四，《续修四库全书》集部第 1456 册。
② 李调元：《童山文集》卷五，《续修四库全书》集部第 1456 册。

气韵范畴的演变与转型

气韵是什么？是庄周梦中翩翩飞舞的蝴蝶，是顾恺之最后点墨的传神阿堵，是陶渊明东篱采菊望见南山的悠然，还是自然万物蕴藉的生命动力？自古以来，关于气韵的理解众说纷纭，却并不影响它成为古典美学中推崇备至的艺术准则和中心范畴。六朝以前，气和韵是分开的。南齐谢赫在《古画品录》标举"气韵生动"为品评绘画的"六法"之首，[①] 此后，"气韵"一词得到历代画论家和文论家的广泛关注，逐渐成为我国最富于民族特色、理论内涵最为丰富的美学范畴之一。

一 "气""韵"的源流和关系

气韵的概念由气和韵两方面构成，在组合方面，气先于韵。气是先秦常见的哲学术语，它包含物质、生命和精神层面的意义。在秦汉的哲学思想中，气是宇宙论的物质元素，《淮南子·天文训》："道始于虚廓，虚廓生宇宙，宇宙生气，气有涯垠。"[②] 气来源于虚廓无垠的自然界。气还是人进行生命活动的基础和精神运动的力量，《庄子·知北游》："人之生，气之聚也。"汉代王充提出生命皆具有"元气"，"元气"超越生死，古今不异。他进一步提出气有阴阳两种，《论衡·订鬼》："夫人所以生者，阴阳气也。阴气主为骨肉，阳气主

[①] 谢赫：《古画品录》，《丛书集成初编》第1645册《古画品录（及其他三种）》，中华书局1985年版。

[②] 何宁：《淮南子集释》卷三，《新编诸子集成》第1辑，第165、166页。

为精神。人之生也,阴阳气具,故骨肉坚、精气盛。精气为知,骨肉为强,故精神言谈,形体固守。骨肉精神,合错相持,故能常见而不灭亡也。"① 魏晋六朝时期,气的内涵从物质生命之本衍变为人物评论领域与文艺美学范畴的常用术语。刘劭《人物志》考察不同的血气来辨别人的气质,刘义庆《世说新语》记载以"气"来品藻人物的例子随处可拾。曹丕《典论·论文》把"气"正式引入文论领域,阐明了文艺作品主要是作者个性气质的流露,气质类型有"清""浊"之别;刘勰的《文心雕龙》多次论"气",《体性》篇提出"气有刚柔",《神思》篇指出"气"作为文学想象与创作过程中的重要作用,"神居胸臆,而志气统其关键",还专辟《养气》篇,讨论如何"调畅其气";锺嵘《诗品序》指出"气""物""人"三者之间的影响和关系。

"韵"字首见于汉代与音乐韵律有关的文艺活动。蔡邕《琴赋》:"繁弦既抑,雅韵乃扬。"② 曹植《白鹤赋》:"聆雅琴之清韵(原作均)。"③ 萧统《文选》收录文章中出现"韵"字约有二十个,多与声音有关,如左思《魏都赋》:"金石丝竹之恒韵,匏土革木之常调。"④ 谢庄《月赋》:"若乃凉夜自凄,风篁成韵。"⑤ 张协《七命》:"音朗号钟,韵清绕梁。"⑥ "韵"所表示的声音具有清朗、悠扬、高远的特点。随着诗文创作追求韵律的发展,"韵"成为识别诗文用韵、长短的重要标志。陆机《文赋》:"或托言于短韵,对穷迹而孤兴。"⑦ 沈约《宋书谢灵运传论》:"至于高言妙句,音韵天成,皆暗与理合,匪由思至,张蔡曹王,曾无先觉,潘陆颜谢,去之弥远。"⑧

---

① 王充:《论衡》第二十二卷《订鬼第六十五》,上海人民出版社 1974 年版,第 347 页。
② 张溥:《汉魏六朝百三名家集·蔡中郎集》卷一,江苏古籍出版社 2002 年版,第 492 页。
③ 曹植著,赵幼文校注:《曹植集校注》卷二,人民文学出版社 1984 年版,第 239 页。
④ 萧统编,李善注:《文选》卷六,上海古籍出版社 1986 年版,第 284 页。
⑤ 萧统编,李善注:《文选》卷十三,第 601 页。
⑥ 萧统编,李善注:《文选》卷三十五,第 1598 页。
⑦ 萧统编,李善注:《文选》卷十七,第 769 页。
⑧ 萧统编,李善注:《文选》卷五十,第 2220 页。

指出作家虽无刻意追求诗文的音韵，却自然、和谐。魏晋六朝时期，韵还延伸出品评人物精神风貌的含义，由言辞举止、音容形貌所呈现的风度意态和个性气质，《世说新语》出现的"韵"字不足十个，有"风韵""高韵"等词语，用以形容超脱、飘逸的风采气度，如《任诞》篇载："阮浑长成，风气韵度似父。"

作为美学范畴的"气韵"，出现在南朝齐梁时期。谢赫提出了绘画上的"气韵生动"之后，在文论方面，萧子显提出了"气韵天成"的说法。"气"和"韵"在当时组合成词，并成为一个引人瞩目的美学范畴，不是出于偶然，而是有着深刻的原因和联系。

其一，气是天地万物的构成元素，音乐则体现天地万物的本性和特征，"气"和"韵"都可以视为宇宙本体的呈现。古人"天人合一"的宇宙观认为，天地万物是气分离后的生成物，人也是气的特殊的聚散方式。王充《论衡·自然》："天地合气，万物自生。"①《论衡·物势》："夫天地合气，人偶自生也。"② 中国人在天地人的思考中，把宇宙的本体与个人的生命融为一体，用"气"的概念来统合。而音乐是大自然拥有无限生机活力的表现方式。通过音乐的表达，可以体现出天地万物的本体与特性。阮籍《乐论》："夫乐者，天地之体，万物之性也。合其体，得其性，则和；离其体，失其性，则乖。"③ 按照规律而挥运的音乐，可以让人感受到天地万物的和谐与协调，体会当中的韵律美。

其二，"气"和"韵"都是连接抽象与具象的中介物。"气"是连接形而上之"道"与形而下之"器"的中间状态，汉代王符说："是故道德之用，莫大于气。道者，气之根也。气者，道之使也。"④气处在道和器之间的位置，作为中立项的气既有道的抽象性，气是化生万物之源；气又是道的具体化，人们通过体察气来领悟道。而

---

① 王充：《论衡》第十八卷《自然第五十四》，第277页。
② 王充：《论衡》第三卷《物势第十四》，第47页。
③ 阮籍：《乐论》，阮籍著，陈伯君校注《阮籍集校注》卷上，中华书局1987年版，第78页。
④ 王符：《潜夫论》卷八《本训第三十二》，王符著，汪继培笺，彭铎校正《潜夫论笺》，中华书局1979年版，第367页。

"韵"是具体的事物与飘忽的感觉之间的交接物。天地万物发出的声音，通过韵律、节奏来作用于人的听觉，给人一种精神的感受和心灵的感应。

其三，"气"和"韵"具有变化的特点，表现出差异性、运动性和发散性。原始混沌之气一分为二，出现阴气和阳气，两者生生不已，相互对立、纠缠、斗争、转化，造成万物的生衍化育。阴阳之气，清浊不同，性质不同，存在着差异性。气在不断地运动变化中，万物也在不断地运动变化中。运动中的气无所不入，无处不在，弥漫在整个空间，具有发散性。声音有高低、轻重、清浊、长短之分，古代有"七音"的说法。韵是和谐动听的音乐，《文心雕龙·声律》："异音相从谓之和，同声相应谓之韵。"韵是节奏、律度的协调，包括了高低长短清浊的声音，各种不同的声音在流动变化和相互配合之中，乐曲的旋律也在不断地变化。声音的余韵通过空气传播，在空间中渐渐发散开来。

其四，"气"通过"韵"来呈现，"韵"由"气"来传达。"气"和"韵"的结合，还缘于两者之间密切的关系。追溯起来，早在先秦时期人们对声音美的特征的认识，就把"气"和"声"联系起来。晏子在讨论"和"与"同"的区别时，以"味"与"声"来说明"和"，"先王之济五味，和五声也，以平其心，成其政也。声亦如味：一气，二体，三类，四物，五声，六律，七音，八风，九歌，以相成也；清浊，大小，短长，疾徐，哀乐，刚柔，迟速，高下，出入，周流，以相济也。君子听之，以平其心，心平德和"。[①]指出声音是多种因素的综合协调，第一就是"气"，可见"气"在声音传达与表现中的重要地位与作用。声音的律动，是宇宙生机的律动和人类情志的波动。天地之气，变化生风，风感物动，产生音律。潘岳《笙赋》："新声变曲，奇韵横逸，萦缠歌鼓，网罗钟律，烂熠爚以放艳，郁蓬勃以气出。"[②]新奇的音乐韵律，通

[①] 晏婴：《晏子春秋》卷七《外篇》第七《景公谓梁丘据与己和晏子谏第五》，吴则虞编著，吴受琚、俞震校补《晏子春秋集释》，国家图书馆出版社2011年版，第344、345页。

[②] 萧统编，李善注：《文选》卷十八，第861页。

过富于生机的蓬勃之气来表现。罗根泽指出"音律说"的前驱是"文气说","文气是最自然的音律,音律是最具体的文气"①。除云气、雾气、烟气等有形外,大自然和人体的气是混沌无形,无色无味,难以捉摸的。气从哲学方面转移到文艺领域,仍然具有抽象性与虚幻性,无法给人视觉与感觉上具体直接的感受。曹丕用音乐的曲度、节奏作譬喻,来说明文章中的气,《典论·论文》曰:"文以气为主,气之清浊有体,不可力强而致。譬诸音乐,曲度虽均,节奏同检。至于引气不齐,巧拙有素,虽在父兄,不能以移子弟。"②刘勰在曹丕基础上进一步用音乐来阐明作文之术的难度大,"知夫调钟未易,张琴实难。伶人告和,不必尽窕槬之中;动角挥羽,何必穷初终之韵?魏文比篇章于音乐,盖有征矣"③。刘勰指出乐府诗是"志感丝篁,气变金石"的产物,④人的情志气质通过各种乐器的演奏而体现出来。"气"可以通过音乐来表现,而"韵"是音乐的节奏和韵律,是"气"感动丝篁金石等物体而产生的律动的声音。

其五,"气"和"韵"都延伸出了气度、风度、韵度等词义,在魏晋南北朝时期发展成为人物审美领域的常用术语。孟子将"气"的观念由哲学引入审美领域,提出养至大至刚的浩然之气,提倡一种内在的人格美。"人格美的推重已滥觞于汉末,上溯至孔子及儒家的重视人格及其气象。'世说新语时代'尤沉醉于人物的容貌、器识、肉体和精神的美。"⑤ 气从哲学领域移用于人物品藻,十分适合于描绘魏晋人那种"简约玄澹,超然绝俗的哲学的美"⑥;而韵是音乐形式的和谐,也是人物心灵的律动,"音乐不只是数的形式的构造,也同时深深地表现了人类心灵最深最秘处的情调与律动"⑦。气和韵都

---

① 罗根泽:《中国文学批评史·魏晋六朝文学批评史》第四章"音律说"(上),上海书店出版社2003年版,第169页。
② 曹丕:《典论·论文》,《丛书集成初编》第2615册,中华书局1985年版。
③ 刘勰:《文心雕龙·总术》,刘勰著,范文澜注《文心雕龙注》。
④ 刘勰:《文心雕龙·乐府》,刘勰著,范文澜注《文心雕龙注》。
⑤ 宗白华:《美学散步》,上海人民出版社2005年版,第374、375页。
⑥ 同上书,第357页。
⑦ 同上书,第396页。

是人物人格精神的外现,多用来形容那种玄远、飘逸、超脱、旷达的情趣与风度。正因为哲学和美学上的深刻联系,"气"和"韵"组合成词,有着强大的生命力与丰厚的文化底蕴。

二 "气韵"的范畴辨析

对于气韵,谢赫和萧子显都没有做进一步的说明,后人的阐释歧见纷呈,气韵的含义也在不断丰富、延伸。有的将"气韵"拆开来解释,有的将"气韵"作为一个整体,有的理解为"气之韵",还有的把"气韵"等同于"气运"。各种诠释中,或紧扣谢赫的原意,或融合己见,或出于臆断,有时偏重于气的分析,有时偏重于韵,或者气、韵并举。总的来看,气韵范畴的形成与古人对形神关系的认识密切相关,不同时期的气韵内涵有所侧重,大致经过了由重气到重韵,再到气韵并重的发展历程,气韵从抽象的理论阐释逐渐落实到具体的创作技巧。

(一)"气韵"不等于"气运"

陈朝姚最撰《续画品》以备谢赫《古画品录》之所遗,其中"谢赫"条的评语:"别体细微,多自赫始。遂使委巷逐末,皆类效颦。至于气运精灵,未穷生动之致;笔路纤弱,不副壮雅之怀。"[①]指出齐梁之际绘画出现形似的趋势,追求谨细的画风,正是谢赫肇始;谢赫的作品有灵气,却未能达到生动的极致,笔法纤细柔弱,格局狭仄,难以匹配其雄壮高雅的情怀。此处"气运",是否等同于谢赫的"气韵"?查全书,只出现"气运""体韵""神气"三例以"气""韵"品评的评语。姚最作此书,虽有符续之意,但他对于绘画艺术的认识与评赏并不认同谢赫,序言中多有批驳谢赫之言。"气

[①] 姚最:《续画品》,《丛书集成初编》第1645册《古画品录(及其他三种)》,中华书局1985年版。

运精灵"与"气韵生动"相较,"气运"应是"气韵"①,精灵即生动跳脱之意,这两个词组的意思相近。但姚最写作"气运",也不排除他偏重于"气",更倾向于欣赏壮美。"气运"一词出自东汉王符的《潜夫论》:"……莫不气之所为也。以此观之,气运感动,亦诚大矣。变化之为,何物不能?所变也神,气之所动也。"②气的运动,化生万物,力量之大,生生不已。气虽有柔刚之别,但"气运"一词,更多地表现了"气"的力量,姚最的选用,体现出他对于阳刚美的追求,更为强调绘画作品"气"的运行流转。

值得注意的是,晚明时期,"气运"一词屡屡出现,有的与气韵同义,有的偏重于气的运转,更多的是指气的运程。气韵写作气运时,多是论者有意强调气的力量,强调气是主体精神的运行。唐志契的《绘事微言》指出:"气运生动与烟润不同,世人妄指烟润为生动,殊为可笑。盖气者有笔气,有墨气,有色气,而又有气势,有气度,有气机。此间即谓之韵,而生动处又非韵之可代矣。生者生生不穷,深远难尽;动者动而不板,活泼迎人。"③直接把气韵生动改成气运生动,强调"以气运笔",这气既是绘画技法的运行之气,也是主体性情才识的生命之气。沈颢的《画麈》指出:"禅与画俱有南、北宗,分亦同时,气运复相敌也。南则王摩诘,裁构淳秀,出韵幽澹,为文人开山……北则李思训,风骨奇峭,挥扫躁硬,为行家建幢……"④这里的气运既有气韵之义,又有气的运数之义。古人认为,元气古时厚今时薄,气有盛衰变化。晚明诗人把诗文的发展兴衰归结

---

① 有学者提出"韵"与"运"通假,"气韵"来源于哲学上的"气运"。于民:"在古版本中,'气韵'亦作'气运',犹如上古'舞''武'相通,文字上的这种通用,从侧面显示了哲学上的'气运'为人品所用和与'气韵'相通的特点,更何况谢赫本人也如六朝中许多画论家一样深受当时玄学思想的影响呢。因此,很有可能,在哲学和人物品藻的影响下,谢赫结合绘画思想中的形神观念,通过对以往'风气''神气''神韵'等有关观念的咀嚼加工,以'气韵'代替了'气运'。"(于民:《气化和谐——中国古典审美意识的独特发展》,东北师范大学出版社1990年版,第256页。)
② 王符:《潜夫论·卷八·本训第三十二》,王符著,汪继培笺,彭铎校正《潜夫论笺》,第369页。
③ 唐志契:《绘事微言·气韵生动》,于安澜编著,张自然校订《画论丛刊》一,河南大学出版社2015年版,第216页。
④ 沈颢:《画麈·分宗》,于安澜编著,张自然校订《画论丛刊》一,第247页。

为"气运使然",袁宏道在写给丘长孺的书信中指出:"至其不能为唐,殆是气运使然……夫诗之气,一代减一代,故古也厚今也薄。"①《答梅客生开府》的书集中又提出:"苏公之诗,出世入世,粗言细语,总归玄奥,恍惚变怪,无非情实。盖其才力既高,而学问识见,又迥出二公之上,故宜卓绝千古。至其遒不如杜,逸不如李,此自气运使然,非才之过也。"② 这里的气运,指的是气的盛衰、起伏的运数变化。诗歌的气运衰弱,元气代减,诗歌的成就也就今不如昔、近不如古了。国运衰落、世途偃蹇之时,人们多有这种气运衰飒之感,仿佛与末世的国途命运攸关。锺惺的《诗归序》亦云:"诗文气运,不能不代趋而下。"③《诗归》中,锺惺评陈叔宝《有所思》一诗"气运所关,心手不知"④,评陈子昂《遂州南江别乡曲故人》一诗"身分气运所关,不可不知"⑤,都是指气的运程之意。

(二)"气韵生动"与"传神论"

谢赫灵活地运用"六法"来品评画的优劣,气韵生动的内涵可以通过具体的评论来概括。在谢赫看来,绘画作品重要的是通过画面形象来展现本质精神,如评陆探微"穷理尽性,事绝言象";如果做到气韵生动,可以相对忽略形象塑造的精确性,如评卫协"虽不该备形妙,颇得壮气",评张墨和荀勖"风范气候,极妙参神。但取精灵,遗其骨法",评晋明帝"虽略于形色,颇得神气"⑥。气韵生动是一种达于"妙""神"的美学境界,能够使鉴赏者突破有限的视觉形象,沟通对象与宇宙本体之道的内在联系,使画面达到有限与无限的统一,"若拘以物体,则未见精粹。若取之外,方厌高腴,可谓微妙也",体会到画面之外的无穷美妙。谢赫的"气韵"包括了画家的气

---

① 袁宏道:《丘长孺》,袁宏道著,钱伯城笺校《袁宏道集笺校》卷六《锦帆集之四》,上海古籍出版社 1981 年版,第 285 页。
② 袁宏道著,钱伯城笺校:《袁宏道集笺校》卷二十一《瓶花斋集之九》,第 734 页。
③ 锺惺:《诗归序》,锺惺著,李先耕、崔重庆标校《隐秀轩集》卷十六,上海古籍出版社 1992 年版,第 235 页。
④ 锺惺、谭元春:《古诗归》卷十五,《四库全书存目丛书》集部第 337 册。
⑤ 锺惺、谭元春:《唐诗归》卷二,《四库全书存目丛书》集部第 337 册。
⑥ 谢赫:《古画品录》,《丛书集成初编》第 1645 册《古画品录(及其他三种)》。

质、才气与气力，以及见之于作品的气势与韵味。"气韵生动"则包括了创作中如何将自身的精神气质与对象的形象融为一体，借笔墨线条的变化和整体构图的设置来传达，以及鉴赏时通过形象的把握来体验画面以外的精神与韵味。

从大的社会文化背景考察，"气韵生动"这一命题的提出，受到魏晋南北朝时期盛行人物品藻的审美思潮的影响。人物品藻之风来源于先秦至汉代以来的相人术，通过人的形貌、骨相、品性、气质等来判断吉凶祸福。六朝士人热衷于清谈，喜欢评价人物在辩论中展现的语言、才华、风采、气度等，相人术发展为带有审美意味的人伦鉴赏与人物品评，进而促发了艺术领域对人物形象塑造与精神传达的理论发展。"形神"问题在先秦诸子时已开始讨论，至汉代哲学得到更深入的探讨，《淮南子·原道训》对组成人身体的形、神、志、气等要素进行了明晰的定位，桓谭以烛喻形、以火喻神，慧远、宗炳等人以火与薪来说明神与形的关系，葛洪认为"形须神而立"，范缜《神灭论》则提出"形质神用""形神相即"的命题，认为形神不分离，形谢则神灭。在这些论争与辩驳中，真正有助于促进艺术精神的独立与审美意识的发展，还是形神相离的理论，强调精神具有独立于形体之外的价值。宗炳提出的"畅神"说和"卧游"说，对后世画家的美学思想与绘画创作起了深远的影响。① 顾恺之在《论画》中提出"以形写神"，强调人物脸部要精细精确，尤其是点睛最为重要，"有一毫小失，则神气与之俱失矣"。他认为"传神写照，正在阿堵中"②，人物的精神气质就靠眼睛来传达。顾恺之的"传神"论主要针对人物形象，重视对对象的观察，主张"悟对通神""迁想妙得"，画家要把自己的情感迁移到对象中，把握对象的精神状态和性格特征，在形似的基础上表现人物的神态情思。而谢赫的"气韵生动"不局限于人物绘画，还包括了蝉雀鼠马等动物画；不仅是所绘人物或动物形

---

① 宗炳：《画山水叙》："应会感神，神超理得……余复何为哉？畅神而已。"（于安澜编著，张自然校订：《画论丛刊》一，第4页。）《宋史·宗炳传》亦载其言："唯澄怀观道，卧以游之。""畅神""卧游"，是宗炳对绘画作品提出的审美方式与审美境界。

② 刘义庆：《世说新语·巧艺》，刘义庆著，刘孝标注，余嘉锡笺疏《世说新语笺疏》下卷上《巧艺第二十一》，中华书局1983年版，第722页。

象的栩栩如生，更是由线条、构图、色彩、形象等组成的画面形式传达出来的氤氲、生动之美，是画家的精神气质与作品形式的结合。顾恺之忽略四肢，而强调人物脸部、眼睛的准确和人物神采的体现；谢赫忽略形似，强调画面形式透露出来的融汇了画家与对象的精神。谢在顾之后，当受到顾的启发与影响，但二人的观点同中有异，在强调精神的传达方面两者相同，从这点来看，"气韵生动"是"传神论"的深化与发展。

至唐代张彦远的《历代名画记》，才对"六法"论进行较为详细的解说。《论画六法》一文以古今绘画做比较，举顾骏之、顾恺之、吴道子等人为例，论述了自己对"六法"的理解。他把"气韵"与"形似"对举，"气韵"是人物形象以外的"骨气"，"古之画，或能移其形似，而尚其骨气，以形似之外求其画，此难可与俗人道也。今之画纵得形似而气韵不生，以气韵求其画，则形似在其间矣"。张彦远十分强调"立意"的重要性，把"气韵"和创作主体的意识观念联系起来分析，重视主体的精神状态。他结合顾恺之的"以形传神""迁想妙得"论来分析谢赫的"六法"，认为画中的台阁树石车舆器物等物体只有位置的向背，无所谓气韵生动，"至于鬼神人物，有生动之可状，须神韵而全。若气韵不周，空陈形似，笔力未遒，空善赋彩，谓非妙也"[1]，指出那些能够自由活动的有生命力的鬼神和人物才有气韵生动。

从张彦远开始用"传神"论来解析"气韵生动"，但他仍局限于人物绘画；后世论者将"传神"论的内涵扩大化，包括一切人与物都具有"神"，这"神"必然包含了创作主体的精神贯注其中，从而出现将"传神"论与"气韵生动"合二为一的理论倾向。如南宋邓椿的《画继》称："一者何也？曰传神而已矣。世徒知人之有神，而不知物之有神。……故画法以气韵生动为第一。"[2] 直接把传神等同于气韵生动。再如元代杨维桢为夏文彦的《图绘宝鉴》作序："故论

---

[1] 张彦远：《历代名画记》卷一《论画六法》，《丛书集成初编》第1646册，中华书局1985年版。

[2] 邓椿：《画继》卷九《杂说论远》，人民美术出版社1964年版，第114页。

画之高下者,有传形,有传神。传神者,气韵生动是也。如画猫者张壁而绝鼠,大士者渡海而灭风,翊圣真武者叩之而响应,写人真者即能得精神。若此者,岂非气韵生动、机夺造化者乎?"①传神是气韵生动的核心内容,能否传神成为作品是否气韵生动的重要标志。徐复观认为气韵生动即是传神,这一观点得到多数论者的认同。

(三) 从"气韵非师"的理论阐释,逐渐落实到具体的技巧方法

气韵是"无形迹可见之物而属于冥茫者","晋唐以来,气韵生动见于文字者,则多为无形超妙,难于直接名状者矣"②,作品有无气韵,难以找到一个衡量标准和操作方法,更多时候是靠画家与鉴赏家的才力、眼力和感悟力。气韵作为个人生命精神的自然流露,更多的是先天独特的禀性气质所决定的。能否通过气韵产生的途径来获取一种把握它的方法呢?

一种看法是不可学,即"气韵非师"说。这一思想在《古画品录》已见端倪,谢赫评姚昙度"天挺生知,非学所及"。萧子显《南齐书·文学传论》曰:"文章者,盖情性之风标,神明之律吕也。蕴思含毫,游心内运,放言落纸,气韵天成。莫不禀以生灵,迁乎爱嗜,机见殊门,赏悟纷杂。"③指出气韵出乎性灵、由乎情意、自然生成的特点。姚最评梁元帝萧绎有"天挺命世,幼禀生知,学穷性表,心师造化"的评语;张彦远记载张璪有"外师造化,中得心源"的说法。④这些强调生知、心悟的观点,成为"气韵非师"说的理论来源。

宋代郭若虚延续了前人的理论,归结为"气韵非师",列专篇文章来系统探讨。他说:"然而骨法用笔以下,五法可学。如其气韵,必在生知,固不可以巧密得,复不可以岁月到,默契神会,不知然而

---

① 杨维祯:《图绘宝鉴序》,夏文彦《图绘宝鉴》,《丛书集成初编》第1654册,中华书局1985年版。
② 邓以蛰:《六法通诠》,《邓以蛰全集》,安徽教育出版社1998年版,第240页。
③ 萧子显:《南齐书》卷五十二《列传第三十三·文学传论》,中华书局1972年版,第907页。
④ 张彦远:《历代名画记》卷十,《丛书集成初编》第1646册。

然也。"① 又举《庄子》书中的事例来说明气韵 "系乎得自天机，出于灵府"②。郭若虚一方面强调气韵出于生知，得自天然；另一方面强调人品高、情性雅，推举"轩冕才贤，岩穴上士"，"本自心源，想成形迹，迹与心合"，气韵既高，生动亦至，"神之又神"③。由此可知，所谓"气韵非师"，肯定气韵是不可人为、不以力求、自然而然的生命本体及精神，个人品性的高低和才情的雅俗，直接影响到气韵的高卑，明确指出了人品修养与艺术创作的关系。郭的观点影响深远，其后不少论者都表示认同。士人画的发展，一定程度上促进了"气韵非师"论的接受与传播。

关于气韵天成方面，明代董其昌的"生知"论进一步强调："气韵不可学，此生而知之，自然天授。然亦有学得处，读万卷书，行万里路，胸中脱去尘浊，自然丘壑内营，成立鄩郭，随手写出，皆为山水传神。"④ 肯定气韵不可学，出于天授；又提出读书见闻、修身养性，可以达到传神之境，表现出气韵。气韵的产生有赖于创作主体的学养。董其昌又曰："画有六法，若其气韵，必在生知，转工转远。"⑤ 形似、雕琢与气韵之间是相对立的关系。清代恽格指出："笔墨可知也，天机不可知也；规矩可得也，气韵不可得也。以可知可得者，求夫不可知与不可得者，岂易为力哉?"⑥ 蒋骥认为："笔底深秀自然有气韵，此关系人的学问品诣。人品高，学问深，下笔自然有书卷气。有书卷气，即有气韵。"⑦ 后天的努力学习，也可以领悟气韵之妙，方薰认为："昔人谓气韵生动是天分，然思有利钝，觉有后先，未可概论之也。委心古人，学之而无外慕，久必有悟。悟后与生知者

---

① 郭若虚：《图画见闻志》卷一《论气韵非师》，《丛书集成初编》第 1648 册，中华书局 1985 年版。
② 同上。
③ 同上。
④ 董其昌：《画旨》卷上，于安澜编著，张自然校订《画论丛刊》一，第 142 页。
⑤ 秦祖永：《画学心印》卷三《画眼》，商务印书馆 1937 年版。
⑥ 恽格：《南田画跋》，于安澜编著，张自然校订《画论丛刊》二，第 329 页。
⑦ 蒋骥：《传神秘要·气韵》，于安澜编著，张自然校订《画论丛刊》四，第 1500 页。

殊途同归。"①

关于气韵雅俗方面,宋代邓椿力撑郭若虚,《画继序》曰:"或谓若虚之论为太过,吾不信也。故今于类,特立轩冕、岩穴二门,以寓微意焉。"② 宋代韩拙《山水纯全集·后序》指出:"盖天性之机也。性者,天所赋之体;机者,人神之用。机之发,万变生焉。惟画造其理者,能因性之自然,究物之微妙,心会神融,默契动静于一毫,投乎万象,则形质动荡,气韵飘然矣。故昧于理者,心为绪使,性为物迁,汩于尘坌,扰于利役,徒为笔墨之所使耳,安足以语天地之真哉?是以山水之妙,多专于才逸隐遁之流、名卿高蹈之士,悟空识性,明了烛物,得其趣者之所作也。"③ 指出只能那些"才逸、隐遁之流,名卿、高蹈之士"才能真正领悟山水之妙,才能掌握自然之性,绘出"形质动荡、气韵飘然"的画作。元代汤垕《画论》则指出俗人不具备欣赏气韵的眼光,"俗人论画,不知笔法气韵之神妙,但先指形似者。形似者,俗子之见也"④。

另一种看法则是把气韵向笔墨方向落实。荆浩的《笔法记》分论气、韵,气是主体心灵通过运笔、取象表现出来的精神动向,落实在笔势上,就是无败笔;韵则成了笔墨表现所形成的艺术效果,没有斧凿的痕迹。荆浩把气韵与笔墨技法联系在一起,把美学理念转化到笔墨实践中,这以后,画论家常从用笔上论气,从着墨上论韵。郭若虚提出"气韵非师"说,同时,又指出气韵和绘画技法的关系,"凡画,气韵本乎游心,神彩生于用笔。用笔之难,断可识矣。……乃是自始及终,笔有朝揖,连绵相属,气脉不断。所以意存笔先,笔周意内,画尽意在,像应神全。夫内自足,然后神闲意定;神闲意定,则思不竭而笔不困也"⑤,提出用笔方面的"版、刻、结"三病,在于气脉断、意凝滞、神阻困。

---

① 方薰:《山静居画论》卷上,于安澜编著,张自然校订《画论丛刊》四,第762页。
② 邓椿:《画继序》,《画继》,第2页。
③ 韩拙:《山水纯全集·后序》,于安澜编著,张自然校订《画论丛刊》一,第98页。
④ 汤垕:《画论》,于安澜编著,张自然校订《画论丛刊》一,第122页。
⑤ 郭若虚:《图画见闻志》卷一《论用笔得失》,《丛书集成初编》第1648册。

郭若虚把气韵归结为个人的人品才性，从主体精神层面来分析，导向了不可学；后世论者则把气韵归结为自然之道的体现，从客体对象入手，把气韵和笔墨联系起来。宋代韩拙的《山水纯全集》明确把气韵落实到笔墨中，他说：

> 夫画者，笔也。斯乃心运也，索之于未状之前，得之于仪则之后，默契造化，与道同机，握管而潜万象，挥毫而扫千里。故笔以立其形质，墨以分其阴阳。山水悉从笔墨而成。……盖墨用太多，则失其真体，损其笔而且浊；用墨太微，即气怯而弱也。过与不及，皆为病耳。切要循乎规矩格法，本乎自然气韵，必全其生意。得于此者备矣，失于此者病矣。……凡用笔先求气韵，次采体要，然后精思。若形势未备，便用巧密精思，必失其气韵也。以气韵求其画，则形似自得于其间矣。且善究其画山水之理也，当守其实，实不足，当弃其笔，而华有余。……若行笔或粗或细，或挥或匀，或重或轻者，不可一一分明，以布远近，似气弱而无画也。其笔太粗，则寡其理趣；其笔太细，则绝乎气韵。一皴一点，一勾一斫，皆有意法存焉。若不从古画法，只写真山，不分远近浅深，乃图经也，焉得其格法气韵哉？①

韩拙用哲学来解释运笔用墨，指出笔立形质，墨分阴阳；用墨多少，行笔粗细，皴点勾斫，都应循乎规矩格法，本乎自然气韵。明代顾凝远分析用墨与气韵的关系，指出："墨太枯则无气韵，然必求气韵，而漫羡生矣。墨太润则无文理，然必求文理，而刻画生矣。凡六法之妙，当于运墨先后求之。"② 莫是龙认为画面上的云烟明灭可表现出气韵的生动，"然山水中当著意生云，不可用拘染，当以墨渍出，令如气蒸，冉冉欲堕，乃可称生动之韵"③。清代画论家进一步探讨各种具体的绘画技法，唐岱认为气韵不是"云烟雾霭"，而是"天地

---

① 韩拙：《山水纯全集·论用笔墨格法气韵之病》，于安澜编著，张自然校订《画论丛刊》一，第89—91页。
② 顾凝远：《画引·枯润》，于安澜编著，张自然校订《画论丛刊》一，第261页。
③ 莫是龙：《画说》，于安澜编著，张自然校订《画论丛刊》一，第131页。

间之真气";"气韵由笔墨而生",须知笔墨的格法,"气韵与格法相合,格法熟则气韵全"①。沈宗骞分析用笔、用墨、取势与气韵的关系,他说:"所谓气韵生动者,实赖用墨得法,令光彩晔然也。……老墨笔浮于墨,嫩墨墨浮于笔。嫩墨主气韵,而烟霏雾霭之际,淹润可观。老墨主骨韵,而枝干扶疏,山石卓荦之间,亦峭拔可玩。"②又曰:"气以成势,势以御气,势可见而气不可见。故欲得势,必先培养其气。气能流畅,则势自合拍。"③ 势的一开一合,即气的一阴一阳纠缠不息的生命态势。俞蛟提出"烘染"的方式:"至于气韵生动,全在烘染得之,枯墨乾笔,失之远矣。"④ 范玑强调用笔的技法:"用墨之法,即在用笔。笔无凝滞,墨彩自生,气韵亦随之矣。离笔法而别求气韵,则重在于墨。藉墨而发者,舍本求末也。"⑤ 华琳则指出水、砚的作用,"用新汲之清水,现研之顶烟,毋使胶滞,取助气韵耳"⑥。

气韵向笔墨方向落实,容易使人盲目追求技法,导致画风草率与空疏。对此,论者颇有微词:"人见墨汁淹渍,辄呼气韵,何异刘寔在石家如厕,便谓走入内室?"⑦ 为了区别绘画作品的高低,有的论者提出了"画有能师法、不能师法二种"⑧,气韵有"发于墨者""发于笔者""发于意者"和"发于无意者"⑨;有的强调作者的领悟能力,指出灵感来时,"一旦得之,笔以发意,意以发笔。笔意相发之机,即作者亦不自知所以然。非其人天资高朗、陶汰功深者,断断不

---

① 唐岱:《绘事发微·气韵》,于安澜编著,张自然校订《画论丛刊》二,第451页。
② 沈宗骞:《芥舟学画编》卷一《用墨》,于安澜编著,张自然校订《画论丛刊》二,第577、579页。
③ 沈宗骞:《芥舟学画编》卷二《取势》,于安澜编著,张自然校订《画论丛刊》二,第629页。
④ 俞蛟:《梦厂杂著·卷七·读画闲评》"汤松阿朱青雷罗克昭合传",《续修四库全书》子部第1269册,上海古籍出版社2002年版。
⑤ 范玑:《过云庐画论·山水论》,于安澜编著,张自然校订《画论丛刊》三,第854、855页。
⑥ 华琳:《南宗抉秘》,于安澜编著,张自然校订《画论丛刊》三,第884页。
⑦ 方薰:《山静居画论》卷上,于安澜编著,张自然校订《画论丛刊》三,第762页。
⑧ 范玑:《过云庐画论·山水论》,于安澜编著,张自然校订《画论丛刊》三,第860页。
⑨ 张庚:《浦山论画·论气韵》,于安澜编著,张自然校订《画论丛刊》二,第484页。

能也"①。

谢赫的"六法",除"气韵生动"外,以下五法都是艺术表现、形象、色彩、结构等具体的笔法、章法和技法。五法的具体性、有限性,和气韵的抽象性、超越性如何协调?两者关系是对立统一的。气韵不可学论,在于强调主体精神,强调气韵是最高的审美理想;气韵落实在笔墨,是绘画理念与具体表现有效统一的结果。从气韵非师到笔墨技法,是古代画论家对气韵范畴的探索之路。

三 气韵的演变历程

气韵成为重要的美学范畴,经过了长期的历史文化积淀,它孕育于先秦两汉哲学对"气"的重视和汉代音乐对"韵"的讲究,萌生于魏晋时期在人物品藻和艺术鉴赏领域对"气""韵"的审美追求,形成于南北朝时期对艺术作品生动传神之美的推崇,以及对创作主体的生命精神与艺术表现关系的发现,丰富于众多美学家对概念的不断探索与重新阐释的实践。气韵范畴包括了气和韵,各为一义,在不同时期的侧重点不同,基本上经过了一个由气—韵—气—韵的发展历程,具体到某个论家又有所变化。总的来说,以年代为纲,大致分为四个阶段。

(一) 南朝至中唐,以气为主

第一阶段,南朝至唐,气韵兼举,以气为主。这一时期的论者对于气韵的理解,多倾向于以气为先,强调气的阳刚、劲健。《古画品录》中除了"气韵"一词外,还出现了"壮气""神气""生气"和"神韵气力""体韵遒举""力遒韵雅""情韵连绵"等评语。从这些评语来看,谢赫对"气"和"韵"有着自己较为清晰的认识,"气"表示壮美、生动、有力度,偏向于阳刚,较为外露;"韵"表示柔美、优雅、有余蕴,偏向于阴柔,较为内敛。综而观之,气韵即是在

---

① 沈宗骞:《芥舟学画编·取势》,于安澜编著,张自然校订《画论丛刊》二,第631页。

品评绘画形象之上的风格特点、美学境界，所谓"气韵生动"，即是一种刚柔并济、生生不已、韵味悠长的美，是在超越形象之外的精神力量，但"生动"一词更多地体现力的美，谢赫的"气韵"是两者并举，以气为重。在谢赫《古画品录》的基础上，陈朝姚最撰《续画品》以接续，并提出个人见解。从其"谢赫"条的评语来看，"别体细微，多自赫始。遂使委巷逐末，皆类效颦。至于气运精灵，未穷生动之致；笔路纤弱，不副壮雅之怀"①。选用"气运"一词，姚最更强调"气"，体现出他对于阳刚美的追求，重视绘画作品"气"的运行流转。

张彦远尤其推举顾恺之、吴道子的画作，在《论顾陆张吴用笔》中称赞："顾恺之之迹，紧劲联绵，循环超忽，调格逸易，风趋电疾。"②《论画六法》一文称赞："吴道玄之迹，可谓六法俱全，万象必尽，神人假手，穷极造化也。所以气韵雄壮，几不容于缣素；笔迹磊落，遂恣意于墙壁。"③从这些评语来看，张彦远赞赏的绘画风格主要是雄壮、劲健、飘逸、恣肆之美，偏重于强调"气"的阳刚美。他对书法的品评同样强调气的力量与气势，"一笔而成，气脉通连，隔行不断"，"钩戟利剑森森然，又知书画用笔同矣"④。《历代名画记》一书中记载了不少前人的评论，涉及气韵方面的，如李嗣真评张僧繇为"骨气奇伟，师模宏远，岂唯六法精备，实亦万类皆妙，千变万化，诡状殊形"⑤；李嗣真评郑法士"气韵标举，风格遒俊。丽组长缨，得威仪之樽节；柔姿绰态，尽幽闲之雅容"⑥；张怀瓘评陆探微"参灵酌妙，动与神会。笔迹劲利，如锥刀焉。秀骨清像，似觉生动，令人懔懔，若对神明。虽妙极象中，而思不融乎墨外。夫象人风骨，张亚于顾、陆也"⑦，诸如此类，皆倾向于欣赏气的遒劲有力之美。

---

① 姚最：《续画品》，《丛书集成初编》第1645册《古画品录（及其他三种）》。
② 张彦远：《历代名画记》卷二《论顾陆张吴用笔》，《丛书集成初编》第1646册。
③ 张彦远：《历代名画记》卷一《论画六法》，《丛书集成初编》第1646册。
④ 张彦远：《历代名画记》卷二《论顾陆张吴用笔》，《丛书集成初编》第1646册。
⑤ 张彦远：《历代名画记》卷七，《丛书集成初编》第1646册。
⑥ 张彦远：《历代名画记》卷八，《丛书集成初编》第1646册。
⑦ 张彦远：《历代名画记》卷六，《丛书集成初编》第1646册。

（二）晚唐至宋，重气到重韵

第二阶段，唐五代至宋，气韵范畴从艺术领域扩展到文学领域，由气韵并举到气韵拆分，由重气变为重韵。唐代格律诗和山水画的蓬勃发展，语言艺术具有的节奏性、形象性和情感性，使得人们从文学作品感受到的韵律美转而追求意境美。而诗歌与绘画在表意与形象方面具有共通点，使人们以宏阔的视野挖掘艺术的审美本质成为可能。打破不同艺术之间的域界来讨论艺术创作、欣赏的美学表现形态与特征，宋人在这方面成就卓越，对韵的内涵与特性都进行了深刻透彻的阐发。

这一时期，气韵范畴更多时候被拆分为两个独立的范畴，论家分别对气和韵进行探讨，尤其是对"韵"的美学特点加以深入而细致的辨析和阐释。"文气"说自曹丕肇始，辨别清浊，后世论者亦主诗文之气，多所探讨气的特征。唐宋人重视文章的"气"。唐代文论家梁肃、柳冕提出"文气"，李德裕提倡"自然灵气"说；宋人亦主张文章主气，继苏辙"养气"说之后，"刘弇更进而指出气影响于文学的风格"①，"其气完者其辞浑以壮，其气削者其藻局以卑。是故排而跃之非怒张也，缀而留之非惧胁也……故曰文章以气为主，岂虚言哉"②。其后李廌论文章，提出"四要"说，把气、韵分别作为其中二要，"凡文章之不可无者有四，一曰体，二曰志，三曰气，四曰韵"，并描绘了气和韵的美学特征："大焉可使如雷霆之奋，鼓舞万物，小焉可使如脉络之行，出入无间者，气也"；"如朱弦之有余音，太羹之有遗味者，韵也"③。

"文韵"说在中唐开始萌发，皎然在《诗式》中讨论了气与韵在诗歌中的表现。他辨别诗歌的风格："风情耿耿曰气"④，"气多含蓄

---

① 罗根泽：《中国文学批评史三》，中华书局1961年版，第97页。
② 同上书，第96页。
③ 李廌：《济南集》卷八，《四库全书》，上海古籍出版社1987年版。
④ 皎然著，李壮鹰校注：《诗式校注》卷一"辩体有一十九字"条，人民文学出版社2003年版，第70页。

曰思"①，指出风神清朗、慷慨激越的风格是气的阳刚特性在诗歌中的表现；连绵不尽、富于意味的风格则是气含蓄蕴藉、隐而不发的表现。皎然主张诗歌的"气"应该"高而不怒"②，"要气足而不怒张"③，避免"气少力弱"，欣赏"气逸情高"的体裁，追求"气象氤氲"的境界。对于诗歌的"韵"，皎然肯定诗歌符合五音的音乐美，"宫商畅于诗体，轻重低昂之节，韵合情高"，但不主张精苛声律，批评沈约提出的"四声八病"；同时，他留意到了"韵"形而上的含义，认为"风韵切畅"表现出"高"的风格，风韵即风度韵致，是指诗歌达到的美学境界。皎然的"韵"有高雅、纯正之意，他推举"风韵正，天真全"的诗歌，《诗式》的序言曰："今所撰《诗式》，列为等第，五门互显，风韵铿锵，使偏嗜者归于正气，功浅者企而可及，则天下无遗才矣。"④

晚唐司空图在《与李生论诗书》一文中提出了"韵外之致""味外之旨"，通过"辨味"来品诗，把韵和味联系起来，有助于准确理解"韵"的内涵。"韵外之致"具有"近而不浮，远而不尽"的特征，恰如"味"在咸酸之外尚有醇美。他推举王维、孟浩然诗"澄澹精致，格在其中"，欣赏这种清幽、淡雅而富于韵味的风格，文中所举诗例，亦多属此类。韵外之致、味外之旨有着多种表现形式，司空图指出："此外千变万状，不知所以神而自神也。"⑤《二十四诗品》中所描绘的二十四种诗境，除"雄浑""劲健""豪放""悲慨"四种属于阳刚美，实质上也是刚中带柔，其他的多属于阴柔美，或柔中带刚。这二十四种风格以冲和淡远为主流。司空图的"韵"具有丰富复杂性，但偏向于阴柔美，韵在对象形体之外，在不即不离之中，含蓄蕴藉，隽永深长。

五代时的画论家荆浩所撰《笔法记》将"气韵"拆开来分析，

---

① 皎然著，李壮鹰校注：《诗式校注》卷一"辨体有一十九字"条，人民文学出版社2003年版，第70页。
② 皎然著，李壮鹰校注：《诗式校注》卷一"诗有四不"条，第17页。
③ 皎然著，李壮鹰校注：《诗式校注》卷一"诗有二要"条，第20页。
④ 皎然著，李壮鹰校注：《诗式校注》，第2、3页。
⑤ 司空图：《司空表圣文集》卷二《与李生论诗书》，《宋蜀刻本唐人集丛刊》第24册，上海古籍出版社1994年版。

作为绘画"六要"的两个要素,并用来考察山水画。自王维以来山水画勃兴,唐代绘画的发展重点由人物画转为山水画,由人物形象转到整体意境。随着绘画题材与形式的发展,"气韵"范畴扩展到山水画、花鸟画的品评。荆浩品评张璪画树石"气韵俱盛,笔墨积微"①,后来郭若虚亦称张璪画"经营两足,气韵双高"②,都是把气和韵分开来说。荆浩认为"气质俱盛"的绘画才是"真者","气者,心随笔运,取象不惑。韵者,隐迹立形,备仪不俗"③,分别解释气、韵的含义:气倾向于动,创作过程中要贯穿气,意象准确,主体的心志情意、意识观念等投注其中;韵倾向于静,隐没笔迹,形象突出,韵致高雅,隐去主体精神刻意所为的痕迹。荆浩把"气韵"拆分为两个独立的美学范畴,从而强调了"韵"所具有的美学价值和意义。对于荆浩的"六要"说,北宋画家郭若虚并不认同。他的《图画见闻志》重新标举谢赫"六法",强调"六法精论,万古不移",撰专文《论气韵非师》,把"气韵"作为一个固定的组合。而韩拙的《山水纯全集》则称许荆浩"六要"说,谓"有此六法者,神之又神也。若六法未备,但有一长,亦不可不采览焉"④。

韵作为艺术美学范畴的独立,到了宋代真正被确立起来。宋人进一步打通艺术门类的界限来考察,侧重于探讨韵在诗画中的美学内涵。在宋代,司空图论"韵"引起越来越多的反响与回应。欧阳修《六一诗话》中引梅尧臣之语"状难写之景,如在目前,含不尽之意,见于言外"⑤,可视为"韵外之致"的注解。欧阳修评梅诗曰:"圣俞覃思精微,以深远闲淡为意。"并作《水谷夜行》诗评论梅诗,有"又如食橄榄,真味久愈在"两句称其诗歌风格淡远有味。⑥ 苏轼十分叹服司空图以韵味论诗之妙。他在《书黄子思诗集后》评论书法,称许"钟、王之迹萧散简远,妙在笔画之外";评论诗歌,称许

---

① 荆浩:《笔法记》,于安澜编著,张自然校订《画论丛刊》一,第25页。
② 郭若虚:《图画见闻志》卷五《论气韵非师》,《丛书集成初编》第1648册。
③ 荆浩:《笔法记》,于安澜编著,张自然校订《画论丛刊》一,第23页。
④ 韩拙:《山水纯全集》,于安澜编著,张自然校订《画论丛刊》一,第94页。
⑤ 欧阳修:《六一诗话》,何文焕《历代诗话》上,中华书局1981年版,第267页。
⑥ 同上书,第267、268页。

"咸酸之外"的美,追求笔墨之外的"远韵",推举"苏、李之天成,曹、刘之自得,陶、谢之超然……韦应物、柳宗元发纤秾于简古,寄至味于淡泊"①,直接把平淡之美和韵味说联系起来。苏轼晚年最喜陶诗,缘于他对韵的认识,追求"枯淡"之美。他评论陶渊明、柳宗元的诗歌"外枯而中膏,似淡而实美"②,与其弟苏辙的书信中亦曰:"吾于诗人无所甚好,独好渊明之诗。渊明作诗不多,然其诗质而实绮,癯而实腴。自曹、刘、鲍、谢、李、杜诸人,皆莫及也。"③据葛立方的《韵语阳秋》卷十四记载:

  欧阳文忠公诗云:"古画画意不画形,梅诗写物无隐情。忘形得意知者寡,不若见诗如见画。"东坡诗云:"论画以形似,见与儿童邻。赋诗必此诗,定知非诗人。"或谓二公所论,不以形似,当画何物?曰:"非谓画牛作马也,但以气韵为主尔。"谢赫云:"卫协之画,虽不该备形妙,而有气韵,凌跨雄杰。"其此之谓乎?陈去非作《墨梅诗》云:"含章檐下春风面,造化工成秋兔毫。意得不求颜色似,前身相马九方皋。"后之鉴画者,如得九方皋相马法,则善矣。④

  欧阳修与苏轼两人皆重意,认为绘画应该以表现意为主,不要局限于形象的逼真,要在形似之外求画,即以气韵求画,诗歌亦当以意为主,追求言外之意、韵外之致。苏轼的"韵"具有平淡而醇厚的美的特质,可以通过诗书画等艺术形式来表现。苏轼提出了"远韵"的概念,突出了韵所具有的超越形象的特点、超然脱俗的性质和淡而丰厚的美。

---

① 苏轼:《苏东坡集》第八册《后集》卷九,商务印书馆1933年版。
② 苏轼著,屠友祥校注:《东坡题跋》卷二《评韩柳诗》,上海远东出版社1996年版,第100页。
③ 苏辙:《子瞻和陶渊明诗集引》,苏辙著,曾枣庄、马德富校点《栾城集·栾城后集》卷二十一,上海古籍出版社1987年版,第1402页。
④ 葛立方:《韵语阳秋》卷十四,《丛书集成初编》第2553册,中华书局1985年版。

黄庭坚直接指出"书画当观韵"①。他在《题摹燕郭尚父图》一文中以李伯时作李广夺胡儿马为题材的画作为例，李广拉弓引满却引而不发，"引满以拟追骑"的人物形象和动作，更令人联想到箭出弦后的结果，引起丰富的想象，意在形象之上，韵在画面之外，如凡夫俗子不悟画格，往往画为"中箭追骑"。黄庭坚借此指出：绘画与文章中的韵之妙，未必人人可以神会。黄庭坚论书法亦曰："观魏晋间人论事，皆语少而意密，大都犹有古人风泽，略可想见。论人物要是韵胜，为尤难得。蓄书者能以韵观之，当得仿佛。"② 简洁却富于意蕴，耐人寻味，引发人们丰富联想，即是有韵。黄庭坚的韵包括了人物自然流露的风采风度，更是一种发人深省、引人想象、令人回味的精神活动，是以巧妙的构思、简单的形式、丰富的含意造成韵味无穷的审美效果。

在苏轼、黄庭坚等人的思想影响下，范温提出了"有余意之谓韵"的说法。所撰《潜溪诗眼》对"韵"的含义进行了系统的探讨：

> 定观曰："不俗之谓韵。"予曰："夫俗者、恶之先，韵者、美之极。书画之不俗，譬如人之不为恶。自不为恶至于圣贤，其间等级固多，则不俗之去韵也远矣。"定观曰："潇洒之谓韵。"予曰："夫潇洒者、清也，清乃一长，安得为尽美之韵乎？"定观曰："古人谓气韵生动，若吴生笔势飞动，可以为韵乎？"予曰："夫生动者，是得其神；曰神则尽之，不必谓之韵也。"定观曰："如陆探微数笔作狻猊，可以为韵乎？"余曰："夫数笔作狻猊，是简而穷其理；曰理则尽之，亦不必谓之韵也。"定观请余发其端，乃告之曰："有余意之谓韵。"定观曰："余得之矣。盖尝闻之撞钟，大声已去，余音复来，悠扬宛转，声外之音，其是之谓矣。"……如释氏所谓一超直入如来地者，考其戒、定、神通，

---

① 黄庭坚：《豫章黄先生文集》卷二十七《题摹燕郭尚父图》，《四库提要著录丛书》集部第11册，北京出版社2011年版，第200页。
② 黄庭坚：《豫章黄先生文集》卷二十八《题绎本法帖》，《四部丛刊》初编集部第212册。

容有未至，而知见高妙，自有超然神会，冥然吻合者矣。①

范温详尽地分析了多种不是"韵"的情况，辨析了"不俗""潇洒""气韵生动""穷理"皆非"韵"，顺势推出"有余意之谓韵"的观点。他指出"韵"具有"尽美"的特征，以钟声作喻，"悠扬宛转，声外之音"。接着，范温论述了韵的产生和发展历程，指出"美"与"韵"的关系：尽美必有韵，无韵亦无美。以文章为例，多种风格齐备，方足以为韵；韵是众善皆备，隐而不露，"行于简易闲淡之中，而有深远无穷之味"，推举《论语》《六经》、左丘明、司马迁、班固之书皆有韵，而一众文人中，"唯陶彭泽体兼众妙，不露锋芒。故曰：质而实绮，癯而实腴。初若散缓不收，反复观之，乃得其奇处。夫绮而腴，与其奇处，韵之所从生；行乎质与癯而又若散缓不收者，韵于是乎成"。范温把"韵"与谢赫的"气韵生动"区别开来，认为生动在于得神，而"韵"是美之极致却又含而不露，韵是整体的、抽象的感觉，是平淡与丰厚、质朴与绮丽之美的统一。范温对于韵的讨论，清晰地分析了作为美学范畴的"韵"，既非风采，亦非精神，而是极致之美，无穷之味。在范温手里，"韵"跨越了文学艺术的领域，"吾国首拈'韵'以通论书画诗文者，北宋范温其人也"②，真正确立了它的美学内涵和美学特征。

但是，范温的韵论在当时并未得到广泛的认同。他以韵论诗，推渊明为古今诗人中最高者。对此，论者多有异议，缘于对韵的理解有偏差。张戒则以味来言陶诗，其《岁寒堂诗话》其中一则讨论咏物诗，曰："阮嗣宗诗，专以意胜；陶渊明诗，专以味胜；曹子建诗，专以韵胜；杜子美诗，专以气胜。然意可学也，味亦可学也。若夫韵有高下，气有强弱，则不可强矣。此韩退之之文，曹子建、杜子美之诗，后世所以莫能及也。"③ 指出气和韵是天成，不可勉强达到。另

---

① 范温：《潜溪诗眼》，钱锺书《管锥编》第 4 册，中华书局 1979 年版，第 1362、1363 页。
② 钱锺书：《管锥编》第 4 册，第 1361 页。
③ 张戒：《岁寒堂诗话》卷上，丁福保《历代诗话续编》上，中华书局 1983 年版，第 450 页。

一则诗话中，张戒质疑苏轼独推高渊明之论："即渊明之诗，妙在有味耳，而子建诗，微婉之情、洒落之韵、抑扬顿挫之气，固不可以优劣论也。古今诗人推陈王及《古诗》第一，此乃不易之论。"① 又一则以"韵有不可及"独许曹植，认为子建诗"铿锵音节，抑扬态度，温润清和，金声而玉振之，辞不迫切，而意已独至，与'三百五篇'异世同律，此所谓韵不可及也"②。张戒的"韵"指向于飘逸、潇洒的风度韵致，指诗歌温润清和，意味深长。同时代的陈善所撰《扪虱新话》以"气韵"论诗文，指出："文章以气韵为主，气韵不足，虽有辞藻，要非佳作也。乍读渊明诗，颇似枯淡，久久有味。东坡晚年酷好之，谓李杜不及也。此无他，韵胜而已。韩退之诗，世谓押韵之文尔，然自有一种风韵。"③ 陈善认为束缚太过的诗失却自然，没有气韵。他的"气韵"，是平易中见功夫，平常中显气象，不露痕迹，含蓄隽永，此处观点与苏轼、范温等人接近。但他又认为韵不足以形容陶诗，陶诗的审美价值在于格高。以"格""韵"论诗，"予每论诗，以陶渊明、韩、杜诸公皆为韵胜"，后有友人告知"诗有格有韵，故自不同"，渊明诗"悠然见南山"之句为"格高"，灵运诗"池塘生春草"之句为"韵胜"，渐悟"古人旨趣"所在。陈善此处之"韵"偏重于创作主体的审美意识，渊明诗出于人品胸次高，格调、意境高远，灵运诗出于对自然、生活之美的发现，格调清新，意境灵动。

总的来说，唐人论韵，主要研究韵的丰富性和它存在于咸酸之外的超越性；宋人论韵，却在韵的美学本质和表现方式上下功夫。宋人的韵是文人逸士所独有的，往往与人品、胸次相关，非一般人所能领悟的，是一种超然自得、高风绝尘的表现，超出语言、形象之外的意味，平淡而丰厚的含蓄美。

（三）元明清时期，气韵范畴确立

第三阶段，元明清时期，艺术领域多合用气韵，气韵生动成为定

---

① 张戒：《岁寒堂诗话》卷上，丁福保《历代诗话续编》上，第451页。
② 同上书，第452、453页。
③ 陈善：《扪虱新话》上集卷一，中华书局1985年版。

法，气韵的范畴完全确立。文学领域多是气韵拆分，明前期重气格，明末清初强调韵，到清末气韵并举，不同的论家各有偏重，到了近代，气韵作为文学评论术语逐渐固定下来。

元明清时期，气韵生动成为书画品评的定法，气韵作为艺术美学的范畴完全确立起来。但气韵二义，偏重于气。元代汤垕《画论》提出："观画之法，先观气韵，次观笔意、骨法、位置、傅染，然后形似，此六法也。"① 倪瓒自言爱写竹是"聊以写胸中逸气耳"②；他以气韵论画，评山水林石之画："高尚书之气韵闲远。"③ 元末夏文彦撰《图绘宝鉴》，把画论史上关于"六法""三品""三病""六要""六长"等理论观点汇集一起，并重复了郭若虚的观点："六法精论，万古不移。"④ 明代董其昌多次强调气韵出于天然，"画家六法，一曰气韵生动。气韵不可学，此生而知之，自然天授"⑤。顾凝远的《画引》论气韵和生动的关系，指出"有气韵则有生动矣"⑥。清代唐岱在《绘事发微》中云："画山水贵乎气韵。气韵者，非云烟雾霭也，是天地间之真气。……六法中原以气韵为先，然有气则有韵，无气则板呆矣。"⑦ 强调以气为先，有气则有韵。沈宗骞的《芥舟学画编》亦主气，认为："万物不一状，万变不一相。总之，统乎气以呈其活动之趣者，是即所谓势也。论六法者，首曰'气韵生动'，盖即指此。"⑧ 方薰的《山静居画论》指出"六法者，作画之橐籥"⑨，又曰："气韵生动，须将'生动'二字省悟。能会生动，则气韵自在。

---

① 汤垕：《画论》，于安澜编著，张自然校订《画论丛刊》一，第125页。
② 倪瓒：《清閟阁遗稿》卷十一《跋画竹》，《北京图书馆古籍珍本丛刊》集部第95册，书目文献出版社1998年版。
③ 张丑：《清河书画舫·绿字号第十一·元二·黄公望》，《四库提要著录丛书》子部第52册，北京出版社2011年版。
④ 夏文彦：《图绘宝鉴》卷一"六法三品"，《丛书集成初编》第1654册。
⑤ 董其昌：《画旨》卷上，于安澜编著，张自然校订《画论丛刊》一，第142页。
⑥ 顾凝远：《画引》，于安澜编著，张自然校订《画论丛刊》一，第259页。
⑦ 唐岱：《绘事发微·气韵》，于安澜编著，张自然校订《画论丛刊》二，第450、451页。
⑧ 沈宗骞：《芥舟学画编》卷二《取势》，于安澜编著，张自然校订《画论丛刊》二，第629页。
⑨ 方薰：《山静居画论》卷上，于安澜编著，张自然校订《画论丛刊》三，第761页。

气韵生动为第一义,然必以气为主。气盛则纵横挥洒,机无滞碍,其间韵自生动矣。"①

文学领域,承接宋代,元明时期多是气韵拆分。金代元好问论诗,将气与韵分开,有诗曰:"邺下曹刘气尽豪,江东诸谢韵尤高。若从华实论诗品,未便吴侬得锦袍。"② 以曹植、刘桢来喻北方诗人的诗歌长于气豪,以谢灵运、谢朓等来喻南方诗人的诗歌胜在韵高。《杜诗学引》曰:"窃尝谓子美之妙,释氏所谓学至于无学者耳。今观其诗如元气淋漓,随物赋形,如三江五湖,合而为海,浩浩瀚瀚,无有涯涘;如祥光庆云,千变万化,不可名状;固学者之所以动心而骇目。及读之熟,求之深,含咀之久,则九经百氏,古人之精华,所以膏润其笔端者,犹可仿佛其余韵也。"③ 杜甫有题画诗《奉先刘少府新画山水障歌》云:"元气淋漓障犹湿。"形容笔墨饱满酣畅。元好问化用杜诗来言杜诗之妙,妙在气势变化动人,余韵耐人寻味。明人王嗣奭评说这首杜诗曰:"画有六法,气韵生动第一,骨法用笔次之。杜以画法为诗法,通篇字字跳跃,天机盎然,见其气韵。乃'堂上不合生枫树',突然而起,从天而下,已而忽入'前夜风雨急',已而忽入两儿挥洒,突兀顿挫,不知所自来,见其骨法。"④ 指出杜甫以画法来作诗,气韵生动。元好问把气和韵分开来论说,并提出"高韵""余韵",显示了他对宋人论韵的继承。

明代论诗亦是多分气、韵,如谢榛《四溟诗话》载:"《余师录》曰:'文不可无者有四:曰体,曰志,曰气,曰韵。'作诗亦然。体贵正大,志贵高远,气贵雄浑,韵贵隽永。四者之本,非养无以发其真,非悟无以入其妙。"⑤ 指出作诗要注意体、志、气、韵四方面,气须雄浑有力,韵须隽永有味。在具体的品评中,谢榛则强调诗歌的气格。胡应麟评唐诗,"至高、岑而后有气,王、孟而后有韵,李、

---

① 方薰:《山静居画论》卷上,于安澜编著,张自然校订《画论丛刊》三,第762页。
② 元好问:《自题〈中州集〉后五首》其一,《遗山集》卷十三,《四库全书》,上海古籍出版社1987年版。
③ 元好问:《遗山集》卷三十六,《四库全书》。
④ 王嗣奭:《杜臆》卷一,上海古籍出版社1983年版,第36、37页。
⑤ 谢榛:《四溟诗话》卷一"三十"条,人民文学出版社1961年版,第10页。

杜而后入化"①，也是分论气韵。出于主体个性气质、审美趣尚、文学思想的差别，以及地域环境、生活道路、师承流派的不同，对于气和韵，不同的作者各有所长，高适、岑参诗主气，王维、孟浩然诗重韵，李白、杜甫则气韵兼胜。

公安派的袁宏道《寿存斋张公七十序》一文中讨论韵："大都士之有韵者，理必入微，而理又不可以得韵。故叫跳反掷者，稚子之韵也；嬉笑怒骂者，醉人之韵也。醉者无心，稚子亦无心，无心故理无所托，而自然之韵出焉。"② 这里的韵指的是一种随心所欲的人生态度，自然的风致与自由的心境。对韵的审美追求反映在诗歌中，是"独抒性灵，不拘格套"的观点。锺惺对此持不同意见，其《摘黄山谷题跋语记》指出"任达"不是"韵"。竟陵派的《诗归》评诗亦留意诗歌气韵，如锺惺评韦应物《答畅校书当》一诗"气韵淳古处似陶"③，评晚唐诗"气韵幽寒，骨响崎嵚，即在至妙之中"④。

明末陆时雍论诗偏重韵。其《诗镜总论》有气韵并举的，如评阴铿、何逊"气韵相邻"，评李商隐七律"气韵香甘"，评贾岛诗"气韵枯寂"。陆时雍提出诗歌"四要"："乃韵生于声，声出于格，故标格欲其高也；韵出为风，风感为事，故风味欲其美也。有韵必有色，故色欲其韶也；韵动而气行，故气欲其清也。此四者，诗之至要也。"⑤ 指出格、味、色、气，是诗歌之至要，都和韵有着密切的关系。值得注意的是对气、韵关系的论述，以韵为先，以气随后。他认为"气太重"是诗病之一，"诗之佳，拂拂如风，洋洋如水，一往神韵，行乎其间。班固《明堂》诸篇，则质而鬼矣。鬼者，无生气之谓也"⑥，诗歌既要有生气，又不能以气为主，好诗应该有一种"穆如清风"的柔美。因此，他欣赏韦应物的诗，"有色有韵，吐秀含

---

① 胡应麟：《诗薮》内编卷三，上海古籍出版社1979年版。
② 袁宏道著，钱伯城笺校：《袁宏道集笺校》卷五十四，第1541页。
③ 锺惺、谭元春：《诗归五十一卷（二）》卷二十六，《四库全书存目丛书》集部第338册。
④ 锺惺、谭元春：《诗归五十一卷（二）》卷三十三，《四库全书存目丛书》集部第338册。
⑤ 陆时雍：《诗镜总论》，丁福保《历代诗话续编》下，第1415页。
⑥ 同上书，第1403页。

芳",指出"诗之所贵者,色与韵而已矣"①。陆时雍极言韵的重要性,并分析韵的作用、效果和产生,他说:

> 有韵则生,无韵则死;有韵则雅,无韵则俗;有韵则响,无韵则沉;有韵则远,无韵则局。物色在于点染,意态在于转折,情事在于犹夷,风致在于绰约,语气在于吞吐,体势在于游行,此则韵之所由生矣。②

指出诗歌必须有韵,有韵之诗则表现出生气、典雅、清亮、悠远的风格特点,韵产生于用意曲折、情感委婉、语言含蓄之中。韵具有不同的审美特质,出于丝竹者为声之韵,声韵也有不同表现,如评"古诗十九首"和南朝诗的名句,有"韵古""韵悠""韵亮""韵矫""韵幽""韵韶""韵清""韵洌""韵远"等评语,韵的作用之大,"凡情无奇而自佳,景不丽而自妙者,韵使之也"③。出于情者为言之韵,诗可以兴人,"善言情者,吞吐深浅,欲露还藏,便觉此衷无限。善道景者,绝去形容,略加点缀,即真相显然,生韵亦流动矣"④。陆时雍主张这种含蓄蕴藉、典雅脱俗的阴柔美,反对诗歌的语言过于直白,意思过于直露,他说:"元白之韵平以和,张王之韵瘠以急。其好尽则同,而元白独未伤雅也。虽然,元白好尽言耳,张王好尽意也。尽言特烦,尽意则亵矣。"⑤又说张籍、王建诗有"三病":"言之尽也,意之丑也,韵之瘠也。言穷则尽,意亵则丑,韵软则瘠。"⑥但是,他认为韵和趣并不矛盾,"诗有灵襟,斯无俗趣矣;有慧口,斯无俗韵矣。乃知天下无俗事,无俗情,但有俗肠与俗口耳"⑦,出于灵心慧口的诗歌,虽俚情亵语、村童之言,亦"极韵极趣",这一思想显然受到公安派性灵说的影响。

---

① 陆时雍:《诗镜总论》,丁福保《历代诗话续编》下,第1420页。
② 同上书,第1423页。
③ 同上书,第1406页。
④ 同上书,第1416页。
⑤ 同上书,第1422页。
⑥ 同上书,第1421页。
⑦ 同上书,第1411页。

清初，出现主气与主韵两派。毛奇龄主气，他说："盖文有士气，有丈夫气。旧人论诗，极忌庸俗，以其无士气也；且又恶纤弱，以其无丈夫气也。故凡言格言律、言气言调，当以气为主。"① 沈德潜亦曰："文以养气为归，诗亦如之。……其间忽疾忽徐，忽翕忽张，忽停潆，忽转掣，乍阴乍阳，屡迁光景，莫不有浩气鼓荡其机，如吹万之不穷，如江河之滔溎而奔放，斯长篇之能事极矣。"② 描绘了诗歌之气的表现特征。

而主韵一派，王士禛提出"神韵"说。"神韵"一词早就见于《古画品录》，胡应麟的《诗薮》约有二十处谈到"神韵"，陆时雍亦有使用。王士禛对神韵没有明确的界定，其论点散见于各种著作。他在《师友诗传续录》指出："格为品格，韵谓风神。"③ 在《池北偶谈》中称许孔文谷诗"须清远为尚"，又称薛西原论诗独取谢灵运、王维、孟浩然、韦应物，曰："神韵二字，予向论诗，首为学人拈出。不知先见于此。"④ 王士禛的神韵偏指清远诗风，其主张主要通过其选本《神韵集》《唐贤三昧集》来体现；所编选的《唐贤三昧集》不录李白、杜甫诗，而以"隽永超诣者"入选，⑤ 标举冲淡自然、清远超逸的诗风。王士禛的神韵说偏向这类诗风，强调优游不迫、含蓄蕴藉之美。翁方纲接续其后，以"肌理"说来调和"神韵"说和"格调"说，指出："渔洋先生所讲神韵，则合丰致、格调为一而浑化之。此道至于先生，谓之集大成可也。"⑥"愚尝谓空同、沧溟以格调论诗，而渔洋变其说曰神韵，神韵者，格调之别名耳。渔洋意中，盖纯以脱化超逸为主，而不知古作者各有实际，岂容一概相量乎？"⑦

---

① 毛奇龄：《西河合集·诗话》卷七，《北京市文物局图书资料中心藏古籍珍本丛刊》第36册，北京燕山出版社2012年版。
② 沈德潜：《说诗晬语》卷上"八二"条，人民文学出版社1979年版，第208页。
③ 王士禛：《师友诗传续录》"二八"条，王夫之等撰《清诗话》上，上海古籍出版社1963年版，第154页。
④ 王士禛撰，勒斯仁点校：《池北偶谈》卷十八，中华书局1982年版。
⑤ 王士禛：《唐贤三昧集序》，张明非《唐贤三昧集译注》，上海古籍出版社2000年版。
⑥ 翁方纲：《石洲诗话》卷四，郭绍虞编选，富寿荪校点《清诗话续编》下，上海古籍出版社1983年版，第1427页。
⑦ 翁方纲：《石洲诗话》卷六，郭绍虞编选，富寿荪校点《清诗话续编》下，第1476页。

对于以"风致情韵"来解读王士禛的"神韵",翁方纲有不同看法,他认为:"神韵乃诗中自具之本……诗有于高古浑朴见神韵者,亦有于风致见神韵者,不能执一以论也。……神韵者,本极超诣之理,非可执迹求之。"① "神韵者,彻上彻下,无所不该"②,但他也同意神韵的特点是"虚""无迹"。

晚清方东树并举气、韵,多以"气韵"范畴来论诗。他说:"读古人诗,须观其气韵。气者,气味也;韵者,态度风致也。如对名花,其可爱处,必在形色之外。气韵分雅俗,意象分大小高下,笔势分强弱,而古人妙处十得六七矣。"③ 方东树的气韵强调作者个性气质的流露,有雅俗之分。如《昭昧詹言》卷四:"《杂诗》十二首,阮亭止选'白日沦西河'一篇。此篇亦无奇,但白描情景,空明澄澈,气韵清高,非庸俗摹习所及。"④ 与王士禛喜好不同,方东树更欣赏谢朓诗"情文并合,气韵芳蔼,不愧大雅"⑤,他认为王维诗"浮而不质",不如谢朓诗"气韵沉著","若既无气又无句,又浅率无深思,乃为俗人之诗矣"⑥。评谢灵运,着眼点亦不同,"谢公气韵沉酣,精严法律,力透纸背,似颜鲁公书"⑦;评韩愈,"韩公诗,文体多,而造境造言,精神兀傲,气韵沉酣,笔势驰骤,波澜老成,意象旷达,句字奇警,独步千古,与元气侔"⑧。可见方东树更欣赏沉着痛快之美。

近代朱庭珍则标举气,他说:

> 盖诗以气为主,有气则生,无气则死,亦与人同。昌黎曰:"气,水也;言,浮物也。水大而物之大小浮者必浮,气盛则声

---

① 翁方纲:《坳堂诗集序》,《复初斋文集》卷三,《续修四库全书》集部第 1455 册,上海古籍出版社 2002 年版。
② 翁方纲:《神韵论上》,《复初斋文集》卷八,《续修四库全书》集部第 1455 册。
③ 方东树:《昭昧詹言》卷一"八五"条,人民文学出版社 1961 年版,第 29 页。
④ 方东树:《昭昧詹言》卷四"七八"条,第 124 页。
⑤ 方东树:《昭昧詹言》卷一"一一六"条,第 39 页。
⑥ 方东树:《昭昧詹言》卷七"七"条,第 188 页。
⑦ 方东树:《昭昧詹言》卷五"一二"条,第 129 页。
⑧ 方东树:《昭昧詹言》卷九"五"条,第 219 页。

之高下与言之长短皆宜。"东坡曰:"气之盛也,蓬蓬勃勃,油然浩然,若水之流于平地,无难一泻千里,及其与山石曲折,随物赋形,一日数变,而不自知也。盖行所当行,止所当止耳。"是皆善于言气者。夫气以雄放为贵,若长江大河,涛翻云涌,滔滔莽莽,是天下之至动者也。然非有至静者宰乎其中,以之为根,则或放而易尽,或刚而不调,气虽盛,而是客气,非真气矣。故气须以至动涵至静,非养不可。①

强调气势雄放的力量美,并指出气是动与静的统一。他认为,诗歌"绮丽则无风骨,雕刻则乏气韵"②,称许气韵苍老、境界深厚的绘画。

王寿昌论诗提出诸种要求,主张"诗有四清:心境欲清,神骨欲清,气味欲清,意致音韵欲清"③,"气不可浮"④,"留好韵以振精神"⑤。又曰:"宜以诗生韵,不宜以韵生诗。"⑥讲究自然之韵,把韵具体落实到声韵。他指出:"拟古贵得其神,而后求之气韵,而后求之趣味,而后求之格调,而后乃求诸语意之间。"⑦在品评江淹的拟古诗时用"神韵"一词,即把"神"和"气韵"合称。王寿昌解释"何谓气韵"曰:

如张睢阳巡之"苕峣试一临,虏骑附城阴。不辨风尘色,安知天地心。门开边月近,战苦阵云深。旦夕更楼上,惟闻横笛音"《闻笛》及祖员外咏之"燕台一去客心惊,笳鼓喧喧汉将营。万里寒光生积雪,三边曙色动危旌。沙场烽火侵胡月,海畔

---

① 朱庭珍:《筱园诗话》卷一,郭绍虞编选,富寿荪校点《清诗话续编》下,第2332页。
② 同上书,第2329页。
③ 王寿昌:《小清华园诗谈》卷上,郭绍虞编选,富寿荪校点《清诗话续编》下,第1855页。
④ 同上书,第1856页。
⑤ 同上。
⑥ 王寿昌:《小清华园诗谈》卷下,郭绍虞编选,富寿荪校点《清诗话续编》下,第1905页。
⑦ 同上书,第1910页。

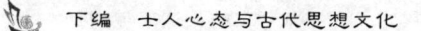

云山拥蓟城。少小虽非投笔吏,论功还欲请长缨"《望蓟门》是也。①

张巡、祖咏诗皆写边塞战事,情意深长、音韵铿锵、气象广大,风骨雄浑。两诗结尾皆有余意,气清味长。王寿昌认可的气韵主要是浑厚的风格,他与方东树、朱庭珍相似,欣赏沉着痛快之美。至清末近代时期,气韵范畴在文学领域逐渐确立起来。

(原载《古代文学理论研究》第31辑,华东师范大学出版社2010年版;《社会科学家》2010年第6期)

---

① 王寿昌:《小清华园诗谈》卷上,郭绍虞编选,富寿荪校点《清诗话续编》下,第1872页。

疏野：一个被忽视的中国古典美学范畴

疏野，在中国古典美学范畴的文苑中，它只是一朵清新质朴而不起眼的小花。它的美长期被人忽略，只在适当时候绽放，展露别样的风情。它的根深深地扎进肥沃的文学土壤，生命力长青，时刻等待着重新勃发。疏野正式成为范畴，是在《二十四诗品》中单列一品，但它的美学意义却贯穿着中国传统文化和现当代文化。它所具有的美学特点与文化品格，契合于中国古代"天人合一"的哲学思想和重自然、尚真率的审美思想。在众多古典范畴中，疏野处于边缘位置，却拥有着深厚的文化底蕴和丰富的美学内涵，其多义性与多变性的特点，适应于古代文论的现代转型。现代语境中的疏野，有待人们从不同视角来进行深度挖掘和多方阐释。

一 疏和野的含义

疏野是由疏和野组成。首先看疏，疏的原义是指疏导、开通，《说文解字》："疏，通也。"引申出稀、阔、粗略、粗糙等意。魏晋南北朝时期，"疏"出现在人物品藻与文学评论领域。疏可以用来形容人物迂阔、狂放的性情，也可以称许人物爽朗、超逸的风姿。刘劭《人物志·八观》："微忽必识，妙也；美妙不昧，疏也。"刘昞注："心致昭然，是曰疏朗。"① "竹林七贤"之一向秀的《思旧赋》曰：

---

① 刘劭著，刘昞注：《人物志》卷中，《文津阁四库全书》子部第28册，商务印书馆2005年版。

"余与嵇康、吕安居止接近,其人并有不羁之才。然嵇志远而疏,吕心旷而放,其后各以事见法。"① 称赞嵇康有飘然超逸的风采。疏率一词用于评价人的爽朗直率,《世说新语·豪爽》:"王大将军自目:'高朗疏率,学通《左氏》。'"② 疏用于评论文体风格特征,有疏朴一词,粗略、简朴之意,如《颜氏家训·文章》:"古人之文,宏材逸气,体度风格,去今实远。但缉缀疏朴,未为密致耳。"③

野的原义指郊外、旷野,《说文解字》:"野,郊外也。"引申出偏僻、荒凉、质朴、粗鄙、放浪不羁、不受约束等意。"野"在周代制度中是指王畿以内、王城百里以外的特定地区,即"郊"外。野亦指旷野、荒野。《周易·同人》:"同人于野。"孔颖达疏:"野是广远之处。"野比疏更早出现在文化语境中。先秦时期,有朝野之别,野指民间,《尚书·大禹谟》:"君子在野,小人在位。"《论语·子路》记载孔子评价子路:"野哉,由也!"形容子路不受礼法所拘的秉性。朱熹集注:"野,谓鄙俗。"野的含义有褒贬之分,褒义指自然质朴,贬义指粗野鄙俗。野的质朴之意,一是形容人的性情,《庄子·寓言》:"自吾闻子之言,一年而野,二年而从。"成玄英疏:"野,质朴也。"二是形容文体风格特征,柳宗元《柳宗直西汉文类集序》:"首纪殷周之前,其文简而野。"④

疏和野的含义颇多相近之处,都有粗略、朴素、不受羁绊的意思。疏于世事之人、性情"疏"的人往往具有野气,表现野性,举止野逸,喜好野趣;性情"野"的人则往往行为疏放,气质疏狂。谢惠连《泛南湖至石帆》一诗描绘山野游玩的景色和情趣,有"萧疏野趣生"的诗句。江总的《摄山栖霞寺碑》"山情率易,野制疏朴",把疏和野联系起来,形容质朴的文体风格。陆游的《野性》诗有"野性从来与世疏"一句,形容难以驯服、喜爱自然、与世疏离的性情。

---

① 萧统编,李善注:《文选》卷十六,第720页。
② 刘义庆著,刘孝标注,余嘉锡笺疏:《世说新语笺疏》中卷下《豪爽第十三》,中华书局1983年版,第597页。
③ 颜之推著,王利器集解:《颜氏家训集解》卷四《文章》,中华书局2013年版。
④ 柳宗元:《柳河东集》上集卷二十一,上海古籍出版社2008年版。

二 中唐以前的疏野内涵

疏野的内涵包括了疏和野,在古代诗学领域,偏重在"野"。从先秦到中唐对"野"的各种阐释,是"疏野"成为美学范畴的诗学理论基础和来源。先秦时期,关于"野"的美学特征已被发现。《论语·雍也》载孔子语:"质胜文则野,文胜质则史。文质彬彬,然后君子。"文质之别,文指文采晔然,质指质朴无华;质胜于文时,则表现出"野"的风貌和特征。"野"成为形容质朴风格的常见术语,与文雅、典雅相对举。野有真率、朴直之意,亦包含有鄙俗、粗野的贬义。

南朝时期,绮靡之风盛行,这时的诗歌理论排斥质实、朴素的风格。也正因如此,"野"的风格特征颇为引人注意。刘勰《文心雕龙·明诗》:"观其结体散文,直而不野,婉转附物,怊怅切情,实五言之冠冕也。"詹锳先生义证得出:"刘勰所谓'直而不野'是说《古诗十九首》虽然纯任自然,还是有一定的文采,并没有到'质胜文则野'的程度。"① 这里的"野"是朴素无华之意。其后,萧统的《答湘东王求文集及诗苑英华书》曰:"夫文典则累野,丽亦伤浮。能丽而不浮,典而不野,文质彬彬,有君子之致。吾尝欲为之,但恨未逮耳。"② 刘孝绰的《昭明太子集序》亦曰"典而不野"。野与典对举,诗文过于典雅则有损质朴。萧统、刘孝绰的"典而不野",萧绎《内典碑铭集林序》的"质而不野"③,和刘勰的"直而不野"一样,都是指典雅而不失质直,素朴而不乏文采。

锺嵘评价左思:"文典以怨,颇为精切,得讽谕之致。虽野于陆机,而深于潘岳。"④ 所谓"野于陆机",是指左思的诗风与陆机相比,较为质朴,真率。锺嵘称陆机才如海,其诗"才高词赡,举体华美",以文采见长。陆机的诗歌创作出于大才,而左思则出于本色。

---

① 刘勰著,詹锳义证:《文心雕龙义证》,上海古籍出版社1989年版,第193页。
② 萧统:《昭明太子集》卷四,《四库全书》,上海古籍出版社1987年版。
③ 道宣:《广弘明集》卷二十,《四库全书》,上海古籍出版社1987年版。
④ 锺嵘:《诗品》卷上,锺嵘著,周振甫译注《诗品译注》,第48页。

对左思"野于陆机"的评价,是锺嵘受到当时文艺思潮的影响及个人审美趣味的体现。锺嵘评诗兼重文与质,内在的内容与外在的形式完美结合,他说:"干之以风力,润之以丹采,使味之者无极,闻之者动心,是诗之至也。"① 左思诗有建安风骨的特色,慷慨激越,质直气雄,有风力而乏丹采,并不完全符合锺嵘的品诗标准,故有"野"的评价。

"野"作为一种文体名称,是由唐代殷璠提出的。他的《河岳英灵集叙》曰:"夫文有神来、气来、情来,有雅体、野体、鄙体、俗体。"② 根据风格的不同来区分出四种文体,野体是其中一种。从序言来看,殷璠所说的雅体是"声律风骨"兼备的诗歌;鄙体、俗体则是"理则不足,言常有余,都无兴象,但贵轻艳"的南朝宫体诗;而野体,则是"至如曹、刘,诗多直语,少切对,或五字并侧,或十字俱乎,而逸驾终存"。野体之野,不仅是语言的质直,少用辞采技巧,还是一种超逸、豪迈、奔放的气概。随后,皎然提出十九种"文章德体"的辨析,提出:"情性疏野曰闲。""闲"为一体,指诗歌所表现出来的情趣心性具有疏旷、朴野的特点。审美心境处于疏离世俗、无羁无绊、无营无待、任性自然的状态,体现出来的是一种悠闲的风格。

"疏野"一词,据笔者所见,最早出现在颜之推《颜氏家训·音辞》:"阳休之造《切韵》,殊为疏野。"③ 指音韵著作写得粗略草率。"疏野"作为评论术语,较早出现在人物品评的文化领域,多用来形容人物的性情。唐宋文人的文集、唐宋以后的画论,常见"性情疏野"的说法。《广弘明集》载释道琮的《通极论》:"无闻大觉之名,禀性疏野。"④ 白居易《答裴相公乞鹤》:"不知疏野性,解爱凤池无?"⑤ 以物喻人。朱景玄的《唐朝名画录》记载王墨"多游江湖间,

---

① 锺嵘:《诗品序》,锺嵘著,周振甫译注《诗品译注》,第19页。
② 殷璠:《河岳英灵集叙》,傅璇琮《唐人选唐诗新编》,陕西教育出版社1996年版。
③ 颜之推著,王利器集解:《颜氏家训集解》卷七《音辞》。
④ 道宣:《广弘明集》,商务印书馆1936年版。
⑤ 白居易:《答裴相公乞鹤》,白居易著,顾学颉校点《白居易集》卷五十五,中华书局1979年版。

常画山水、松石、杂树，性多疏野，好酒。"① 疏野有旷野、荒野之意，代表着一种天然、幽静、疏旷之美。唐人李翱《戏赠诗》有"鄙性乐疏野""境趣谁为幽"的诗句。《全唐诗话》卷二载李汧公（李约）"雅度简远，有山林之致"，对庶人解释招隐寺的标致："某所赏者，疏野耳。"②

三　司空图论疏野

"疏野"正式成为美学范畴，是司空图《二十四诗品》单独列为一品之后。试看"疏野"：

> 惟性所宅，真取弗羁。
> 控物自富，与率为期。
> 筑室松下，脱帽看诗。
> 但知旦暮，不辨何时。
> 倘然适意，岂必有为。
> 若其天放，如是得之。

从诗意来看，疏野包含了随性、率真、疏放、自适、天然的意思。现存对《诗品》进行解说的主要有《皋兰课业本原解》、杨振纲《诗品解》、杨廷芝《诗品浅解》、孙联奎《诗品臆说》、无名氏《诗品注释》等。诸家诗论各有其合理性与独特性，杨振纲联系前后两则诗品来分析，分论疏和野："按疏非疏略之疏，乃疏落之疏，野非野俗之野，乃旷野之野。"③ 杨廷芝亦是分论疏、野，提出："脱略谓之疏，真率谓之野。疏以内言，野以外言。"④《二十四诗品小序》认为"疏野"和"缜密"相对，缜密的特点是重、严，疏野的特点则是

---

① 朱景玄著，吴企明校注：《唐朝名画录校注》，黄山书社2016年版。
② 尤袤：《全唐诗话》卷二，何文焕：《历代诗话》上，中华书局1981年版，第107、108页。
③ 司空图著，郭绍虞集解：《诗品集解》，人民文学出版社1963年版，第29页。
④ 同上书，第28页。

松、活。孙联奎紧紧抓住"真""率真"来论述。综合各家说法,对"疏野"一品多理解为"真率"。杨振纲《诗品解》引《皋兰课业本原解》谓:"此乃真率一种。任性自然,绝去雕饰,与'香奁''台阁'不同,然涤除肥腻,独露天机,此种自不可少。"① 孙联奎《诗品臆说》曰:"疏野谓率真也。陶元亮一生率真,至以葛巾漉酒,已复著之。故其诗亦无一字不真。篇中'性'字、'真'字、'天'字及'率'字、'若'字,无非是'率真'二字。率真者,不雕不琢,专写性灵者也。"②

司空图追求"韵外之致""味外之旨",他对"疏野"的理解,有别于后世"专写性灵者"对"率真"的理解。从"㧯物自富,与率为期"来看,"疏野"一品,最主要的含意是率真,但不是一味的率真,而是富于内蕴的。对这两句诗意的理解,孙联奎认为是敝帚自珍、与率为伍之意,亦写率真。《诗品注释》本认为是拾得之物,自成其富,随意所取,与真率之天为期,不事拘束之意。而杨廷芝提出"㧯物,则无物不有;自富,则充裕不迫",乃写"清疏";"与率为期,有质而无文,则谓之野"③。这三种阐释,说法各异,但都强调了取物之随性,"真取弗羁";有物,自以为富。由此可知,疏野的真率之意,不等于直露浅薄、毫无章法,而是在胸怀万物、胸次洒落基础上的随心所欲、优游自得。

对"筑室松下,脱帽看诗"两句诗,孙联奎解为"绝不择地""绝不修仪"④;杨廷芝认为分写"野之高""野之雅",高在"独出乎尘世",雅在"真莫真于诗,看则率真以求其真",脱帽是"任其性之自然,流露于不知不觉处"⑤。"但知旦暮,不辨何时",出自陶渊明的《饮酒》诗,杨廷芝认为这两句分写"疏之简"和"疏之略","疏则必野"。适意出自疏旷的性情,不就羁束,与天同放。司

---

① 司空图著,郭绍虞集解:《诗品集解》,第28页。
② 孙联奎、杨廷芝著,孙昌熙、刘淦校点:《司空图〈诗品〉解说二种》,齐鲁书社1980年版,第32页。
③ 同上书,第109页。
④ 同上书,第33页。
⑤ 同上书,第109页。

空图描绘了一个隐居深山、读诗为乐、率性而为、悠然自得、放浪形骸的人物形象，是诗人，也是隐士。疏野，代表着远离尘俗、不受拘束、不为功利、自然天成，是一种冲淡而疏旷的美学风格，是一种超然、随性的人生境界。

司空图提出"疏野"一品，还建立在南朝以来人物性情品评和诗歌创作实践的基础上。"疏野"作为一种诗歌风格，典型代表是陶渊明及其田园诗。诗歌所刻画的松下隐居、脱帽看诗、忘乎所以的人物形象，俨然陶渊明的真实写照。渊明品性质直，开隐逸诗人之先河。古代隐士是有文化涵养的士人，不事仕进，闲适自在，试图摆脱社会文化制度的约束。野人原义是指庶民，唐以后借指隐士，白居易《访陈二》："出去为朝客，归来是野人。"元稹《晨起送使病不行因过王十一馆居》之二："野人爱静仍耽寝。"渊明诗是我国古代田园诗的开山鼻祖，朴素、自然、真淳。钟嵘《诗品》评陶潜："其源出于应璩，又协左思风力。文体省净，殆无长语。笃意真古，辞兴婉惬。每观其文，想其人德。世叹其质直。至如'欢言醉春酒''日暮天无云'，风华清靡，岂直为田家语邪？古今隐逸诗人之宗也。"应璩诗"善为古语"，左思诗"野于陆机"，渊明诗与两者有相近之处，"文体省净，殆无长语"，有"田家语"，亦不乏"风华清靡"之作。在陶渊明以后，"野"的文化品格有所提高，诗学内涵更加丰富，多了一些飘逸，少了一些鄙俗；多了一些真率，少了一些粗野；多了一些风味，少了一些土气；多了一些美，少了一些拙。

陶渊明之后，唐代有王绩、王维、杜甫、孟浩然等人及其诗歌，从不同方面显示出"疏野"的风格。王绩的山水田园诗取材于大自然的景物和隐逸生活的人与事，诗风清新自然，真率朴野，颇近渊明。后人评曰："王无功以真率疏浅之格，入初唐诸家中，如鸾凤群飞，忽逢野鹿，正是不可多得也。"[①] 王维的山水诗写其恬淡闲适的隐逸生活和幽静秀美的景色，"诗中有画"，以简约清丽的语言表现

---

① 翁方纲：《石洲诗话》卷一，郭绍虞编选，富寿荪校点《清诗话续编》下，上海古籍出版社1983年版，第1364页。

出疏旷、淡雅、幽远的意境美。杜甫的性格表现出"疏狂"的特征，诗歌则表现出"野逸"的审美特征。杜诗的疏野，主要有以下含蕴：一为景物之疏野，如《旅夜书怀》："星垂平野阔。"《秋野》："秋野日疏芜。""野"是野外景物的自然、疏旷。二为生活之疏野，杜甫笔下的闲居生活显示出村野环境的天趣与摆脱羁绊的自适，如《佐还山后寄》："野客茅茨小。"三为性情之疏野，杜甫本性率真，不乏豪迈，怀才不遇之后逐渐形成疏狂、放诞的个性气质。《寄题江外草堂》："我生性放诞，雅欲逃自然。"《狂夫》："欲填沟壑唯疏放，自笑狂夫老更狂。"仇兆鳌注："向秀《思旧赋》：'嵇康志远而疏，吕安心旷而放。'公诗每用疏放，本此。"① 四为身份之疏野，杜甫长期处于编制外的身份地位，使他对朝野对立尤多感悟，自称"杜陵野老"，"野"既是自傲亦属无奈。《哀江头》："少陵野老吞声哭。"《醉时歌》："杜陵野客人更嗤。"五为境界之疏野。杜甫超越现实环境之后获得的一种无拘无束、洒脱自由、悠然成趣的审美心境，《江村》："清江一曲抱村流，长夏江村事事幽。自去自来堂上燕，相亲相近水中鸥。老妻画纸为棋局，稚子敲针作钓钩。多病所须惟药物，微躯此外更何求？"

四　宋以后的疏野内涵

继《二十四诗品》单列"疏野"之后，宋人对"疏野"的认识与接受，主要表现在两个方面：

第一，对陶渊明、杜甫、白居易及其诗歌的推许。宋人崇尚渊明的超然得来自有豪放，欣赏老杜和白居易的"疏狂"②。在司空图的美学思想上，宋人进一步发展"韵味"论，多追求清美、淡美之境和"远韵"。如梅尧臣、苏轼、黄庭坚、范温等人，推举陶渊明诗歌

---

① 杜甫著，仇兆鳌注：《杜诗详注》卷九，中华书局1979年版，第744页。
② 关于宋人的"疏狂"，可参看张海鸥的《宋代文化与文学研究》一书的论述（张海鸥：《宋代文化与文学研究》，中国社会科学出版社2002年版）。

的平淡美。梅尧臣自言:"宁从陶令野,不取孟郊新。"① 东坡深服渊明为人为诗,评价其诗"外枯而中膏,似淡而实美"②"质而实绮,癯而实腴"③。朱熹则指出渊明诗在"平淡"背后藏着"豪放"的一面:"陶渊明诗,人皆说是平淡。据某看,他自豪放,但豪放得来不觉耳。其露出本相者,是《咏荆轲》一篇。平淡底人,如何说得这样言语出来!"④ 杜甫、李白和白居易的狂放也多为宋人所称道。"疏狂"是一种重视独立人格和自我意识的表现,有着疏离尘世、亲近自然、张扬个性等行为特征。宋代隐逸文化更加发达,除隐逸山林外,相当一部分宋人学习白居易的"心隐",白居易《中隐》:"大隐住朝市,小隐入丘樊。丘樊太冷落,朝市太嚣喧。不如作中隐,隐在留司官。似出复似处,非忙亦非闲。唯此中隐士,致身吉且安。"在仕途宦涯当中寻求"疏野"的境界。

第二,宋人求新求变,力去陈词,以新奇为诗,甚至不避怪巧、以俗为雅,广采诗材,天地万物、嬉笑怒骂皆是题材,表现出"野"的风格和意味。宋人之"野",有刻意用力求新的痕迹,不如杜诗之"野"出于自然。时人对杜诗的野语有粗俗之讥,张戒《岁寒堂诗话》对此辩解道:"世徒见子美诗多粗俗,不知粗俗语在诗句中最难。非粗俗,乃高古之极也。……近世苏、黄亦喜用俗语,然时用之,亦颇安排勉强,不能如子美胸襟流出也。"⑤ 有的诗歌富于野趣,如杨万里的"诚斋体"。杨万里学习民歌的优点,大量吸取生动清新的口语谣谚入诗,作品生动清新、纯朴自然,富于生活情趣。隐逸诗人也多有此类诗歌。据韦居安《梅涧诗话》载:"士之遁世者,以山

---

① 梅尧臣:《以近诗贽尚书晏相公忽有酬赠之什称之甚过不敢辄有所叙谨依韵缀前日坐末教诲之言以和》,梅尧臣著,朱东润编年校注《梅尧臣集编年校注》卷十六,上海古籍出版社2006年版,第369页。

② 苏轼著,屠友祥校注:《东坡题跋》卷二《评韩柳诗》,上海远东出版社1996年版,第100页。

③ 苏辙:《子瞻和陶渊明诗集引》,苏辙著,曾枣庄、马德富校点《栾城集·栾城后集》卷二十一,上海古籍出版社1987年版,第1402页。

④ 朱熹:《朱子语类》卷一百四十《论文下》,中华书局1986年版,第3325页。

⑤ 张戒:《岁寒堂诗话》卷上,丁福保《历代诗话续编》上,中华书局1983年版,第450、451页。

深林密为乐。林和靖诗云：'山水未深猿鸟少，此生犹拟别移居。直过天竺溪桥畔，独树为桥小结庐。'近世叶靖逸《西湖秋晚》诗云：'爱山不买城中地，畏客长撑屋后船。荷叶无多秋事晚，又同鸥鹭过残年。'亦颇得野趣。"①

明人的"疏野"，主要表现在对"真诗"的探讨和性灵文学思潮的兴起。李梦阳在《诗集自序》率先提出："今真诗乃在民间。"② 肯定了民间歌谣有真情、是真诗。其后，李开先、冯梦龙都肯定了山歌民谣是真诗。王世贞则认为文人从"真我"出发写诗，也是"真诗"。公安派一方面肯定"真诗在民间"，袁宏道《答李子髯》其二："当代无文字，闾巷有真诗。却沽一壶酒，携君听竹枝。"③ 袁中道在游荷叶山时触景感叹："真诗其果在民间乎！"④ 另一方面，肯定写真情即是真诗，提出"独抒性灵，不拘格套"的主张，掀起了明代末年的性灵文学思潮。公安派求新求变，主张写真性情，追求本色、自然、真率的诗风，诗歌立意新颖，造语真率，富于灵气，多有野趣。袁中道指出："大都自然胜者，穷于点缀，人工极者，损其天趣。故野逸之与浓丽，往往不能相兼。"⑤ 疏野，因真率而有生气；因真率，也容易形成过于质直、刻露的缺点。杨振纲《诗品解》解"清奇"一品曰："第疏或杂乱而无章，野或庸俗而少姿，则又奚以诗为哉？故进之以清奇。"⑥ 体疏则松散，文野则粗俗。公安派"信心信口""信腕直寄"的主张，使盲目的追随者流于空疏，便于手口，乐于率易，出现浅俗鄙俚的诗风。

为纠正公安派的"险、僻、俚"，竟陵派关于"真诗"的理论应运而生。锺惺《诗归序》提出："真诗者，精神所为也。察其幽情单

---

① 韦居安：《梅涧诗话》卷中，丁福保《历代诗话续编》中，第565页。
② 李梦阳：《诗集自序》，李梦阳：《空同集》卷六，上海古籍出版社1991年版。
③ 袁宏道著，钱伯城笺校：《袁宏道集笺校》卷二，上海古籍出版社1981年版，第81页。
④ 袁中道：《游荷叶山记》，《珂雪斋集·文集》卷三，上海贝叶山房1936年版。
⑤ 袁中道：《游太和记》，《珂雪斋集·文集》卷七。
⑥ 司空图著，郭绍虞集解：《诗品集解》，人民文学出版社1963年版，第30页。

绪,孤行静寄于喧杂之中;而乃以其虚怀定力,独往冥游于寥廓之外。"① 谭元春的《诗归序》指出"有孤怀、孤诣、孤名"的古人,所写诗歌为"性灵之言","决不与众言伍"②。诗品如袅袅然上虚空的一线狼烟,随风飘摇,聚散不定,断续有时。竟陵派同样主张写真性情,求新求变,但他们的"性灵"走上了一条孤僻幽静的道路。他们的"真诗"是由孤衷峭性之人摒弃名利、独处虚静时的精神所为,出于真情之不得不发。所追求的是一种超尘脱俗、静灵厚朴、幽深孤峭的美学风格和美学境界。这种境界有着孤单、萧瑟、落寞、清寂、幽深之美,是一种"落落瑟瑟之物","予所谓荒寒独处,稀闻渺见,孳孳慄慄中,所得落落瑟瑟之物也。古之人,即在通都大邑、高官重任、清庙明堂,而常有一寂寞之滨,宽闲之野,存乎胸中而为之地,夫是以绪清而变呈"③。从公安派的"真率",到竟陵派的"幽深孤峭",都表现出了"疏野"的某种美学特征。

从文质之辨到自然之美,从俗语入诗到专写性灵,"野"的内涵不断出现变化。从司空图开始,确立了"野"的自然品格和美学地位,"野"的含义从质朴无华、缺乏风味,转变为冲淡而真醇、疏旷而自然的美。许学夷曰:"靖节诗直写己怀,自然成文,中惟《饥来驱我去》《相知何必旧》《天道幽且远》二三篇,语近质野耳。陈后山云:'渊明之诗,切于事情,但不文耳。'岂以颜谢雕刻为文、靖节自然反为不文耶?此见远出苏、黄诸子下矣。"④ 清朝诗论家对于"野"的风格辨析更加精细入微,从他们对锺嵘评价左思"野于陆机"的质疑即可看出。陈祚明的《采菽堂古诗选》、沈德潜的《说诗晬语》和《古诗源》、刘熙载的《艺概》等,都对此进行辨析。上述诸人认为左思胸次高旷,笔力劲健,诗风豪放,并非是"野"。刘熙载曰:"野者,诗之美也。故表圣《诗品》中有'疏野'一品。若锺

---

① 锺惺:《诗归序》,锺惺著,李先耕、崔重庆标校《隐秀轩集》卷十六,上海古籍出版社1992年版,第235页。
② 谭元春:《诗归序》,谭元春著,陈杏珍标校《谭元春集》卷二十二,上海古籍出版社1998年版,第593页。
③ 谭元春:《渚宫草序》,谭元春著,陈杏珍标校《谭元春集》卷二十三,第627页。
④ 许学夷著,杜维沫校点:《诗源辨体》卷六"一二"则,人民文学出版社1987年版,第101页。

仲伟谓左太冲'野于陆机',野乃不美之辞。然太冲是豪放,非野也,观《咏史》可见。"① 肯定"野"是诗歌的一种风格美,不同于豪放,也不同于锺嵘所说的质直。曾纪泽《演司空表圣诗品二十四首》"疏野"一品:"风光四面到柴门,涧竹岩花界作园。绿柳成行莺井里,青秧弥望鹭乾坤。贪看钓艇归来暮,偶诣邻农笑语温。仓卒奚囊携未得,援毫欲写已忘言。"② 前四句描绘了自然景色的美好,后四句写归隐田园、隐迹江湖的生活。字里行间,隐约可见陶渊明、王绩、王维、杜甫、孟浩然等人的影子。

五 书画论中的疏野和荒寒

古代书法、绘画艺术理论没有专门立"疏野"一品,但是,"疏""野"和"疏野"在具体评论中较为常见。"疏"可以是书画艺术的一种用笔技法、画面的经营布置,也可以是一种风格和意境。

疏和密,是书画艺术的常见的一对矛盾统一体。疏是指笔划、字行、物象之间的留白大小。书画艺术讲究计白当黑,虚实相生。清代书论家包世臣的《艺舟双楫》转述其师邓石如语:"字画疏处可以走马,密处不使透风,常计白以当黑,奇趣乃出。"③ 十分精到地概括了书画艺术关于经营布局理论的精髓。书法绘画的结构要安排得疏密合理,各得其宜,最忌讳过密过实。元人饶自然有《绘宗十二忌》,第一忌就是"布置迫塞",画面塞得过满,没有疏通,则没有灵气往来。疏和密、虚和实是相辅相成,不可分割的。恽格《南田画跋》引文征明语:"看吴仲圭画,当于密处求疏;看倪云林画,当于疏处求密。"④ 又指出:"古人用笔,极塞实处,愈见虚灵。今人布置一角,已见繁缛。虚处实则通体皆灵,愈多而愈不厌,玩此可想昔人惨

---

① 刘熙载:《艺概·诗概》,郭绍虞编选,富寿荪校点《清诗话续编》下,第2420页。
② 司空图著,郭绍虞集解:《诗品集解》,第91页。
③ 包世臣:《艺舟双楫》,祝嘉《艺舟双楫疏证》,中华书局香港分局1978年版,第5页。
④ 恽格:《南田画跋》,于安澜编著,张自然校订《画论丛刊》二,河南大学出版社2015年版,第323页。

澹经营之妙。"① 经营巧妙，可以在实处见虚、虚处显实，实处有灵气往来，虚处有无穷意味。这样的艺术妙境表现出"逸"的特点。"有处恰是无，无处恰有，所以为逸。"② 疏可以表现出宕荡、淡远的风格特点。钱杜《松壶画忆》评山水人物，"凡写意者，仍开眉目衣褶，细如蛛丝，疏逸之趣，溢于楮墨"③。恽格记载：江上居士评《荆溪清逸图》"真得萧疏远淡之趣"④。

"野"，在书画艺术方面亦有褒贬两义。贬义是指粗野、鄙野的笔法、用意。据明人何乔远《名山藏·艺妙记》载浙派绘画领袖戴进失宠的故事，戴进画《秋江独钓图》以古法画一红袍人垂钓，谢廷循上奏明宣宗，曰："此画佳甚，恨野鄙耳。"又解释："红，品官服色也，用以钓鱼，失大体矣。"⑤ 戴进遂被放归，以穷死。此处的野是指不合礼法。清人郑绩的《梦幻居画学简明》指出："苍老之笔每多秃，秃则少文雅，有似乎人间鄙野。"⑥ 又曰："工怕匠，意防野，逸笔则忌板实，没骨则愁稚弱……"⑦ 绘画用笔、立意不拘于礼法，流露出鄙野之气，不入正格，却也是不甘平庸的表现。范玑《过云庐画论·山水论》指出"正格"有三，分别为"士夫气，磊落大方；名士气，英华秀发；山林气，静穆渊深"。又有贵气、俗气等类型之分，"又边地之人多野气，释子多蔬笋气，虽难厚非，终是变格。匠气之画，更不在论列"⑧。"野气"属变格。"野"的褒义指任性自然，不为格套所限，无凡尘庸俗之相。方薰《山静居画论》指出画古人之面貌宜朴野，"写古人面貌，宜有所本。即随意为图，思有不凡之

---

① 恽格：《南田画跋》，于安澜编著，张自然校订《画论丛刊》二，第329页。
② 恽格：《南田画跋》引恽向语，于安澜编著，张自然校订《画论丛刊》二，第324页。
③ 钱杜：《松壶画忆》，于安澜编著，张自然校订《画论丛刊》三，第835页。
④ 秦祖永：《画学心印》卷五《瓯香馆画跋》，商务印书馆1937年版。
⑤ 何乔远：《名山藏·艺妙记》，《四库禁毁书丛刊》史部第48册，北京出版社2000年版。
⑥ 郑绩：《梦幻居画学简明》卷一《论笔》，于安澜编著，张自然校订《画论丛刊》三，第975页。
⑦ 郑绩：《梦幻居画学简明》卷三《花卉总论》，于安澜编著，张自然校订《画论丛刊》三，第1021页。
⑧ 范玑：《过云庐画论·山水论》，于安澜编著，张自然校订《画论丛刊》三，第866、867页。

格，宁朴野而不得有庸俗状，宁寒乞而不得有市井相"[1]。野与逸的含义有相通之处，都富于生气。章法随意洒落，画面生动，有"野逸"的风格，"黄荃画多院体，所作类皆章法庄重，金粉陆离；徐熙便有汀花野卉，洒落自好者：所谓'黄家富贵，徐家野逸'也"[2]。

"疏野"常见于书画艺术的品评中，一指画家性情疏放任性，二指书画风格具有随意、自然的特点。张彦远的《法书要录》卷九载卢藏用的书法："八分之制，颇伤疏野。若况之前列，则有奔驰之劳；如传之后昆，亦有规矩之法。"[3] "八分"是在汉代定型的一种书体，较隶书更妍美，较章草又方正。人称卢藏用的"八分"体如"露润花妍，烟凝修竹"，妍美秀挺，有损于疏野的风格特征。再如郭若虚的《图画见闻志》卷二载："陆晃，嘉禾人，善画田家人物，意思疏野，落笔成像，不预构思。故所画卷轴或为绝品，或为末品也。"[4] 陆晃所画田家人物皆为即兴之作，没有预先的构思经营，随意落笔，其意味、思绪显示出疏野的特点。

"疏野"和"逸品""荒寒"关系十分密切，有共通之处，可以相互参照、生发。初唐李嗣真的《书后品》论书法，首先提出了"逸品"说，但没有详细解释。晚唐朱景玄的《唐朝名画录》提出了绘画上的"神、妙、能、逸"四品说。朱景玄认为，在张怀瓘《画品断》"神、妙、能"三品等格之外的"不拘常法"者，即为"逸品"。品下所系王墨、李灵省、张志和三人。从评语来看，三人皆寄情江湖间，善画山水，性情疏野，有孤傲、放浪之性和高洁之节：王墨"多游江湖间，常画山水、松石、杂树，性多疏野，好酒"；李灵省"落托不拘捡，长爱画山水"，"以酒生思，傲然自得，不知王公之尊贵"；张志和为隐士，"常渔钓于洞庭湖"，具高节。三人的画法皆"非画之本法"：王墨"应手随意，倏若造化"；李灵省"一点一抹，便得其象，物势皆出自然……得非常之体，符造化之功，不拘于品格，自得其趣"；张志和"随句赋象……皆依其文，曲尽其妙，

---

[1] 方薰：《山静居画论》卷上，于安澜编著，张自然校订《画论丛刊》三，第778页。
[2] 方薰：《山静居画论》卷下，于安澜编著，张自然校订《画论丛刊》三，第792页。
[3] 张彦远：《法书要录》卷九，《丛书集成初编》第1627册，中华书局1985年版。
[4] 郭若虚：《图画见闻志》卷二《纪艺上》，《丛书集成初编》第1648册。

为世之雅律，深得其态"①。可见，列入"逸品"的画家都是性情疏野，志向高洁，画法不拘法度，应手随意，妙得自然。

北宋黄休复《益州名画录》提出"逸、神、妙、能"四格，并分别作阐释。他以"逸格"为首，属于逸格者仅有孙位一人。后人对此评曰："画之逸格，最难其俦。拙规矩于方圆，鄙精研于彩绘，笔简形具，得之自然，莫可楷模，出于意表，故目之曰逸格尔。"②和王墨、李灵省、张志和相似，孙位"性情疏野，襟抱超然"，亦好酒，有傲骨，蔑视权贵、钱财，所绘画作精妙绝伦，如有声响，如用绳量，千状万态，气象雄壮，这都是出于"天纵其能，情高格逸"。郭若虚的《图画见闻志》不分品格，他在比较"黄家富贵、徐家野逸"的异同时指出："徐熙江南处士，志节高迈，放达不羁。多状江湖所有，汀花野竹，水鸟渊鱼。……大抵江南之艺，骨气多不及蜀人，而潇洒过之也。"③恽格的《南田画跋》认为："不落畦径，谓之士气；不入时趋，谓之逸格。"④逸格，即超脱流俗时尚的品格。

清人黄钺的《二十四画品》有"荒寒"一品，曰："边幅不修，精采无既，粗服乱头，有名士气，野水纵横，乱山荒蔚，兼葭苍苍，白露曦未。洗其铅华，卓尔名贵，佳茗留甘，谏果回味。"⑤荒寒的画面意境，所体现的是无拘无束、任性自然、平淡真醇。荒寒属于绘画艺术的妙境，有性灵者才能悟入。李日华的《紫桃轩又缀》曰："绘事必以微茫惨澹为妙境，非性灵廓彻者，未易证入。所谓气韵，必在生知，正此虚澹中所含意多耳。其他精刻偪塞，纵极功力于高流胸次间，何关也？王介甫狷急朴啬，以为徒能文耳。然其诗有云：'欲寄荒寒无善画，赖传悲壮有能琴。'以悲壮求琴，殊未浣筝笛耳；

---

① 朱景玄著，吴企明校注：《唐朝名画录校注》"逸品三人"，黄山书社2016年版，第268、269页。
② 王原祁等纂辑：《佩文斋书画谱》卷十八《论画》八《宋黄休复益州名画录》，中国书店1984年版。
③ 郭若虚：《图画见闻志》卷一《论黄徐体异》，《丛书集成初编》第1648册。
④ 恽格：《南田画跋》，于安澜编著，张自然校订《画论丛刊》二，第331页。
⑤ 黄钺：《二十四画品》，陈建华、曹淳亮主编《广州大典》第11辑《翠琅轩馆丛书》第2册，广州出版社2008年版。

而以荒寒索画，不可谓非善鉴也。"① 肯定了王安石以荒寒论画的价值。画论中的"荒寒"境界，与竟陵派"幽深孤峭"的美学趣味及诗歌意境相比，两者十分接近，有异曲同工之妙。

元人倪瓒被视为逸品、逸格、荒寒画风的代表。倪瓒字元镇，号云林，别号甚多，因不事生产，有号"倪迂"，后世画论多称此号。明人唐志契专论"逸品"，独以"逸"字许倪瓒。他说："山水之妙，苍古奇峭。圆浑韵动则易知，惟'逸'之一字，最难分解。盖逸有清逸，有雅逸，有俊逸，有隐逸，有沉逸。逸纵不同，从未有逸而浊、逸而俗、逸而模棱卑鄙者。以此想之，则逸之变态尽矣。逸虽近于奇，而实非有意为奇；虽不离乎韵，而更有迈于韵。其笔墨之正行忽止，其丘壑之如常少异，令观者泠然别有意会，悠然自动欣赏，此固从来作者都想慕之，而不可得入手。信难言哉！吾于元镇先生，不能不叹服云。"② "逸"的风格必无浊气和俗气，而有超迈之高韵，笔墨用意任性自然，奇妙绝伦。倪瓒自言所画竹"聊以写胸中逸气耳"，即使"他人视以为麻、为芦"③，亦不以然，"仆之所谓画者，不过逸笔草草，不求形似，聊以自娱耳"④。倪瓒的绘画形式极其简略，疏疏几笔，简约之至，意境荒寒空寂、萧散超逸。唐志契的《绘事微言》称倪瓒"专以幽淡为宗"。盛大士的《溪山卧游录》曰："作画苍莽难，荒率更难，惟荒率乃益见苍莽。所谓荒率者，非专以枯淡取胜也。勾勒皴擦，皆随手变化而不见痕迹。大巧若拙，能到荒率地步，方是画家真本领。余论画诗有云：'粉本倪黄下笔初，先教烟火气全除；荒寒石发千丝乱，绝似周秦篆籀书。'颇能道出此中胜境。"⑤ 点出倪瓒、黄公望作画已臻荒率之境。孙联奎的《诗品臆说》

---

① 李日华：《紫桃轩又缀》卷一，陈晓苏主编《北京市文物局图书资料中心藏古籍珍本丛刊》第26册，北京燕山出版社2012年版，第197页。
② 唐志契：《绘事微言·逸品》，于安澜编著，张自然校订《画论丛刊》一，第212页。
③ 王原祁等纂辑：《佩文斋书画谱》卷十六《论画》六《元倪瓒论画竹》。
④ 倪瓒：《清閟阁遗稿》卷十三《答张藻仲书》，《北京图书馆古籍珍本丛刊》集部第95册，书目文献出版社1998年版。
⑤ 盛大士：《溪山卧游录》卷二，《续修四库全书》子部第1082册，上海古籍出版社2002年版。

解说"筑室松下"曰:"此一句已足劳倪迂之手,而为诗人写照。"①认为此句绘景需由倪瓒来下笔。可见画论的"荒寒"正对应诗论的"疏野"一品。

总的来说,疏野主要有两方面的含义:第一,疏野是一种性情,包括了疏狂的个性、疏放的举止、真率的态度、朴野的情趣;第二,疏野是一种风格或意境美,包括了质朴的语言、闲放的体格、古质的意味、天然的境界。疏野和自然、质朴、真率、冲淡、飘逸、天然、旷达、古拙、豪放、原始、本色、任性等概念的关系密切,相互之间有相似或相通之处。疏野作为美学范畴,以真率为核心,以自然为品格,主要表现平淡、朴素、真醇之美。它具有多义性、多样性和层次性,既有飘逸、超然的含义,也有直率、朴拙的含义。疏野范畴的发展与隐逸文化有密切联系,也离不开性灵文学和民间文学的推动。

(原载《暨南学报》2012 年第 12 期;人大复印报刊资料《美学》2013 年第 3 期)

---

① 孙联奎、杨廷芝著,孙昌熙、刘淦校点:《司空图〈诗品〉解说二种》,齐鲁书社 1980 年版,第 33 页。

后　记

　　首先，感谢这个时代，暨南大学得以借助东风，走上了高水平大学建设的快速步道中。作为学界无名小卒的我，在刚过不惑之时，也有机会出版属于个人的论文集。

　　我搜刮多年的书箧，选辑了十七篇论文，皆是历年公开发表的专业论文，在收入本集时略经文字的修订。本集共分上下两编，上编"士人结社与明末清初社会"包括七篇论文，前面六篇是我在南京大学跟随曹虹教授攻读博士学位时，从事复社文学研究的成果；最后一篇则是近几年在此研究基础上的延伸。下编"士人心态与古代思想文化"包括十篇论文，头两篇是我在广西师范大学跟随张明非教授攻读硕士学位时的读书习作，第三篇是读博时的课程论文，这三篇文章有着我在青春时代对学术探索的稚嫩痕迹；中间四篇是博士论文、博士后报告的部分内容，是对复社、竟陵派的深入研究；最后三篇是工作后的文章，其中气韵、疏野两篇是我跟随蒋述卓教授对中国古典美学范畴进行历史梳理与现代思考的成果。

　　综观上述论文，可以看到我将历史、文学、哲学研究结合起来的用心。从擅长艺术分析来鉴赏作品、评论诗人，到历史与文学的结合、文献与文艺的结合、文史哲的结合，我在明师的指点下，努力迈出自己的学术步伐，虽未坚实，却也从容。

　　感谢生活，风雨常有，贵人亦常有，为我的学术人生撑起了一片晴空。故也不揣浅陋，把自己种植出来的数朵小花呈献于人前，以表达我心中的无限感激之情。

　　我生性疏懒，有严重的拖延症。平日的生活中，我勤读书、多思考却懒动笔，以至于多年以来未有所成。幸而有师友、同事的督促，

后 记

我才一点点地把自己的研究心得形之于文字，见之于报刊。此书得以顺利出版，我深深感谢暨南大学文学院院长程国赋教授和古籍所所长刘正刚教授，没有他们的支持与关心，此书还不知修订到何时。出版过程中，我的责任编辑刘芳女士为此书付出了大量的心血与精力，前后四次、不厌其烦地审阅、校订，她的认真、细致与无私深深感动了我。在此，我专门向她致以诚挚的感谢！

人生在世，快乐的源泉不必求诸于外，而应求诸于心。我清晰记得，张明非老师在我研究生阶段所撰写的读书报告上写道："看着你一步步地走向学术的殿堂，我很欣慰。"二十年过去了，老师的勉励就如一盏明灯，指引着我前进的方向。生活的快乐与满足，不在于品味更多的美景或美食，而在于我内心从未放弃的学术追求！

曾肖记于暨南园及时斋
2017 年 11 月